世界山岳
名著選9

世界山岳
名著選 9

마이너스 148°

아트 데이비슨
정규환 옮김

秀文出版社

世界山岳
名著選 9

마이너스 148°·차례

옮긴이의 말 ——— 7
머리말 ——— 13
시 초 ——— 23
우리 아빠는 저 산에 오를 수 없어요 ——— 40
크레바스 ——— 50
폭풍설 ——— 81
죤의 추락 ——— 100
공포 ——— 114
5,240미터 지점 등반 ——— 141
홀로 남다 ——— 180
어둠 ——— 203
3월 1일·마이너스 148° ——— 224

3월 2일 · 햇빛 없는 곳에 빛살이 터진다 ——— 244
3월 3일 · 상한 귀에서 꺼풀이 벗겨진다 ——— 258
3월 4일 · 환각 ——— 268
3월 5일 · 위쪽 셋에 건 희망은 사라졌다 ——— 281
3월 6일 · 우리는 죽음에 대한 감정을 떠올리지
않으려고 애쓴다 ——— 296
3월 7일 · 초록빛 발 ——— 314
3월 8일 · 햇빛 ——— 325
후일담 ——— 343

옮긴이의 말

 자신이 쓰는 글은 말할 나위도 없거니와 남이 쓴 글을 번역할 때에 글의 내용이 자기 마음에 들지 않는다면 참으로 고역이 되겠다. 아니, 그런 경우에는 아예 쓰지 말 일이고 옮기지 말 일이다. 내가 미국 사람 아트 데이비슨이 북 아메리카의 최고봉인 드날리 산을 겨울철에 최초로 등정한 체험기록을 우리글로 옮기는 일을 흔쾌히 맡은 것은 다름이 아니라, 이 책을 건네받아 선 자리에서 한 번 훑어보았을 때 마음에 들었기 때문이다. 원주민 사회에 구전하는 드날리 산에 얽힌 전설도 흥미로왔고 웨일즈 태생인 영국 시인 딜런 토머스(1914-1953)가 지은 싯귀가 벼리 가운데 들어있어 영미시를 친숙하게 대해 온 눈에 얼른 띄지 않을 수 없었다.
 나는 등반 경험이 많은 '등산꾼'이 아니다. 지금까지 올라본 지구상의 산이라야 서울을 에워싼 몇몇 산과 대암산▲이 고작이다. 그러나 내가 이 드날리 등정기를 번역한 데 대해 혹 누군가 나서 왼고개를 치기라도 한다면, 산을 좋아하는 문학연구자의 자격으로서 전문 산악인이 아니어서 부족한 부분을 벌충하기에 모자람이 없다고 덤덤하게 자기변호를 함에 주저

▲ 강원도 양구군과 인제군 경계에 있는데, 산정 가까이 발달한 고층 습원지는 남한에서 유일한 자연사 박물관임. 해발 1,316m.

치 않겠다. 산 좋아하고 물 즐기는 데 무슨 전문가가 필요하단 말인가.

그리고 한 가지 짚고 넘어가야 할 점은 이른바 전문용어라 일컫는 말의 사용이다. 등산용어도 전문용어인 셈인데 그것이 대부분 외래어라는 데 문제가 있다. 지금 한국어는 사람 나이로 치면 청년기에 막 들어선 언어이다. 15세기 중엽에 태어나 어려운 고비를 많이도 넘느라 정상적인 성장발육을 못한 까닭이다. 많은 시련과 고초를 겪었지만 그중 강포한 일본제국주의가 행한 언어정책 —— 한국어 말살 —— 이 일대 시련이었음은 다시 말해 무엇하랴. 일제가 패망하여 겨우 숨통이 트인 한국어에는 종전 후 반세기가 다 지났으나 일본어 찌꺼기와 땟국이 그냥 남아 있고, 문교·언어정책이 갈팡질팡하는 동안 나날이 밖에서 쏟아져 들어오는 외국어를 주체적으로 여과하여 우리말다운 외래어로 동화시키고 바꾸는 작업이 제대로 이루어지지 못하였다. 그리하여 전문용어라는 것은 주로 외국어, 외래어라 보면 틀림없다. 이 무슨 꼴불견인가. 어줍잖은 특권의식이나 깨지 못한 노예근성에서 비롯된 일이라고밖에 볼 수 없다. 이제 통일 한국을 눈앞에 둔 시점에서 더 늦기 전에 모든 분야에서 외국어, 외래어로 판을 짠 전문용어, 학술용어를 우리말로 바꾸는 작업이 타당성과 일관성을 지키면서 이뤄져야 할 때이다. 여기서 반드시 명심해야 할 정신은, '껍질은 깨어 부수고 뜻은 살리는'것이다. 외국어 발음 형태를 존중한다는 어리석은 생각은 버려야 한다. 그래서 이 책을 읽다보면 '전문 등산용어'에 익숙한 눈에는 외려 생소한 낱말들이 적잖이 될 것이다. 이는 바로 사람들이 우리말을 그릇되게 써 왔음을 가리키는 또 한 가지 증거가 된다.

세상에는 갖가지 체육활동이 있다. 나는 이 가운데서 산행(등산, 등반)이 가장 훌륭하고 유익한 것이라고 주장하지 않는다. 다만, 여러 사람이 보는 앞에서 편협한 경쟁심에 부추김을 받는 국가 체육 종목으로 채택된 운동경기처럼 어리석은 탐욕이나, 일테면 골프처럼 땅과 생명을 죽이는 이기적인 천민 귀족주의에 물들지 않아 시대가 변천하며 국가가 흥망성쇠를 거듭하여도 아랑곳하지 않고 백성과 인민이 그 어떠한 차별에도 얽매이지 않고 즐길 수 있는 체육활동임을 스스럼없이 말할 수 있다.

산에 오르는 이유와 목적은 사람마다 제각기 다르겠지만 한 가지 공통된 점이라면 산을 찾는 사람의 마음 밑바탕에 육체와 정신의 일치감, 인간성과 대자연의 일체감을 맛봄으로써 존재의 해방감, 영적인 고양에 이르고자 하는 간절한 바람이 깔려 있다는 사실이다. 따라서 등산은 전문가라는 알량한 특권계층에서 독점하는 권리일 수 없다. 산행은, 일생을 그 일에 몸바쳐 땀 흘리며 국제대회에 나가 금메달을 따서 tv 화면에 얼굴이 비치면 입신양명했다는 소리를 듣는 국가 간판체육과는 본질적으로 다르다.

등산로가 쉽고 어려움은 저마다 형편과 능력에 따라 선택하고 결정하는 것이지, 해발 고도를 나타내는 숫자와 암벽의 경사각도로 잘남과 못남이 구별된다고 생각하는 자가 있다면 그는 산에 오른 것도 헛일로 했거니와 살기를 헛 산 사람이다.

등산은 삶에 대해 겸허하고 진지한 자세로 항상 자신을 돌아보아 나날이 새로와지길 추구하는 사람이라면 너나없이 즐기게 마련이다. 그러므로 등산용어는 더 이상 '용어'로 내세우지 말고 일상언어 속에 녹아들어가서 그냥 우리말, 우리글이 되어야 할 때라 본다. 나는 이 책에서 이른바 등산용어이건 매일 살아가는 가운데 자주 쓰는 말이건간에 외국어 발음을 '존중'한 외래어는 되도록 고유어를 우선하여 우리말로 바꿔쓰고자 애썼다.

등산에 '비전문가'인 내가 이러한 노력을 기울인 데 대하여 좋게 여기는 독자들이 많다면 이 또한 옮긴이에게 보람된다 하겠다.

이 책을 옮긴 사람은 세상에서 한글세대라 일컫는 연령층에 든다. 해방 후 반세기가 지난 오늘날에 아직도 일본어 찌꺼기와 외래어로 누더기를 걸친 듯한 우리말이 본디 지닌 고유한 낱말과 어법을 바로 찾아 쓰려는 마음으로 글을 고르고 다듬는 데 정성을 기울였다. 독자 여러분에게 일독을 권한다.

끝으로, 학교 일에 쫓겨 번역을 도중에 몇 번 멈추는 통에 이제서야 탈고하게 되었다. 오로지 내가 게으른 탓이다. 누구보다도, 믿고 그저 기다려 주신 수문출판사 이수용님의 너그러움에 감사드린다.

乙亥 동지
관악산 기스락 서원골에서
정 규 환

감사의 말

이 글을 쓰도록 권한 드날리 동계등반 동료대원들, 그리고 도너즈와 케이 힛치콕에게 감사드리며, 특히 이 책의 원고 집필과정에서 격려와 질책을 아끼지 않은 데이브 로버츠에게 고마움을 전한다. 이 글을 쓴 여러 달 동안 끊임없는 커피 시중을 정성스레 들어준 아내에게 감사를 표한다.

머리말

 스물 한 살 되던 여름 어느 맑은 날 아침, 나는 브리티시콜롬비아의 산길을 걸으며 다음 번에는 어느 산을 오를까 하는 생각에 잠겨 있었다. 그때 내 옆을 지나가는 자동차의 굉음으로 숲속의 개똥지빠귀 지저귐이 뚝 그치고 말았다.

 만약 그 차가 날카로운 브레이크 소리를 내며 멈춰서지 않았던들 아마도 나는 이 책에 쓰인 사건들과 아무 관련도 없었을 것이다. 그 차의 운전자가 차를 타라고 해서 행선지를 물어 보았다. 그는 앵커리지로 간다면서 동승하겠느냐고 물었다. 그러면서 그 곳 산지의 날씨는 무턱대고 믿을 수 없다고 했다. 나는 차에 올라탔고 알래스카로 향했는데, 곧 여름 동안 대륙의 북부 지방을 도보여행하려던 계획이 돌연 중단될 뻔한 뜻밖의 일을 당하게 되었다.

 나는 길가 식품점에서 건포도가 든 빵 대여섯 개와 땅콩버터 큰 병을 하나 샀다. 사오 백 킬로미터마다 끼니를 때우기 위해 노변의 까페에 차를 세울 때에 나는 으레히 우유 한 컵을 시켜서는 땅콩버터 샌드위치를 만들어 먹었다. 알래스카―

유콘강 접경 가까이 있는 세관에 이르기까지는 만사가 순조로왔다. 콧수염을 기르고 금실 어깨장식띠를 양어깨에 두른 건장한 체구의 캐나다 왕립 기마경관이 다가오더니 나를 차에서 거칠게 끌어내렸다. 그는 몸수색을 마친 뒤 수갑을 채워서 세관 건물 뒷쪽에 붙은 방으로 데리고 갔다. 그는 책상에 앉은 세관원 앞을 지나치면서 큰 소리로 외쳤다.

"프랭크, 범인을 잡았어!"

빈 탁자를 가운데 하고서 취조자와 마주 앉은 나는 지명수배자로 오인되었겠거니 짐작하고 도대체 나의 범행 내용이 무엇이냐고 물어 보았다. 그러자 기마경찰관은 고함을 질렀다. "웃기지 말아! 네가 더 잘 알잖아!" 그는 서류철을 잠시 뒤적여 보더니 팔짱을 끼고서 숙련된 날카로운 눈초리로 사십여 분 가까이 내 눈을 노려보았다. 마침내 위압적인 목소리가 침묵을 깨뜨렸다.

"여기에서 290킬로미터 떨어진 클루안 호수에서 땅콩버터 샌드위치를 먹었지?"

당혹감을 느끼며 땅콩버터 샌드위치를 먹은 것은 사실이라고 대답했다. 기마경관의 얼굴 위로 웃음기가 스쳐 지나갔다. 틀림없는 범인을 검거한 것이다. 땅콩버터 샌드위치를 먹지 말라는 법이라도 있느냐는 내 말에 그는 호통을 쳤다.

"임마, 날 속이려 들지 말아! 명백한 증거가 있어! 우리가 유콘강과 브리티시콜롬비아 일대에 게시문을 돌리기만 하면 국도변에 사는 주민들이 찾아와 네 녀석의 신원을 밝혀 줄 것은 시간 문제야!" 그리고 나서 그는 국도를 따라서 내가 땅콩버터 샌드위치를 먹은 시각과 장소를 줄줄이 꿰기 시작했다. 나는 매번 시인하지 않을 수 없었다. 제대로 걸려든 셈이었다. 그리고는 화이트호스(Whitehorse)에서 훔친 비행기를 어느 곳에 불시착시켰느냐고 추궁하였다. 나는 결코 비행기 탈취범이 아니라고 주장했고, 나와 동행한 사람이 나서서 서류상에 보고된 샌드위치를 먹은 사실은 틀림없지만 우리가 화이트호스를 경유하면서 비행기를 훔친 일은 없다고 항변했다. 심문을 잠시 동안 하더니 경관은 풀이 죽은 채 비행기 탈취 혐의를 둔 것은 잘못되었다면서 놓아주었다. 땅콩버터, 샌드위치, 보고서철을 가진 실의의 사내를 남겨두고 우리는 알래스카로 향했다. 산맥이 눈 앞에 펼쳐지면서 거친 산록에서 흘러내려 온 빙하의 장관이 시선을 끌었다.

앵커리지에서는 높은 산들로 말미암아 하늘이 아주 자그마하게 보였다. 동쪽으로는 추가치산맥, 서쪽은 치그밋산맥, 그리고 북쪽으로는 탤키트나산맥과 알래스카산맥이 날카로운 빙벽과 암벽 봉우리로 에워싸고 있었다. 북태평양에 맞닿은 피요로드 해안에서부터 내륙의 가문비, 자작나무 숲에서, 또한 북극권의 황량한 툰드라 지역에서부터 치달려 온 산맥들에는 한번도 사람의 발이 닿지 않았고, 아직 이름조차 붙이지 않은 산봉우리가 수천이나 된다. 알래스카는 믿기지 않는 대자연의 위력이 도처에서 분출하는 곳이다. 화산이 폭발하고 땅이 흔들리며 지진의 여파로 눈사태가 일어나고 산등성이가 산산이 갈라진다. 세계에서 유속이 제일 빠르고 파고 또한 9미터로 가장 높은 조수가 범람한 강물처럼 밀려드는 곳이기도 하다. 큰고니와 흑고니 무리가 한적한 호수에 깃들이고, 그 가운데에서도 큰 일리암너 호수에는 정체불명의 괴물이 살고 있다는 말도 전해진다.

나는 지도상에 공백으로 남아있는 몇몇 지역에 대하여 특히 호기심이 일었다. 거기에는 어떤 빙하가 펼쳐 있을까? 암벽은? 빙벽의 형태는? 나는 이 모든 산을 오르기로 작정했다. 능선과 암벽을 직접 대하고 그곳에 흐르는 냇물을 떠 마시고 싶었다. 나는 혼자, 혹은 작반하여 산행을 시작했다. 어떤 때는 내 능력의 한계점에 이를 정도로 무리하여 등반을 하였고, 또 어떤 때는 삼림과 산록의 초원만을 빙 둘러보는 데 그치기도 했다.

간혹 직사광선에 심한 화상을 입거나 날카로운 바위와 빙벽에서 찰과상을 얻은 채 돌아오기도 했다. 그때마다 친구들은 고개를 절레절레 흔들며 등산가들에게는 항상 자신 없는 질문을 던졌다.

"산에 오르는 이유가 뭐냐?"

사람마다 등산을 좋아하는 까닭이 각각이니까 답변하기가 곤란할 수밖에 없다. 그리고 가령 외딴 바위턱 위에 서서 일출을 바라보는 것과 같은 소박한 기쁨을 말하는 데에도 조심스럽기 마련이다. 그것은 필설로 이루 형언하기 어려운 바이기 때문임은 두말 할 나위가 없다. 이런 질문을 받을 때마다

"바다 파도를 피해서 산에 오른다"는 대답을 하던 사람이 생각난다. 그래서 나는 때때로 이 사람이 한 또 다른 대답을

나름대로 변형시킨 답변을 할 때도 있다.

"내가 산에 오르는 이유는 체포될 위협을 느끼지 않고 건포도와 땅콩버터 샌드위치를 마음놓고 먹을 수 있는 아주 훌륭한 기회를 산에서 누릴 수 있기 때문이다."

달이 감에 따라 드날리 산의 마력에 이끌림을 느꼈다. 얼음과 바위로 이루어진 육중하고 압도적인 자연의 혼돈 상태는 인간의 접근을 거부하였고 따라서 그 신비로움은 더욱 컸다. 이 산은 320킬로미터 이상 떨어진 곳에서도 식별이 가능하여서 알래스카의 초기 탐험대와 개척자들은 이 지역의 지도가 만들어지기 전에는 이 산을 방향지표로 삼았다.

칸티슈나의 늙고 눈먼 인디언 현자가 이 산의 내력을 전해주었다. 사람들이 후나라고 부르는 현자, 혹은 샤먼인 그는 이 거대한 산이 하늘로 치솟기 이전 시대에 대하여 이야기했다. 야코라는 평화를 사랑하는 '아싸바스칸족의 아담'이 살았는데 그는 악인을 짐승이나 새, 벌로 변신시키고, 봄의 재생을 통하여 숲속에 사는 온갖 생물에게 불사의 힘을 주었다. 이 야코가 해가 지는 먼 서쪽 나라로 아내를 구하러 여행을 떠났다. 그는 카누를 저어 톳슨이 지배하는 마을 바닷가에 닿았다. 톳슨은 동물과 사람 죽이기를 일삼는 갈가마귀 군장(軍將)이었다. 그곳에서 복스런 얼굴을 지닌 한 어머니가 물가에까지 다가와서 젊고 아름다운 딸을 야코에게 아내로 주었다. 질투심 강하고 야비한 톳슨은 마술창을 벼리어 들고 바다 위로 야코를 추적하였다. 톳슨의 마술로 뱃길에 심한 풍랑이 일었지만 온화한 야코 거인의 마법에 높은 파도와 거친 바람 속에서도 잔잔한 뱃길이 났다. 톳슨은 여지껏 과녁을 벗어나 본 적이 없는 창을 움켜쥐고 야코의 등을 향해 던졌다. 자신을 향해 날아오는 창 끝이 햇빛에 번쩍이는 것을 본 야코는 가장 효험이 큰 마법의 돌에 주문을 걸어 거대한 파도를 공중으로 끌어 올렸다. 파도는 하늘로 솟구치자 거대한 바위 산으로 변했다. 창은 산꼭대기 가까이에 부딪치자 산산조각이 나버렸고 톳슨의 카누는 바위 산 밑둥에 날카롭게 모난 데 부딪쳐 박살이 났다. 이때 군장은 갈가마귀로 변하여 까욱거리며 날아갔다. 야코는 산을 넘어 동쪽 자기 집으로 무사히 돌아왔고 많은 자식을 보았는데, 자기 백성들은 아무도 호전적인 성품을 갖지 않도록 했다. 야코의 후예인 테나 인디언들은 이 산을 드날리(Denali)라 부르는데 이는 높은 산이란 뜻이다.

드날리의 산그림자에서 테나 인디언족이 여러 세대에 걸쳐 살고 있을 때 백인 탐험가들이 비로소 이 산을 발견하였다. 그들은 곧바로 해발고도를 측정하고서 정치적인 호의에 보답하기 위해서인지 혹은 호의를 얻기 위한 의도에서인지는 모르지만, 알래스카에 한번도 와 본 적이 없는 오하이오주의 한 하원의원 이름으로 산 이름을 바꾸어 버렸다. 그래서 드날리가 맥킨리산으로 둔갑하였는데 이 산은 6,194미터(20,320피트)의 높이로 북미의 최고봉이다. 이때는 20세기의 장이 막 열린 무렵이었다. 알래스카에는 금광개발이 요원의 불길처럼 번지면서 급조된 판잣집 지구가 번창과 쇠락의 운명을 거듭하였다. 여름철에는 수운을 이용하여 오지에 있는 문명의 개척기지로 물자가 공급되었고, 겨울철에는 설원과 얼어붙은 강

위로 개썰매가 교통수단이 되었다. 대황야의 변경에 위치한 페어뱅크스와 앵커리지는 교통의 요지로서, 그리고 각종 산물의 집산지로서 몹시 붐비게 된다. 이 무렵부터 드날리 산은 그 높이로 말미암아 일반의 관심을 끌기 시작하였다. 1902년에 최초 등정의 영예를 차지하려는 경쟁이 있었다.

알래스카 지역에 살고 있던 브룩스와 위커샘이라는 두 신사가 최초의 시도를 하였으나 실패하였다. 벨모어 브라운 원정대는 정상에서 해발고도 300미터도 채 남겨두지 않은 지점에서 무릎을 꿇었다. 전국의 신문들이 정상 정복자를 애타게 원하자 쿡 박사라는 인물이 명예욕에 눈이 어두워 실제로 하지도 않은 정상 등정 기사와 함께 날조한 사진을 공개하였다. 그 다음에는 금맥을 찾느라 알래스카, 북부 캐나다에서 혹독한 겨울을 홀로 이겨낸 노련한 광부 출신들이 동부의 사기꾼 의사 나리(쿡)나 그 어느 지식인 양반보다 앞질러 드날리 등정을 달성하겠노라 호언하고 나섰다. 놀랄 만한 감투정신과 정력으로 4미터가 넘는 가문비 나무 기둥을 둘러메고 드날리의 북쪽 봉우리까지 도달했던 그들은 쉽사리 오를만한 240여 미터 더 높은 남쪽 봉우리의 정상 도전은 시도하지 않은 채 하산하였다. 결국 이 산의 정상 등정은 1913년 허드슨 스턱에 의해 비로소 성취된다. 알래스카에 선교사로 파견된 감리교회 부감독 스턱이 피력한 바 섬세한 등정기에서, 등반의 동기를 명성의 추구가 아닌 영적 열망에 둔 한 인간의 성품을 여실히 볼 수 있다. 그는 이 산을 원래 인디언들이 명명한 대로 드날리라 부를 것을 주창하였다.

세월이 흐르면서 등산가들은 산의 비밀을 캐내려고 애썼다. 높은 암벽과 능선이 차례로 사람들을 맞게 되었다. 챨스 쉘던, 뮈리 형제 같은 박물학자들은 드날리 산 기슭의 생태계를 연구하였고 그들의 보고내용을 토대로 맥킨리 산 국립공원이 지정되었다. 시드니 로렌스와 그밖에 여러 화가들은 드날리의 안개와 부드러운 빛을 화폭에 담았다. 브래드포드 워쉬번같이 젊고 정력적인 과학자는 드날리를 여러 차례 탐사하여 오늘날 정상에 오르는 주등산로가 된 서벽 능선을 개척하였고, 우주선(宇宙線), 동상, 날씨에 관한 연구에도 공동참가하였으며, 이밖에도 드날리의 거친 얼음과 바위 집괴가 이룬 미궁 속에서 정확히 표기된 지도를 작성해 내었다.

산이란 늘 불가해한 면을 안고 있지만 1967년에 이르자 드날리 산이 방문자들에게 감춘 채 아직 보여주지 않은 것은 마지막 단 한 가지의 신비밖에 남아 있지 않은 듯했다.

겨울! 겨울철 드날리의 모습은 어떠할까?

1965년 여름, 오사카 산악회, 일급 등반가인 일본인 시로 니시마에와 함께 처음으로 드날리 탐험길에 올랐을 때 나는 이 산의 겨울이 자못 궁금해졌다. 내게 고지 등반에 대해 많은 것을 가르쳐 준 시로와 함께 7월의 태양 아래 녹아 무너져 내리는 거대한 눈처마(cornice)[▲]를 곳곳에서 보면서 가파른 능선 위에 내걸린 이처럼 엄청난 얼음덩이를 이룬 눈을 몰아 퍼붓는 겨울 폭풍은 과연 어떠할까 상상해 보았다. 빙하 위로

▲ 벼랑끝에 처마모양으로 테두리를 이루어 얼어붙은 눈더미.

짐을 운반하면서 셔츠를 벗어 부쳤을 때, 2월의 기온은 얼마까지 떨어질까 궁금하였다. 여러 이레 동안 섭씨 마이너스 37°이하의 날씨가 계속될 수도 있을 텐데 이러한 기온에 시속 160킬로미터가 넘는 강풍이 부는 상황에서라면 등반은 고사하고 과연 사람이 살아남을 수나 있을까? 우리는 겨울철 드날리에서 가장 두려운 점인 어둠을 생각해 보고 온몸이 오싹함을 느꼈다. 낮은 고도의 겨울 햇살은 높은 산봉우리들에 일찍 가려져서 골짜기 아래에서는 석양을 몇 시간 받지 못할 것이다.

그때 여름등반에서 시로와 나는 드날리의 겨울철 모습을 극히 부분적으로밖에는 엿볼 수 없었으나 그것만으로도 수많은 탐험가들이 열병으로 표현하는 물리치기 힘든 탐험욕에 사로잡히기에 충분하였다. 정작 왜 가는지도 모르면서 사람들은 바다와 사막, 밀림이나 북극권의 황량한 동토(凍土)로 또다시 떠난다. 곤경에 처하며 때로는 생사의 기로에 설 수도 있음을 알면서도…

시로와 나는 드날리 여름 등반을 마치면서 겨울철에 재차 오를 필요를 느꼈다. 겨울 등반의 기대감과 불확실성에서 겨울철 드날리의 바람과 한파, 희박한 산소와 어둠을 체험하고픈 강한 충동을 억누를 수 없었다.

시 초

나는 어릴 적에 커다란 물웅덩이와 관개수로를 건너고, 옥수수 밭을 뚫고 지나가며 집 근처의 공원 숲 속에 원시인과 거래하는 교역장소를 개척함으로써 광활한 대륙에서 알려지지 않은 강과 산맥들을 탐험하는 것으로 생각했다. 철이 들면서 어느 때인가 세계의 모든 대륙은 이미 발견과 탐사를 끝마쳤다는 사실을 알고 실망이 컸지만 그래도 지구 어느 곳엔가 미지의 땅이 남아 있으리라는 희망을 버리지 않았다.

스물 한 살이 되던 해 나는 겨울철 드날리산 등반을 미지를 향한 여행으로 생각하게 되었다. 여지껏 북미의 최고봉에서 겨울철 해거름을 지킨 사람이 아무도 없었다. 과연 기온이 얼마나 내려갈지, 바람이 불면 그 추위는 또한 어느 정도가 될런지 아무도 몰랐다. 수천년 동안 드날리의 겨울 바람은 제멋에 겨운 채 휘몰아쳤다. 드날리의 꿀와르(couloir)▲와 작은 분지, 고갯마루에 겨울 햇살에 담긴 부드러운 빛이 투사되는 광경을 본 사람은 세상에 아직 없었다. 더군다나 겨울철에 드날리의 정상을 향해 발걸음을 옮긴 사람은 전혀 없었다.

노련한 알래스카의 등산인에게 드날리 동계 등반하는 데 대

▲ 산 중턱에 발달한 협곡

한 의견을 묻자, 그는 추위와 강풍, 어둠과 고도라는 복합적인 악조건은 인간의 한계를 넘는 것이라고 경고하였다. 나로서는 그 정도로까지 생각하고 싶진 않았지만 기상학자와 생리학 전문가들에게서 수집한 자료를 보더라도 전망은 그다지 밝지 못했다. 기온이 영하 50°C까지 떨어질 것이며 풍속은 시속 240미터를 기록하였다. 12월 21일에 해는 오전 9시 45분에 떠서 오후 2시 30분만 되면 진다. 물론 2월이 되면 태양의 직사광선이 7시간이나 계속 비추므로 형편이 훨씬 나아진다. 브래드포드 워쉬번의 연구에 따르면 드날리 산의 고도 5,486미터(18,000피트) 지점에서 인간의 정신 능력은 절반밖에 발휘되지 않는다고 한다. 이는 물론 산소 결핍 때문이다. 해발고도가 높은 고산지대에서는 그 어떠한 신체적 활동도 힘겨운 것이어서 드날리산에 오른 수많은 사람들이 정상을 눈 앞에 두고 무력화되어, 무거운 몸을 이끌고 하산하였다.

겨울철 드날리 산 등반에 참여할 적격자를 구하기 힘든 것은 당연한 일이라 하겠다. 여름에 드날리 산을 등반한 경험이 있는 산악인에게 동계등반을 제의하자 그는 무엇하러 그런 일을 하느냐고 반문했다. 또 다른 사람에게 겨울등반을 제의했으나, 성공 가능성이 50퍼센트도 채 안된다면서 거절했다. 그러나 내게 겨울 등반을 처음으로 착상케 했던 시로 니시마에는 그 열의에 변함이 없었다. 겨울 등정에 대한 성공 가능성이 희박한 데에 시로는 오히려 의욕이 솟구치는 듯했다. 불행히도 시로는 대학원 학비 조달에 어려움을 겪고 있었으므로 등반대원 각자가 자신의 경비를 일체 부담하던 그 당시, 한 사람 당 1,000달러에 이르는 비용을 마련할 길이 막연한 것 같았다.

나는 시로와 함께 다같이 절친한 벗이 하나 있었다. 그는 앵커리지에서 소아 정형외과를 개업한 죠지 윗치만 박사인데 그에게서 이른 봄 드날리에서 겪은 등골이 섬뜩한 체험기를 들었다.

죠지와 몇몇 등반대원들은 갑자기 불어닥친 강풍 때문에 캠프로 돌아가지 못하고 영하의 기온에서 침낭도 없이 한둔하게 되었던 것이다. 그는 한파와 눈보라에 대한 처절한 싸움을 이야기한 뒤 거구를 일으켜 묵묵히 방안을 서성거렸다. 그러더니 멈춰서서 나를 쳐다보며 드날리 겨울 등정에 참가하고 싶다고 했다. 나는 새로이 용기를 얻었다. 죠지의 인내력과 20여년의 등산 경험뿐 아니라, 그의 의술은 등반대에 더할 나위 없이 귀중한 자산이 될 것이라 생각했다.

무엇보다도 우선, 우리 등반대를 이끌 리더가 필요했다. 등반대장이 될 사람은 뚜렷한 개성의 소유자로서 자신을 중심으로 하여 대원들을 긴밀히 인화단결시켜서 최악의 사태에서도 인간관계의 파탄을 막을 수 있는 인품과 능력을 갖춰야 했다. 나는 그렉 블롬버그가 적격자라고 생각했다. 그러나 그에게 드날리 동계등반에 대한 의사를 처음 타진했을 때 농담으로 받아들였다. 나의 태도가 진지함을 깨닫자, 그도 정색을 하고서 불가능한 일이라고 단언하였다. 얼마 후 맥주 한 잔을 들이킨 뒤 일견 무모한 모험에 대한 그의 열정이 불붙어 올라, 잘하면 가능할지도 모른다고 했다. 새벽 2시 무렵이 되어 그는 등반대장 자리를 수락했고, 벌써부터 예상되는 혹한에 대비한 특수 의복에 대해 궁리하기 시작했다. 그렉은 우수한 장비에 대한 식별력만 가지고 있었던 게 아니라, 우수한 장비의 개발을 업자들에게 먼저 요구하였다. 콜로라도 등산용구 제조업계의 선두 자리를 다년간 지켜오는 동안 등산장비 제조에서 완전주의자로 평판이 난 그는 창의력과 완전주의로 동계등반에 따른 장비 문제를 하나하나 해결해 나갔다. 그러나 정작 해결해야 할 한층 중요한 문제는 또 다른 어려움을 안고 있었다. 등반대원을 모으는 일이었다.

그렉은 겨울 등산학교에서 여러 해 가르쳤고 로건산(해발 5,950m, 북미에서 두 번째 높은 산)에 새로운 등산로를 개척하는데 성공한 바 있으므로 겨울철 드날리 등정에 알맞은 사람을 선발할 수 있었다. 그러나 마땅한 사람이 나타나지 않았다. 미국의 정상급 등반가 서른 명 이상과 접촉해 보았으나 극소수만이 우리 계획에 관심을 보였고, 이들 가운데서도 30, 40일, 혹은 그 이상이 될지도 모르는 겨울철 등반에 참여할 시간을 낼 수 있는 사람은 아무도 없었다. 그렉은 좌절감을 맛보게 되었다. 시로가 여전히 경비 문제를 해결하지 못했음을 알려오고, 죠지도 병원일로 틈을 낼 수 없을 것 같았으므로 그렉의 열정은 식어 버렸다. 나는 그렉이 쓴 맥빠진 편지를 알래스카에서 몇 차례 받아 보았다. 계획상 등정 출발 다섯 달 전인 1966년 7월 초순에 그렉은 등반을 포기해 버렸다는 내용의 글을 보냈다.

나는 곧바로 답장을 보냈다.

나는 이번 겨울에 당신과 함께 드날리의 정상에 반드시 오르리라 확신합니다. 지난번 만난 이후로 어느새 노인네가 다 되었습니까? 우리가 해낼 일을 한번 상상해 보십시오. 우리는 우리 자신의 한계를 극복할 수 있을 것입니다. 세상 사람들이 이 계획에 대해 별반 흥미를 느끼지 못하는 것도 지극히 당연한 일입니다. 누가 어디 꿈이라도 꾸었겠습니까? 이것은 상상력과 영감의 발로입니다. 그렉, 당신은 바로 상상력과 영감의 인물입니다. 이번 등반은 당신을 위한 것입니다. 그 누구보다도 당신이 애를 쓰지 않았습니까? 우리는 해낼 수 있습니다. 우리에게는 당신의 통솔력이 필요합니다.

그렉은 7월 7일 답장을 보내왔다.

아트, 자네의 열정은 여전하군. 지금처럼 이렇다 할 결과 없이 시간만 허비하지 않았던들 자네의 열정에 고무되어 일을 계속 추진하고 싶은 마음이라네. 그러나 내년에 계획대로 등반을 실행하기에는 시간적인 여유가 없으니 등반 계획을 당분간 보류하는 것이 좋겠네. 더군다나 등반대원은 아직 한 명도 확보되지 못했잖은가.

그렉의 통솔이 없이는 등정이 불가능할 것 같았다. 원정계획은 무산되고 마는 듯했다. 나만이 확정된 유일한 대원이었다. 그렉이 말했듯이 겨울 등반에 대한 세인의 인식은 앞으로 너덧 해는 더 지나야 바뀔는지 알 수 없었다.

여름을 지내면서 우리의 등반 계획은 차츰 망각 속으로 사라져 버리는 듯했다. 그렉은 겨울학기 등록을 마쳤고 나마저도 등정 계획을 한바탕 꾼 꿈으로 쳐 단념하고 있었다. 이때 돌연 시로와 죠지가 확실히 등반에 참가할 수 있다고 전해왔다. 여기에 자극받은 그렉은 좋은 대원이 한 명만 더 있으면 등반대장 노릇을 기꺼이 맡겠노라고 선뜻 나섰다. 9월에 훌륭한 등산가 두 명이 등반대에 합류하였다.

그 가운데 한 명은 데이브 존스튼으로 특이한, 거의 신화적인 인물이었다. 그는 키가 2미터가 넘었고 붉은빛이 도는 긴 머리와 수염을 하고 있었다. 그는 화물열차를 타거나 지나가는 차에 편승하여 미국 전역과 남미를 두루 돌아다니며 발 닿는 대로 많은 산을 올랐다. 데이브는 삼림학과를 졸업했지만 전공으로 계속 나아가지 않고 '등산꾼'이 되기로 작정했다고 한다. 내 자신도 물론이려니와 큼직한 등반을 앞둔 등산인들은 자제하기 힘든 흥분에 사로잡히기 일쑤이다. 그렇지만 겨울등반에 참가하게 된 데이브가 보인 반응은 참으로 희한했다. 그는 펄쩍펄쩍 뛰면서 동시에 기다란 두 팔을 마치 날개짓하듯 휘저으며 소리쳤다.

"우와, 야호, 야호!"

해발고도 5천4백미터가 넘는 산봉우리를 여럿 올랐고, 특히 그중에 특기할 등정 경험을 지닌 데이브가 합류하여 우리 등반대의 전력 강화에 보탬이 되었다. 그는 이미 드날리를 오른 경험을 가졌던 것이다. 그와 시로는 드날리 등정 경험을 지닌 두 명의 대원인 셈이다. 죠지와 나는 드날리 등반 경험이 있으나 정상까지 이르지는 못했다.

등반대에 합류한 또 다른 사람은 뉴질랜드인 죤 에드워즈 박사였다. 그는 뉴질랜드 산지를 두루 등반한 뒤, 캠브리지 대 재학 시절 영국의 산지와 알프스 산맥을 두루 등반하였다. 생물학 연구차 그린랜드 북동부에도 탐사여행을 다녀온 바 있었지만 다년간 곤충생리학 연구에 몰두하느라 실험실에 매여 있었던 그는 당연히 드날리 등반에 좀이 쑤셔 배겨낼 도리가 없었다.

우리를 가운데 아무도 죤을 만나본 사람은 없었지만, 내가 일한 적이 있고 그 또한 한때 몸담았던 북극 생물학 연구소 사람들에 의하면 아주 재미있는, 말하자면 장난꾸러기 꼬마 도깨비같은 인물이었다. 그는 온후하고 호탕하며 때론 짓궂지만 또한 온전히 사려깊은 사람이라고들 했다. 죤과 첫 대면에서 이런 말들이 모두 사실에 부합함을 확인할 수 있었다. 연구소의 여러 층의 복도를 거쳐 합주음악의 선율을 쫓아간 끝에 오케스트라의 목관악기부의 전음역을 내고, 양다리를 번갈아 들며 껑충이는 작달만한 체구의 사내와 마주치게 되었다. 낮도깨비 같은 그는 커다란 귀가 숱 많은 금발 옆으로 불쑥 삐어져 나왔고 두 손은 교향악에 맞춰 빠르게 허공을 휘저었는데 그의 담청색 눈은 조롱기 어린 시선을 내게로 던졌다. 바로 죤이었다.

앞에 놓인 길고 추운 밤을 지내려면 익살꾼이 한 명쯤 동행하는 것도 괜찮을 듯싶었다. 그들이 처한 역경을 웃음으로 대할 여유가 없어서 너무도 많은 등반대가 좌절감속에 실패를 겪기 때문이다. 폭풍과 높은 고도, 어둠속에 갇힘으로 말미암아 긴장 때문에 등산가는 쉽사리 정신적 파탄에 이르기도 한다. 이번 등반에는 신체능력만큼이나 정신능력의 중요성이 요구되었다.

데이브와 죤이 합류함으로써 우리 등반대는 유능한 대원으로 충원되었다. 우리와 함께 가기를 원하는 수많은 사람들이 그 뜻을 이루지 못하였는데 그들의 등산경험, 능력이 충분치 못하였거나, 정신자세가 우리의 시도에 적합치 못했기 때문이다. 우리 여섯은 식량과 장비 준비에 착수하였다. 이때가 12월 중순께로 산행을 떠나기로 계획된 날짜를 겨우 다섯 이레 남겨두고 있었는데 그렉은 콜로라도에서, 그리고 나는 알래스카 페어뱅크스에서 투박한 스위스 억양이 섞인 장거리전화를 받게 되었다. 그의 이름은 레이 쥬네였다. 그는 자신과 프랑스인 친구 쟈끄 파린 바뜨껭을 등반대에 넣어 달라고 요청하였다. 바뜨껭에 대해서는 들은 바가 있었다. 그는 믿기 어려울 만치 역량이 대단한 등산가로서 알프스 산맥의 얼음과 바위절벽을 장기간 동계등반하는 데 처음으로 성공한 사람으로 잘 알려져 있었다. 3년 전에는 알래스카에서 가장 난코스로 정평이 난 곳을 등반하였는데 이 헌팅턴산 등정에서 그는 등반대장 라이오넬 테리에 의해 최상의 파트너로 뽑혀서 함께 최초의 정상 공격에 가담하였다. 파린은 드날리 겨울 등반에 최적임자로 생각되었다. 그가 영어를 몇 마디밖에 할 줄 몰랐기 때문에 의사소통에 어려움이 있으리란 짐작은 모두들 하였다. 그러나 우리는 그를 겨울등반에 참가시키고 싶어했다. 하지만 쥬네의 경우엔 문제가 달랐다. 그의 등산 경력에는 이렇다할 만한 것이 없었다. 자신은 스위스 알프스에서 보낸 소년시절, 크로스컨트리 스키여행, 겨울 사냥여행 등을 들었지만, 그나마 특기할 업적이라야 400미터가 채 못되는 평퍼짐한 원기둥형 봉우리를 등반한 것이 고작이었다. 이번 등정에서 그가 참가할 수 있는 자격요건은 무한한 열정과 꼭 참가해야 하겠다는 단호한 결심이라 생각되었다. 드날리 겨울 등반대의 대원이 되기 위한 조건 가운데에서 열정이나 단호한 결심이 큰 비중을 차지할 것임은 틀림없지만 과연 이것만으로 부족한 경험을 메울 수 있을까? 훨씬 뒤에야 안 사실이지만 쥬네는 그렉과 나를 번갈아가며 도와 자신의 의사를 관철하는 데 성공하였다. 그는 전화로 그렉한테다 그의 등반 참가에 내가 반대하지 않는다고 말한 다음, 내게 전화하여 내가 찬성한다면 그렉도 동의한다는 의사를 밝혔다고 전했다. 이렇게 하여 미처 우리가 알아차리기도 전에 쥬네는 등정대의 일원이 되어 버렸다.

파린과 쥬네를 처음 만났을 때 이 둘은 내게서 정반대의 감정 반응을 불러 일으켰다. 즉, 신뢰와 불신이었다. 일상 작업복 차림을 한 파린은 여지껏 내가 만난 사람들 가운데 가장 뛰어난 체력을 지녔고 굵은 목 때문에 머리가 상대적으로 작아 보였다. 그는 키가 작고 넓은 어깨와 우람한 가슴을 지녔다. 다부진 그의 두 다리는 힘든 작업을 위하여 고안된 거대한 피스톤을 연상시켰다. 실제로 그는 중노동을 많이 했는데 밀가루 포대 운반 노동경력에서 '파린'▲이란 별명이 붙었고, 또한 엄청난 정력을 키웠던 것이다. 그는 내면의 자신감을 지닌 사람한테서 볼 수 있는 겸손한 태도와 침묵을 지켰다.

이에 반하여 쥬네는 우리들과, 아마 제 자신에 대하여서도 무엇인가 과시해보려 애쓰는 듯했다. 그는 털이 북슬북슬한 가슴을 드러낸 채로 가죽끈으로 앞섶을 여미게 된 웃옷을 입었다. 그는 등산바지에 등산화를 신고 있었는데 방금 하산한 전문 등산가임을 확신시키려는 의도인 것 같았다. 무성한 턱수염 속에서 그는 씩 웃었다. 눈두덩 속에 깊이 박힌 검은 두 눈이 번쩍였고 우렁찬 목소리로 자기 소개를 했다.

"레이 쥬네요." 첫눈에 나는 쥬네를 진지하게 대할 수 없는 인물이라고 생각했으나 금새 그의 모양새와 친근한 태도에 이끌리고 말았다. 그를 좋아하게 되었지만 그를 우리 패에 넣은 것이 무모한 처사가 아니었나 싶은 의구심을 떨쳐버릴 수 없었다. 대원들이 일련의 생체반응 검사를 받기 위해 1월에 페어뱅크스의 북극 생물학 연구소에 모였을때 파린과 쥬네는 우리 모두의 존경을 받았다. 신체적 적합성을 측정한 결과, 파린은 엄청난 점수로 우리 모두를 앞질러 측정 연구원조차도 깜짝 놀랐다. 그 다음이 큰 차이없이 쥬네, 그리고 얼마간 간격을 두고서 데이브와 나, 그밖에 다른 사람들 순서였다.

앵커리지에서 여전히 병원업무로 바쁜 죠지를 제외한다면 우리가 동시에 한 장소에 모인 것은 이 사흘간의 생체반응 검

▲ farine(불), 밀가루

사 때가 처음이었다. 동아리의식이 생겨나기 시작했다. 추위, 고도에 대한 인체반응을 조사하는 실험에서 기니아피그의 역할을 맡은 우리는 감압 장치가 된 방에서 해발고도 6,000미터에 해당하는 상태일 때 심장 박동수가 증가하면서 정신기능과 신체균형성, 조정성이 하락하는 것을 보고 심란해졌다. 우리는 혈액과 오줌 검사에 기꺼이 응하였고, 심장과 뇌의 활동을 기록하는 심전계와 뇌파계(腦波計)에 달린 위압적인 숫자판, 개폐기, 전선, 전극의 조작에 적극 협조하였다. 등반이 우리의 생리기능에 끼친 영향을 조사하기 위하여 등반을 마치고 돌아오면 동일한 검사를 반복하기로 했다. 그러나 선임연구원 가운데 한 사람이 내 눈을 물끄러미 들여다 보더니 심각한 말투로 물었다.

"정말로 돌아오리라고 생각하십니까?"

등반하는 도중에서도 내내 생리 기능의 변화를 관찰하기 위하여 최소한의 기구로써 검사를 수행하기로 되었다. 나는 이 연구소에서 행한 이전의 실험결과에서 드날리를 등반한 사람들은 등반 후에 신체적으로 약화되어 돌아온다는 사실을 알고 있었다. 그보다 낮은 산을 등반하면 체력증진에 도움이 되는 반면에, 드날리 등반은 등산하는 사람의 힘을 고갈시키고 신체 기능을 오히려 손상시키는 듯싶다.

산지에서는 인간의 활동과 명료한 사고작용이, 희박한 공기에서 산소를 추출하여 뇌, 근육, 그밖의 조직에 공급해야 하는 신체적 능력상 제한을 받는다. 3,900~4,200미터 정도의 고지만 되어도 행동에 대한 동기가 감소되며, 무기력 증세 때문에 활동을 계속하거나 생존하고자 하는 의욕까지도 줄어들게 된다. 해발고도가 증가할수록 추위에 대한 인체의 저항력은 감소하여 동상의 위험이 커진다. 4,200미터이상 오르게 되면 갖가지 질병과 상처에서 회복될 가능성은 전혀 없다. 특히 코감기와 설사는 치명적이라 봐야 한다. 고도가 증가하면 사람의 신경이 극도로 긴장되면서 절친한 벗끼리 서로 미워하기도 한다. 이러한 고도의 영향은 추위나 바람에 비해 훨씬 미세한 것이긴 하나 조금도 예외가 없는 엄연한 현실로 존재한다. 여타의 자연력과는 달리 옷을 더 껴입거나 천막, 얼음집 안으로 들어감으로써 고도를 피할 수는 없다. 우리 앞의 드날리 등산인들과 마찬가지로 산소마스크를 사용하지 않기로 정했으므로 희박해진 공기에서 벗어나는 길은 하산하는 방법밖에 없었다.

검사를 모두 마치자, 싫든 좋든 정신없이 바쁜 마지막 주간을 보내게 되었다. 시로가 55일간 식량을 종이상자에 담아 거든그리는 일을 감독하였는데, 상자 한 개마다 4인분 아침 식량과 네 몫으로 나눠 싼 점심, 그리고 넉넉하게 4인분 저녁거리가 들었다. 이것을 열량으로 따지면 매일 한 사람 앞으로 약 5,200칼로리가 돌아가는 셈인데 산에서 운반하기 쉽게 포장한 것이다.

이마에 구슬땀을 흘리고 핏발선 눈으로 한정없는 물품목록과 산더미 같은 장비를 훑어보며 그렉은 장비점검을 지휘하였다. 성냥, 양초, 화로용 휘발유(음식 장만뿐 아니라 눈과 얼음을 녹여 물을 공급받는 데에도 화로는 긴요하다), 여분의 장

시초 35

남서쪽에서 본 드날리
(1) 카힐트나 빙하지대 (2) 바람받이 (3) 4,390 고지 (4) 서측벽산릉
(5) 5,240 고지 (6) 드날리 재 (7) 정상

갑, 양말, 끈, 밧줄과 가닥줄, 여벌의 남포 덮개, 실, 바늘, 기타 필요한 물품을 더욱 넉넉히 충당해야 된다고 생각될 때마다 그는 늘 쥬네를 시켜서 사오도록 했다. 일단 빙하 위에 발을 들여놓게 되면 잊은 물품을 가지러 되돌아올 수 없기 때문이다.

그렉은 알프 체육사가 금번 등반을 위해 특별히 오리털 파카, 오리털 바지, 방풍바지, 방풍파카, 침낭, 배낭들을 무더기로 쌓아놓고 제각기 마음에 드는 대로 고르도록 하였다. 복장과 배낭을 다양한 빛깔로 하면 각자 자기 장비를 챙기는 데 한결 편리하리라는 생각에서 그렉은 초록, 파랑, 갈색같이 차분한 색조와 환한 오렌지빛으로 색상을 주문했던 것이다. 그런데 그가 옷을 한데 쌓아 놓기가 바쁘게 오렌지빛깔의 옷은 삽시간에 자취를 감춰버렸다. 첫수에는 아랑곳없이 쥬네가 몽땅 독차지해버린 까닭이다. 그가 끌어모은 화려한 오렌지빛 성장의 대부분이 그의 몸에 너무 작거나 컸지만 그의 성향에 꼭 맞는 색상이다 싶어서 모두들 그냥 내버려 두었다.

장비의 식별을 위해서 개인 장구에다 자기 이름을 모두 적어 두었는데 이 점에서도 털복숭이 괴짜 사내는 또다시 우리를 놀라게 했다. 그는 자신의 장구에 이름 대신 두개골과 넓적다리뼈를 그려 넣었다. 과연 이런 사람과 달장이나 같이 지낸다면 어떤 일이 일어날지 자못 궁금했다. 어쨌든 이 해골 표식은 우렁찬 쥬네의 목소리, 너털웃음과 함께 그에게 '해적'이란 별명을 안겨 주었다.

짐꾸리기가 끝난 뒤, 기자회견도 하고, 환송연도 마쳤으므로, 알래스카 철도편으로 탤킷트나를 향해 출발하였다. 알래스카 산맥에서 97킬로미터 떨어진 이 작은 읍에서 돈 쉘던의 빙원 횡단 비행기로 드날리에 닿을 예정이었다.

"여, 오랜만이야!"

탤킷트나에 당도하자 쉘던이 반겨 주었다.

"지금 저쪽에 부는 강풍은 비행기 날개를 보기좋게 부러뜨리기 알맞네. 어때, 오늘밤은 격납고에서 자는 게. 내일 꼭두새벽에 내가 기상을 살펴보지. 바람만 자면 곧바로 가뿐히 내려앉을 수 있지."

두 달 전, 나는 돈에게 겨울철에도 드날리 산록에 착륙이 가능한가 물어본 적이 있다.

"그럼, 문제 없어. 아트, 자네는 사십오 킬로그램 짜리 식량 자루나 준비해 가지고 용기백배하여 그놈 산을 오르기만 하면 되네."

그는 드날리 겨울 등정을 위해 등반대를 데려올 줄은 전혀 몰랐다고 했다.

우리가 침낭을 꺼냈을 때 기온은 영하 34°였다. 몇 시간 지나지 않아서 스며드는 냉기에 허리가 저려왔다. 몇 개의 식량 상자와 함께 카힐트나 산에 공수된 등반대는 얼음과 바위로 된 38만 8,500헥타르(3,885㎢)의 산지에서 자력 구제해야만 되었다. 4,200미터이하 지점에서 위급한 일이 발생했을 경우라면 쉘던이 비행기로 구조하러 올 수 있을 것이다. 그러나 으레 그렇듯이 무전기가 고장나거나 기상이 악화된다면 그도 어쩔 도리가 없는 것이다. 위급사태가 해발고도 4,200미터 이상인 지점에서 돌발한다면 부상자를 운반해 내리거나 퇴각하는 데에 전적으로 자력에 의존할 수밖에 없을 것이다. 우리가 떠나온 세상에 대하여 독립한 만큼 결과적으로 우리들끼리만 서로 의지해야 된다.

잠들기 전에, 한 해가 넘도록 줄곧 뇌리에서 떠나지 않은 의문들이 꼬리를 물고 떠올랐다. 모두가 정상에 오를 수 있을까? 내가 과연 드날리 정상에 올라설 수 있을까? 우리가 맞닥뜨릴 급박한 상황에서 내 자신의 모습은 어떻게 나타날까? 모두들 안전하게 귀환할 수 있을까? 침낭 속의 온기에 몸을 웅크리고 누워서 폭풍과 긴 암흑의 시간, 바람이 휘몰아치는 높은 빙하 지대, 일곱 명의 대원과 함께 나눌 고초를 다시금 머릿속에 그려보았다.

보름달이 뜬 밤, 탤킷트나의 가로를 지나 얼어붙은 늪지와 숲 너머 저편에 드날리산이 있었다.

시초 39

시로 니시마에(31), 아트 데이비슨(23), 쟈그 파린 바뜨껭(36), 죠지 윗치만(39),
데이브 존스튼(25), 그랙 블롬버그(25), 죤 에드워즈(35), '해적' 레이 쥬네(35)

돈 쉘던, 빙원횡단 비행사

우리 아빠는 저 산에 오를 수 없어요

"우리 아빠는 저 산에 오를 수 없어요. 너무 커요."

쉘던의 사유 활주로 끝에서 제 엄마에 기대어 선, 죠지 윗치맨의 다섯 살 난 아들이 소근거린 말이다. 작은 은빛 비행기에 성에가 좀 낀 조종석 유리창을 통해 아이는 제 아빠가 해적 뒤에 끼어앉은 모습을 보았다. 세스나기는 기관폭음을 울리며 눈보라를 일으켜 활주로 끝까지 달려갔다. 비행기가 사뿐히 공중으로 떠올라 기체를 문득 한쪽으로 기울여 커다란 산을 향해 날아가자 사내애는 놀라서 눈을 커다랗게 치떴다.

그날 아침 일찍 쉘던은 맨 먼저 그렉과 데이브를 싣고 산봉우리를 향해 이륙했다. 고요한 대기 속에 헌터산(2,743m)에 다가서자 비행기의 기관폭음에 어마어마한 눈사태가 일어났다. 일종의 경고라고들 하면서 웃었다. 우리가 시도하려는 서쪽 측벽산릉 경로는 눈사태의 위험에서 비교적 안전하였지만 데이브와 그렉은 적설 상태에 대하여 주의깊게 조사할 필요성을 깨달았다. 평탄면에서 눈사태를 만나면 벗어날 도리가 없다. 눈과 얼음덩이의 홍수에 걸려드는 날엔 영락없이 압살되거나 질식사하고 만다.

쉘던은 카힐트나 산위로 저공비행을 하여 지류 빙하의 동쪽으로 길을 바꾼 뒤, 드날리 국립공원 경계선 바로 밖인 고도 2,100미터 지점에 착륙하였다. 데이브와 그렉은 즉시 밧줄로 서로를 연결하였다. 그리고는 쉘던이 나머지 우리들을 태우기 위해 되돌아오는 동안 크레바스를 살피러 1마일 가량 정찰에 나섰다. 제각기 허리를 단단히 묶고 둘의 간격이 40미터에 이르도록 밧줄을 늘어뜨려 크레바스에 대한 보호책으로 삼았다. 둘 가운데 하나가 표면만 살짝 언 눈밑에 숨은 크레바스에 발을 딛더라도 동반자에게 연결된 밧줄이 추락을 방지해 줄 수 있는 것이다.

다행스럽게도 데이브와 그렉 앞에 레이스 장식처럼 얼기설기 깔린 크레바스는 눈으로 채워진 상태인 것 같았다. 둘은 조심스럽게 크레바스가 깔린 설원을 지나며 안전한 길을 개척하였다. 이들은 시간상으로는 적어도 6주, 그리고 숙영지 수로 따지면 대여섯 번 캠프를 설치해야 닿을 거리인 정상을 향해 이미 발걸음을 옮기기 시작한 셈이다.

그렉과 데이브는 착륙지점에서 500미터 가량 올라 짧은 산등성이 끝에 이르러, 등산로가 밋밋하게 융기한 카힐트나 빙원의 북쪽으로 11킬로미터 뻗쳐 카힐트나재 바로 아래 지점에까지 이르는 것을 확인하였다. 시야가 가려 보이지 않았지만 이 경로는 동쪽으로 굽이쳐 올라 해발 3,962미터인 바람받이로 이어진다. 바람이 지나가는 이 천연 터널 너머로 1마일 가면 깎아지른 빙벽이 서측벽산릉▲의 꼭대기로 치닫는다. 바위

▲ West Buttress : buttress는 버팀벽이란 뜻이니 주능선(主稜線)에 딸린 돌출 능선을 일컬음.

와 눈으로 이뤄진 산릉을 1마일 내려가면 드날리재(5,547m)로 급히 치솟은 빙벽 아래의 분지에 이른다. 드날리재와 해발고도가 6,194미터인 드날리 주봉 사이는 3킬로미터 거리이다.

그렉과 데이브가 등산로를 확인하느라 너덧 시간후에 돌아올 무렵, 쉘던은 시로와 나를 제외하고는 전대원을 빙하 지대로 수송하였다. 크레바스 지역을 통과하여 되돌아오던 그렉과 데이브는 장난스런 파린의 영접을 받고는 다소 놀랐다. 머리가 벗겨진 이 프랑스 사람은 얼굴 가득 웃음을 띄우며 단독으로 밧줄도 매지 않은 채 껑충껑충 뛰어 그들에게 다가왔던 것이다. 파린은 산에 다시 오게 된 것이 여간 즐겁지 않은 듯했다. 그는 두 팔을 흔들고 두 눈을 반짝이며 그렉과 데이브를 향해 가볍게 뛰어왔다.

밧줄에 함께 연결된 채 선 두 사람은 파린이 그토록 활기에 넘친 모습을 보고 유쾌했다. 하지만 그와 함께 흥분을 나눌 수는 없었다. 온통 크레바스가 널린 곳에서 안전한 길이 어딘지도 모르면서 혼자 태연히 내닫는 데에 아연실색치 않을 수 없었기 때문이다.

그렉과 데이브는 부주의한 파린의 태도에 몹시 언짢았지만 서로 영어나 불어로 의사소통이 제대로 이루어지지 않는 마당에 감정적인 충돌 없이 주의를 주기란 어려울 것 같아 아무 말 않기로 하였다. 어쨌거나 파린은 그들보다 빙하에 대해 경험이 더 많은 것은 사실이니까. 그렉은 내게, 통솔자로서 책임감 때문에 대원 모두의 안전에 항상 신경 쓸 수밖에 없었지만 이 일은 그냥 지나쳐 버렸다고 말했다. 등산로는 이제 버드

카힐트나 베이스 캠프(上)와 이글루 내부(下)

나무 가지로 명확히 표시해 뒀으니 문제될 게 없을 성싶었다.

쉘던이 시로와 나를 최종적으로 공수하고 드날리를 이륙했을 때 이미 산 공기에서 저녁을 느낄 수 있었다. 삼림을 뒤로 하고 카힐트나 빙퇴석(冰堆石)지대 상공을 날 때 해는 기울기 시작했다. 길게 끌린 산봉우리 그림자와 분지의 어스름 때문에 착륙이 곤란하다고 판단되었다. 빙하 위에 안착하려면 지면의 경사도를 식별하고 크레바스나 융기된 부분의 위치를 예측할 수 있는 뛰어난 시력이 있어야 한다. 시로와 나는 탤킷트나로 돌아가 그날밤을 보내고 이튿날 아침에 되돌아오겠거니 생각하고 있는데 갑자기 비행기가 급강하한다는 사실을 깨닫게 되었다. 쉘던이 이런 식으로 착륙할 리는 없다는 생각에 요란한 프로펠러 소음을 무릅쓰고 뭐가 잘못되었느냐고 소리질렀다. 쉘던은 헤드라이트를 켜더니 고함질렀다.

"제기랄, 한번 해 보는 거야!"

시로와 나는 근심스런 표정으로 서로 힐끗 보고는 추락을 각오했다. 쉘던이 소리쳤다. "제로니모!" 빙하가 시야에 달려들어 왔다. 쉘던은 침착하게 정면을 응시하였고 나는 그의 모습만 주시하느라 비행기에 달린 스키가 지면에 닿아 눈위를 가볍게 미끄러져 나감을 뒤미쳐 알았다.

아주 어둡기 전에 이륙하려고 쉘던은 우리 둘의 장비를 눈 위에 부리나케 부리고는 계기를 점검한 후 맹렬한 속력으로 활주해 내려갔다. 시로와 나는 비행기에서 깜박이는 불빛이 카힐트나 산맥 위를 지나서 헌터산 줄기 너머로 사라지는 것을 쳐다보았다. 비행기가 시야에서 완전히 사라진 뒤에도 기관음에 귀기울였다. 처음에는 묏줄기에 메아리쳐 마치 여러 대가 나는 듯했다. 그러다가 가느다란 한 가닥 소리만 남더니 이내 쫑그린 귓전에 아무 소리도 들려오지 않았다. 우리가 그토록 집요하게 귀기울임은 사라지는 비행기가 우리 가족과 벗, 문명의 안락과 일상생활에 대한 연결선이었던 까닭이다.

얼음과 바위로 이룬 어두운 카힐트나산맥의 윤곽을 더듬으며 고요한 가운데 무슨 소리라도 들리지 않을까 싶어 청각을 곤두세운 나는 불안을 느끼기 시작했다. 날씨는 평온했고 발 밑으로는 8센티미터 가량 쌓인 눈의 촉감이 부드럽게 느껴졌으나, 황량한 풍경의 고적감에 스스로 몹시 왜소하고 나약하게 생각되었다. 사위가 온통 눈, 얼음, 그리고 바위뿐이었다.

시로가 내게 눈을 꿈적였다. 우리는 마주 웃어보이며 서로 등을 두드려 주었다. 문득, 그때까지 미등이었던 추가추산맥▲의 봉우리 하나를 오를 때 그를 위해 밧줄을 확보하던 달밤의 기억이 떠올랐다. 산 정상에 올라보니 돌양▲이 남긴 발자국이 눈 위에 또렷했다. 돌양은 우리가 눈 덮인 암벽을 기어오르는 모습을 지켜보았음에 틀림없었다. 또한 쉴새없이 갈마드는 안개 사이로 햇살이 비칠 때 밧줄로 한데 연결된 채 카힐트나산맥 능선을 따라 드날리에 이르렀던 여름도 생각났다.

빙하 아래쪽에서 날카로운 외침이 들려 고개를 돌렸다. 둔중한 걸음새로 우리를 향해 오는 모습을 보고 시로는 해적임

▲ Chugach Range : 남부 알래스카 해안을 따라 발달된 산맥으로 쿡협만(Cook Inlet)에서 쎄인트 엘리아스산맥(ST. Elias)에 이름. 최고봉은 Marous Baker산(4016m)
▲ dall sheep : 북미의 북서부 지역에서 서식하는 몸집이 크고 흰 야생양.

을 알아차렸다. 다른 사람들이 휴식을 취하거나 밥 먹을 준비를 하는 동안 해적은 짐을 더 나르려고 비행기 착륙 지점으로 되돌아오고 있었던 것이다. 그가 열심을 내는 데 대해 충분히 이해가 갔다. 나도 이전에 등산 경험이 변변찮던 애숭이 시절에 다른 대원들보다 더 많은 짐을 운반하여서 모자란 점을 벌충하려 들었다.

해적이 우리에게 오자 시로는 왜 짝도 없이 다니느냐고 물었다. 해적은 하릴없이 어깨를 으쓱해 보였다.

"길이 있는 걸, 위험하지 않아."

그렉과 데이브과 46미터 간격으로 눈에 박은 90미터 길이의 버드나무 줄기로 표시된 길을 따라 걷기 시작할 무렵 빙하 표면은 완전히 어두워졌다. 시로의 안전모에 부착된 전조등이 우리 발앞을 겨우 비추었다. 0.9평방미터 남짓한 이 빛의 테두리만 넘어서면 온통 칠흑같은 어둠이 깔려서 버드나무 줄기를 식별하기란 쉬운 일이 아니었다. 크레바스를 피하여 가자니 길은 굴곡이 몹시 심했다. 전등 불빛 가장자리로 시커먼 구덩이 같은 크레바스가 때때로 비춰졌다. 해적이 시로와 내게 모두들 밧줄로 몸을 묶지 않고서도 걸었던 만큼 길이 안전하다고 안심시켜서 우리도 그렇게 했다. 나는 천천히 조심스런 걸음을 떼는 시로 뒤로 한두 걸음 떨어져 있었다. 해적은 들뜬 기분에서 우리를 앞질러갔고 때로는 전조등 불빛이 미치는 범위를 벗어나기까지 했다. 우리는 그런 그에게 전등빛을 넘어서지 말라고 조심시켰다. 그는 잠시 우리 말에 귀기울이는 듯했으나 다시 제 성미를 못이겨 앞장서 걸었다.

세 번째에 선 나는 시종 시로의 발을 주시하며 그가 딛고 간 발자국을 밟았다. 갑자기 시로가 멈춰서더니 몸을 돌렸다. 나직이, 그러나 당황하는 기색없이 말했다.
　"해적이 사라졌네. 크레바스에 빠졌어."
　해적이 사라져 버렸다. 우리는 그의 발자취를 쫓아 크레바스 가장자리에서 그친 데까지 갔다. 그곳 너머로는 어둠밖에 없었다. 처음에 이름을 불렀을 때에는 아무 응답도 없었으나 재차 소리쳐 부르자, 가느다란 해적 목소리가 들려왔다.
　"여기 있네. 괜찮아."
　해적은 크레바스 속으로 6미터쯤 굴러 떨어졌으나 이 크레바스에는 눈이 일부 차 있어서 더 이상 추락하지는 않았다. 하지만 이만한 추락으로도 한 쪽 팔이나 다리를 부러뜨릴 수 있었다. 크레바스의 밑은 아래쪽 경사면으로 트여 있어서 해적 혼자 걸어나올 수 있었다. 그는 대수롭지 않다는 듯 웃어 넘기려 했지만 시로와 내가 묵묵히 있자 적잖이 어줍잖은 눈치였다. 그는 조용해졌다. 자신의 추락을 심각하게 여긴다는 것이 도대체 '해적 기질'에 걸맞지 않는지도 몰랐다. 이는 동시에 자신의 경솔함을 시인하는 것과도 무관치 않았으리라.
　우리 셋은 밧줄로 몸을 연결하고 시로가 선두에 서서 캠프를 향해 천천히 걸음을 떼 놓았다. 어둠속을 걸으면서 시로는 내게 비행기 착륙장에 캠프를 설치하는 것이 오히려 낫지 않았겠느냐고 자신의 의견을 밝혔다.
　"서두르는 것은 좋지 않습니다. 각자 마음 속으로 산지에 와 있다는 사실에 적응할 시간적 여유가 필요합니다. 본격적인 등반이 시작되기 이전에 등반대원들은 동료의식을 느낄 수 있어야 합니다."

 나도 시로와 생각이 같았다. 브래드 포드 워쉬본도 우리가 등반에 성공하려면 용기나 경험에 못지않게 인내심이 필요하다고 충고한 바 있었다.

 캠프에 다다르자 나는 그렉을 따로 불러 이야기를 나눴다. 먼저 헤적의 추락에 대해 말한 뒤, 밧줄을 묶지도 않고서 낮에 확인해 두지도 않은 크레바스 지대를 어둠 속에 가로질러 간 일이야말로 워쉬본이 경고한 성급한 행동의 본보기로 생각한다고 말했다. "그렉, 시초부터 심상치 않소."

 그러나 그렉은 달리 생각하였다. 그는 훌륭한 출발이라고 했다. 그는 첫째 날에 빙하지대를 통과한 것을 만족스럽게 여겼다. 그렉은 쉘던이 비행기 착륙장과 캠프의 위치가 다르다는 사실을 알 거라고 했다. 그렇다면 어두워진 뒤에 두 사람을 태워 올라온 것은 현명한 처사로 볼 수 없지만 다친 사람이 아무도 없으니 문제 삼을 일이 아니라 했다. 그는 데이브와 함께 개밥바라기를 바라보며 먼저 등정대의 안전을 그 다음에 성공을 기원했다는 말로써 나와 대화를 끝맺었다.

 나는 안전에 대해 그렉이 지닌 관심을 의심치 않았다. 그의 말대로 우리는 모두 무사했다. 그렇지만 하마터면 큰 사고가 될 뻔한 일, 성급함으로 말미암은 그 일 때문에 마음이 여전히 불안했다. 지난 주 준비 작업에서 얻은 긴장 때문에 공연히 까탈스럽게 되었는지도 몰랐다. 건조 쇠고기와 으깬 감자로 뜨끈한 저녁을 먹고, 마침내 드날리에 왔다는, 함께 느끼는 기쁨 속에 걱정이 한결 누그러졌다.

기온이 영하 24℃밖에 되지 않아서 해적과 나는 답답한 천막속보다는 노천에서 잠을 자기로 했다. 습도가 대단히 낮은 탓에 별빛이 그 어느 때보다도 영롱했다. 별빛이 가득한 밤하늘을 누워서 바라보노라니 하늘이 살아 숨쉬는 듯했다.

다음날은 모든 일이 순조롭게 진행되었으므로 불안감이 점차 사라져버렸다. 모두들 열심을 품고 앞길에 대해서도 낙관적이어서 지체없이 더 위로 이동할 채비를 갖췄다. 23킬로그램에서 27킬로그램은 족히 되는 등짐으로 착륙장에서 빙하지대 위 4킬로미터 지점되는 임시 저장소로 대부분의 물자를 옮겼다. 저녁이 되어도 조심성없이 등반하고 있지나 않나 하는 의구심이 들 만한 일은 전혀 일어나지 않았다.

이때 우리들이 함께 나눴던 온정과 신뢰감은 그날밤에 그렉이 쓴 1월 30일자 일기에 여실히 나타나 있다.

밤이 몰고 온 어둠은 천막속에 가득 찬 진정한 행복감과 동료애에 견줄 바가 못되었다. 우리들 웃음소리는 손전등 불빛과 함께 눈밭위로 번져 나갔다. 다양한 억양의 지절거림은 내 귀에 음악처럼 들렸다. 참말 믿을 수가 없다. 등반 사흘째가 되면 착륙 장소에서 6.5킬로미터 떨어진 지점에 이르게 될 것이다. 이는 눈의 상태나 기상조건이 양호한 까닭이지만 울륭한 대원들 덕분이기도 하다. 첫째 이레가 지나면 만사가 순탄할 것이다. 내 건강도 정상 회복을 할 것이고 모든 일이 한결 수월하고 본 궤도에 오르게 될 것이다.

크레바스

옷을 입기 시작했을 때 엷은 햇빛이 천막으로 새어들고 있었다. 영하 29℃. 천막벽은 밤새 발생한 입김이 얼어 붙어 축 처졌다. 누구든 움직일 때마다 얼음 박편이 떨어졌다. 얇은 얼음 비늘은 공교롭게도 얼굴이나 목덜미에 떨어져서 될 수 있는 대로 옷을 빨리 입거나 침낭으로 도로 목을 움추려 넣고 아침 밥이 다 되기를 기다렸다.

그러나 파린은 무감각한 사람처럼 이 아침 샤워를 태연히 맞이하였다. 아니, 얼음이 살갖에 닿는 촉감을 즐기는 것만 같았다. 나중에 데이브가 소형 취사화로에 불을 붙이자, 파린은 차가운 금속제 냄비를 아무렇지도 않게 맨손으로 집어들었다. 그래서 나도 따라 해 보았지만 살갖이 냄비에 딱 들어붙고 말았다.

웅웅거리며 불꽃을 피워올리는 화로 너머로 부산을 떨며 아침 일과를 시작했다. 데이브는 천막 한쪽 구석으로 껑충한 몸을 구부리고 들어가 오트밀과 뜨거운 젤리로 아침거리를 마련했다. 나는 해가 뜨면 어떤 기록영화를 찍을까 상상하면서 필름을 챙겼다. 해적은 마치 겨울잠 자던 동굴에서 어슬렁거리며 나오는 늙은 회색곰처럼 잠에 어린 흐릿한 눈으로 웅얼거리며 침낭에서 기어나오는 죠지를 놀렸다. 존, 시로, 그렉은 이 청명한 날씨를 어떻게 하면 최대한 이용할 수 있을 것인가 논의하였다. 땅거미가 지기 전에는 폭풍이 몰아쳐 평온하고 쾌청한 날씨를 망쳐 버릴 것 같지 않았다. 그렉은 야영지를 옮기기에는 꼭 알맞은 날씨로 판단하였다. 일찍 서두르면 6.5 킬로미터는 갈 수 있을 것이며, 빙하가 카힐트나재 쪽으로 급경사를 지어 오르는 곳에 캠프를 설치할 수 있을 듯했다.

데이브가 요리한 오트밀을 넘기며 마른 빵을 씹는 중에도 두셋으로 패를 지은 대화가 계속되었다. 오로지 파린만 침묵을 지켰다. 파린의 시선이 우리의 표정을 살피는 동안 그의 침묵이 단지 서툰 영어 실력 때문인지, 천성적인 기질탓인지 알 수 없었다. 그의 눈길은 구애받는 데가 없었고 강렬한 감정을 담고 있었다. 비행기에 오르기 전까지만 하여도 이 감정을 고독감이려니 생각했으나, 이제 보니 그윽한 정신의 평화였다. 앵커리지를 떠나오기 전에 한번, 내 서툰 불어로 물었던 적이 있다.

"파린, 언제 혼인할 생각이오? 여기 알래스카에는 아름다운 에스키모 여자들이 많습니다. 그들 가운데에는 아주 훌륭한 마누라감도 많다고들 합디다."

그는 싱그레 웃으며 말했다.

"아닙니다. 저는 단순한 사람입니다. 저는 산에서 삽니다."
우리가 개인 장구를 챙길 때 파린은 가만히 기다리는 것을 보았다. 물론 그도 등반 준비를 끝마쳤다. 주머니에 든 오렌지가 손끝에 닿아 그에게 건네주려 하자 자기는 전날에 한 개

먹었으므로 내가 먹어야 한다고 사양했다. 그러나 나는 계속 권했다.

"하지만 저는 오늘 아침에도 열 다섯 개나 먹어서 더는 먹을 수가 없습니다."

그는 정색을 하고 고개를 끄덕이더니 이렇게 말했다.

"정말입니까? 아써, 하지만 저는 오늘 아침 4킬로그램을 먹었는 걸요. 자, 그러니 이 오렌지는 당신 몫이오."

그는 재빨리 내 농담을 되받아 넘겼다. 그래서 내가 막 건포도를 14킬로그램이나 먹어치웠다고 우겼으나 끝내 오렌지를 받지 않았다.

해가 산등성이 위로 불쑥 솟아올라 강한 광선을 천막위로 쏟아 붓자 모두들 출발하고 싶어 안달이었다. 햇볕을 쬐자 기온이 30도는 더 오른 성싶었다. 그러나 실제로는 겨우 영하 26℃가 되었을 뿐이다. 그렉, 데이브, 파린, 그리고 해적은 빙하지대 위쪽으로 4킬로미터 떨어진 저장소에 넣어 둘 식품을 27~32킬로그램씩 짊어졌다. 이들은 남겨 놓은 개인 장비를 가지러 되돌아왔다가 재차 빙하지대를 지나 늦게, 아마 밤이 되어서야 새로운 숙영지에 도착하게 될 것이다. 등산로가 이미 개척되었으므로 서로 밧줄로 연결하지 않고도 걸을 수 있었다. 눈에 띄는 크레바스는 없었고, 안전하게 보였다. 나는 그들이 광활한 카힐트나의 설원 위로 서서히 움직이는 모습을 촬영하였다. 나는 이들이 얼어붙은 능선과 푸른 하늘을 배경으로 점점 작아지는 광경을 렌즈를 통하여 포착하였다.

남은 대원들은 천막을 걷고 자질구레한 장비를 챙겼다. 우리는 출발한 사람들이 되돌아오기 전에 곧장 새 숙영지로 가서 천막을 칠 계획이었다. 제각기 편한 걸음으로 걸음을 떼놓는 우리 눈 앞에 카힐트나산맥이 훤히 퍼졌다. 우리는 과연 이것이 드날리에서 맞는 알래스카의 겨울인지 믿을 수 없었다. 바람 한 점 없었다. 날이 너무도 쾌청해서 파카를 벗었다. 빙하지대 전체가 강풍에 단단히 다져져 있었다. 단단한 설면은 걷기에 안성맞춤이었다. 여름 같으면 카힐트나에서 이렇듯 수월히 짐을 옮길 수 없을 것이다. 유월과 칠월에는 부드럽게 된 눈을 헤치고 걷는데 고역이 뒤따른다. 그러나 정월 마지막 날인 지금, 발자국조차 깊게 나지 않았다. 우리의 걸음은 가뿐했다.

짐을 더 가지러 길을 되짚어오는 대원을 만나거나 잠시 숨을 돌리기 위해 걸음을 멈출 때면 고조된 기분으로 떠들썩했다. 우리가 노래할 때는 존이 화음을 넣었다. 해적은 17세기 서인도 제도에 출몰했던 진짜 해적처럼 쩌렁쩌렁한 목소리로 인사했다.

"여호이! 좋아, 좋아!"

도중에 만난 데이브도 온통 들떠 있었다. 자기와 파린 생각으로는 두 이레쯤 하면 드날리 등정이 가능하다는 것이었다. 그 다음에 둘이서 포래커산(5,304m)도 오를 생각이라고 했다. 강장한 등산가인 두 사람은 서로 마음이 맞았다. 데이브는 자기가 파린과 함께 헌터산에 오르는 극도로 가파른 빙벽 등반로를 관찰했다는 말도 하였는데 봄에 등반을 시도하려는 뜻을 품은 듯했다. 데이브가 이처럼 자신만만해진 것은 청명한 날씨 때문임을 충분히 짐작할 수 있었는데 나 자신도 이러한 날씨에 영향을 받았다. 보름 만에 드날리에 오른다면 그 이후에는 무얼 할까? 포래커나마 한번 시도해 보지 않고 국립공원을 떠난다면 등산가로서 면목 없는 일이 아닐까?

나는 그렉과 함께 점심을 먹었다. 흡사 다툰 뒤 화해한 형제 같은 기분도 들었다. 지난 한 해, 등반 준비를 하면서 실망이나 불만을 서로 터뜨리기도 했다. 그러나 이제 그 모든 것을 잊은 채 그 어느 때보다도 친밀함을 느꼈다. 첫날 밤 빙하지대에서 그렉이 취한 행동의 무모함과 경솔함에 대해 비난하던 마음도 사라졌다. 더할 나위 없이 맑은 날씨에 눈 표면 상태도 좋았으므로 예상보다 빠른 속도로 등반할 수 있었다.

등반에 대한 만족과 기대감으로 서로 격려의 말을 주고 받는데 파린이 기운찬 걸음으로 다가온다. 그는 만면에 웃음을 띠었다. "안녕!" 그는 우리도 알아들을 수 있는 불어로 인사했다.

"날씨 참 좋다. 안 그래요?"

"네, 참 좋습니다. 파린 씨." 내가 대답했다.

나는 파린에게 내 짐은 전부가 오렌지 30킬로그램이니까 배를 곯리지 않도록 해 주겠다고 했다. 그는 크게 웃었다. 그리고 지나가면서 내 등을 탁 쳤다. 저만치 가는 그의 모습은 마냥 즐거운 어린이 같았다. 한 겨울의 드날리 산중에서 파카를 벗고, 장갑, 모자도 벗은 채 껑충거리며, 모자를 벗은 그의 뒤통수에서 머리털 새로 들쭉날쭉한 상흔을 또다시 보았다. 이 상처 자국은 보는 사람으로 하여금 존경의 염을 불러 일으키는듯했다. 어떻게 생긴 상처일까? 등반에서 얻은 것이 틀림없었다. 아마도 낙석으로 생긴 상흔일 텐데, 머리를 깬 채 얼어붙은 알프스의 북벽에서 탈출을 꾀하는 파린의 모습이 눈에 선했다. 이 상흔은 가파른 빙벽에서 치른 수많은 싸움 끝에 수여받은 훈장 같은, 거의 영웅적인 표식이었다.

훗날에 해적은 이 상흔에 대해서 얘기해 주었다. 사고는 등반 도중에 일어났다. 해적에 의하면, 파린이 유럽에서 들은 평으로는 매우 신중한 등반가라 할 수 없었다. 혹자는 그가 사고의 우려가 좀 있는 사람이라고까지 말하기도 했다는 것이다. 파린에게는 심각한 추락 사고의 경험이 몇 번 있었다.

그렉은 파린의 뒤를 따라 자신의 개인 장구를 가지러 빙하 아래쪽으로 내려갔다. 나는 새로운 캠프를 향해 빙하 위쪽으로 천천히 걸어 올라갔다. 서녘 하늘로 기울기 시작한 해는 바람에 휘몰린 눈 위에 기하학적이고도 반복적인 그림자 무늬를 그렸다. 사막의 모래처럼 눈은 바람에 불려 복잡한 흐름을 표현하였다.

나는 여러가지 렌즈를 써서 이 모습을 다양한 각도로 찍는데에 많은 시간을 들였다. 그림자에 서린 푸르스름한 빛을 잡아 보려고 노출로도 실험을 했다. 대상을 하나 잡아 촬영을 마친 뒤 카메라를 떠메고 10여 미터도 채 못가서 더없이 아름다운 눈과 바람의 조화 앞에 또다시 발걸음을 멈춰야 했다. 그러면 하릴없이 배를 깔고 엎드려 정교한 눈 조각물 속에서 숨쉬는 바람의 정(精)을 필름에 담느라고 여념이 없었다.

2시 무렵이 되어 자그마한 산릉에 올라서자 약 800미터 전방에 서너 사람의 모습이 보였다. 새로운 캠프를 정한 것이 틀림없었다. 빙하 아래를 내려다 보았지만 아직 그쪽에 있을 데이브, 그렉, 파린의 모습은 시야에 들어오지 않았다.

나는 배낭에 달린 허리띠를 매었다. 평소에 잘 사용하지 않지만 이제 짐의 하중에 양어깨가 아프게 죄어들었기 때문이다. 허리띠를 매자 하중을 엉덩이에 많이 분담하게 되어 한결 나았다. 계속 발걸음을 떼놓는데 저녁해가 불그레한 빛깔로 이미 하늘에 번지기 시작했다. 한 걸음 한 걸음 단단한 눈위로 걸음을 옮겼다. 그러다가 엉겁결에 허방을 딛었다.

양팔 모두 걸친 데가 없이 크레바스에 허리춤까지 빠졌다. 어스레한 빛에 20여 미터 발 아래로 빙벽이 희끄무레하게 비쳤다. 딛고 선 눈다리가 무너지면 곧바로 이 빙벽에 부딪칠 것이다. 발 밑이 조금 꺼져나가서 어깨 부분까지 빠져들게 되었다.

나는 크레바스 안벽을 발 끝으로 찍었다. 그러나 안착되는 곳이 없이 미끄러지기 시작했다. 체중을 견뎌내느라고 팔에 힘이 빠졌다. 다시 발 아래로 검은 바위가 보였다. 나는 등을 구부려 등을 댄 눈벽에 체중을 덜어보려 애썼다.

그 덕분에 겨우 추락을 모면하고 있는 아슬아슬한 힘의 균형을 지탱하면서 조심조심 발끝으로 작은 홈을 팠다. 한 발은 디딜 자리를 확보했다. 기를 쓰고 몸의 균형을 유지하면서 다른 쪽 발을 위한 홈을 파냈다. 눈이 무너지지 않도록 조심하며 몸을 위로 치켜올렸다. 그러나 움직일 수가 없었다. 꼼짝 못하게 되었다! 배낭이 크레바스 가장자리에 끼인 것이다. 처음에는 추락을 방지해 주었던 것이, 이제 빠져나가는 데 장애가 되었다.

 서서히 몸을 뒤돌려 등짐을 느슨히 풀었다. 효과가 몸에 전해왔다. 더욱 세게 몸을 뒤트니 완전히 빠져나올 수 있었지만 급작스런 움직임 때문에 두발이 딛었던 데를 잃고 말았다. 다시 미끄러져 내려 빈약한 눈 다리에 두 팔을 겨우 걸쳐 매달렸는데, 그나마 중압에 못견뎌 뿌드득 소리를 냈다. 눈이 떨어져 내리자 크레바스밑에서부터 암벽은 더욱 더 어둡고 차갑게만 보였다.

 발밑의 눈벽이 무너져 나가면서 크레바스 폭이 5, 6미터 더 넓어진 것을 똑똑히 볼 수 있었다. 벽은 바닥의 암벽 가까이에서 다시 좁혀진 상태였다. 나는 두 발을 필사적으로 버둥거렸다. 문득 두 발이 착지점을 확보하였다. 그러나 몸을 위로 끌어올리자 한쪽 발밑이 무너져 버렸다.

 "침착해, 침착하라고, 아트, 침착해라…"

 자신에게 되뇌이면서 발끝으로 딛은 홈을 조심스럽게 넓혀 갔다. 연이어 발길질을 한 결과, 단단한 설벽의 턱이 확장되었다. 이어서 또 다른 턱을 만들기 시작했다. 이렇게 확보된 턱을 딛고 서서 자유로운 발로 그 다음 턱을 파내는 작업은 영겁 가운데 이뤄지는 듯했다. 그러나 발판이 견고하지 못하다면 앞에 놓인 벽을 후벼파고 기어오르는 일노 끝나 버리고 말 뿐이다.

 몸의 무게중심을 서서히 이동시키려고 무진 애를 쓰면서 크레바스 입구에 가장 가까이 나 있는 턱에 한쪽 발을 들어 올렸다. 다행히 버텨주었다. 그리고 등을 아래로 구부리며 몸을 밀어부쳤다. 나왔다! 나는 눈 위에 대자로 누워버렸다. 크레바스에서 데구루루 굴러 후들거리는 다리로 일어섰다. 숨이 가빠 가슴이 울렁울렁거렸다. 온몸이 떨고 있었다. 머리는 어질어질하였다. 그 빙벽에 추락하지 않았다. 숨을 쉰다는 것이 한없는 기쁨이었다.

모두 끝났다. "안전, 이제 안전하다." 혼잣말로 중얼거렸다. 서둘러 설피를 신었다. 물갈퀴발이 체중을 분산시켜 캠프에 닿기까지 또다시 크레바스에 빠지는 일은 없을 거라는 생각이었다. 배낭 허리띠를 다시 죄며 생각하니 앞서 이 띠를 단단히 맨 것이 천만다행이었다. 그렇지 않았더라면 양쪽 멜빵이 체중을 견디지 못하여 쉽게 떨어져 나갔거나, 어깨에서 벗겨져 버렸을 것이다. 어쨌거나 크레바스의 바닥으로 곧장 곤두박질쳤을 게 분명하다.

고작 빙하에 옴폭 패인 작은 구덩이가 크레바스, 아니 수많은 크레바스의 그물이 내 앞에 몰래 엎드려 있다는 유일한 증거였다. 어딜 가나 눈보라 휘몰아 치는 곳은 똑같다. 어느 부분에서는 눈이 단단한 빙질의 얼음을 덮었고, 또 다른 부분에서는 크레바스를 숨겨 놓았다. 내가 눈위에 남겨 놓은 발자취를 보니 심사가 편치 못했다. 사진을 찍느라고 안전한 길을 벗어나 이리저리 나다닌 발자국이 어지러웠다. 발자국의 행렬은 낮은 등성이를 넘어섰다가 눈구덩이가에서 갑자기 끊겼다. 나는 내 뒤 어디에선가 걷고 있을 데이브, 파린, 그리고 그렉을 떠올렸다. 걱정하지 않아도 표시된 길만 따라서 올 것이니까 크레바스는 그들 앞에 나타나지도 않을 것이다. 그렇지만 버드나무 가지를 지녔더라면 그 지역에 표시를 해 뒀을 텐데 하는 아쉬움이 남았다. 아직도 손이 경련을 간간이 일으켰다. 나는 어서 캠프에 닿고 싶었다. 크레바스를 오른쪽으로 크게 에둘러서 등산로로 다시 복귀하여 새로운 숙영지로 향했다.

이제 설경은 미적 욕구의 대상이 아니었다. 눈에 비치는 눈 그림자마다 크레바스의 모습을 연상시켰다. 나는 헤아릴 수 없는 동굴의 미로를 덮은 얇은 눈 위를 걷고 있다는 사실을 깨달았다. 얼어붙은 눈켜 밑으로, 바로 발 아래에는 한없는 어둠이 도사리고 있었다.

날씨와 눈의 상태가 좋은 탓에 주의를 게을리했기 때문이다. 빙하는 결코 안전하지 않았다. 다친 사람 없이 숨은 크레바스 지대를 알아낸 것은 운이 좋았다. 이후로는 모두들 밧줄을 묶고서 이동하도록 해야겠다.

다른 대원들에게도 경고를 하고 더욱 안전에 유의할 것을 강조하겠지만 결코 그 누구와도 나눌 수 없는 체험을 하였다. 크레바스 바닥에서 본 그 섬뜩한 어둠, 그 검고 차가운 바위는 너무도 우리 가까이에 있었다.

죠지, 죤 그리고 해적 셋이서 캠프를 설치하는 중이었다. 나는 조용히 크레바스에서 겪은 일을 이야기했다. 죤과 죠지는 낭상에 석성스러운 기색이었으나 해석은 가볍게 받아넘겼다. 하지만, 만사를 심각히 생각하려 들지 않는 해적이었어도 다시는 누구라도 이 빙하에서 밧줄 없이 통과하지 않을 것에는 이의가 없었다.

바로 그때, 시로는 쉘던이 공중 투하한 물자를 가지러 혼자 가고 없었다. 데이브, 그렉, 파린도 캠프로 돌아오는 도중에 내가 빠졌던 크레바스 근처를 지날 것이 틀림없었지만 우리는 이들보다 홀로 떨어진 시로 걱정이 더 컸다.

약 800미터의 거리에서 두 사람의 모습이 나타나자 크게 안심이 되었다. 둘의 간격이 가까운 걸로 보아서 서로 밧줄에 묶인 듯했다. 우리는 천막 세울 자리를 다지느라 분주했다. 천막 세 개를 치기에 충분한 직사각형으로 눈을 단단히 다졌다. 한 사람이 알루미늄제 삽으로 표면을 고르고 나머지 사람들은 발을 구르며 이리저리 돌아다녔다. 우리는 죠지가 잠시 허리를 펴려고 일손을 멈출 때까지 계속 발을 굴러댔다. 그는 빙하 아래쪽을 쳐다보았다. 두 사람이 있던 그 곳에 한 사람밖에 뵈질 않았다.

우리는 다같이 서서 두 번째 인물이 나타나기를 기다렸다. 모두들 그쯤에 다소 후미진 곳이나 얕은 골이 있었던가 하고 기억을 되살려 보았다. 우리 시야에는 들어오지 않지만 필시 그곳을 지나고 있는게지.

일 분이 지났다. 그리고 2분, 3분 여전히 한 명밖에 뵈지 않는다. 그는 우리 쪽으로 한결같이 다가온다. 다른 한 사람이 크레바스에 빠졌다면 무슨 소리를 듣고 멈춰 서는 게 당연한데… 아마 시야가 가린 곳에서 쉬고 있는게지. 혹은 도중에 물건을 떨어뜨려서 찾으러 되돌아갔거나.

다들 불안했지만 기다리고 서있다. 누가 추락했다고는 생각하고 싶지 않았다. 마치, 그렇게 생각하면 현실로 나타날까 두려운 듯했다. 우리는 다가오는 사람에게 소리쳤다. 이제 아주 가까와져서 데이브인 줄 알아볼 수 있었다. 그는 마주 보며 고함쳤다. 우리는 다른 한 사람은 어디 있느냐고 물었다. 데이브는 흥겨운 요들 가락으로 대답했다. 그는 우리 말을 알아 듣지 못하고 어서 오라는 환영의 인사인 줄 착각한 게 분명했다.

우리는 기다렸다.

데이브가 캠프 가까이 오자 다시 한번 물었다. 그러나 여전히 말이 빗나갔다. 마침내 우리 곁에 당도한 그는 콧노래를 흥얼거리고 있었다. 참으로 유쾌한 날씨라고 그는 말을 건넸다. 다른 사람은 어디 있느냐는 질문에 그는 어리둥절한 표정을 지었다.

데이브는 비로소 자기 뒤를 돌아다보았다. 그의 얼굴은 충격으로 멍해졌다가 분노로 일그러졌다. 파린이 있어야 할 곳에 황량한 빙하만 눈에 들어왔다. 해적은 급히 설피를 덧신었다. 나는 죠지의 스키를 지쳐 데이브, 해적과 함께 빙하 아래로 급히 내려갔다.

멀리서 사람 모습이 나타났다. 잠시 우리는 그를 파린으로 여겼다. 그러나 그는 그렉이었다. 그가 갑자기 걸음을 멈추더니 눈 위에 몸을 구푸리는 것을 보고 필시 사고가 났음을 짐작히였디.

우리는 숨이 턱에 닿도록 그렉한테로 갔다. 그는 눈을 희번덕거리며 광증이 난 듯했다. 그는 빙하에 난 구멍 속으로 소리지르고 있었다.

"자네들은 다행히도 무사하군!"

그가 우리를 쳐다보며 소리쳤다.

다시 구멍 위로 몸을 숙이고 소리질렀다.

"데이브, 데이브, 데이브, 내 목소리 들려?…데이브!" 밧줄을 추스리며 옆에 선 데이브를 못 보고, 그렉은 크레바스에 추락한 사람이 파린이 아니고 데이브인 줄로 알았다.

데이브와 해적은 서로 크레바스로 내려가겠다고 나섰다. 그렉은 단 한 사람만 내려가야 한다는 주장이었다. 두 사람이 내려가면 혼란스러울 뿐이므로 그렉은 주저하지 않고 데이브로 정했다. 데이브는 그 누구보다도 많은 구조경험을 쌓았기 때문에 해적도 두말 없이 결정에 따랐다. 다만 해적이 두 주먹을 불끈 쥐는 것을 얼핏 보았다.

크레바스 가장자리로 조심스레 다가선 그렉은 어두운 구멍 속으로 다시 고함을 질렀다. "파린, 파린!" 그의 목소리가 갈라졌다. "파린!…" 대답이 없었다.

그렉은 땅이 꺼질 듯이 한숨을 내쉬며 우리쪽으로 몸을 돌이켰다. "오 하나님, 과연 파린을 구조해낼 수 있을까?"

그렉과 해적은 크레바스에서 9미터 가량 떨어진 지점에 몸을 엉버티어 섰다. 그들에게서 두 가닥 밧줄이 크레바스 속으로 드리워졌다. 데이브는 타고 내려갈 밧줄에 등고기 쥠쇠▲를 물리고, 다른 밧줄은 안전을 위해 몸에 묶었다. 그는 앞등 불빛을 어른거리며 곧 크레바스 속으로 사라져갔다.

눈에 데이브의 음성이 흡수되어서 해적과 그렉은 말소리를

▲ 유마르 등고기(jumar ascender)

들을 수 없었다. 나는 크레바스 가장자리에 엎드려 누워 밧줄 두 끝의 통신을 맡았다.

파린의 배낭은 멜빵이 망가진 채 크레바스 입구에서 4미터쯤 되는 곳에서 발견되었다. 격앙된 데이브는 23킬로그램이 나가는 배낭을 눈 위까지나 집어던졌다. 나는 파린이 배낭의 허리띠를 죄어 매지 않은 것에 대해 속으로 욕설을 퍼부었다. 허리띠를 매었더라면 나처럼 크레바스 입구에 걸렸을 텐데, 불현듯 이것이 내가 빠졌던 바로 그 크레바스라는 사실이 뇌리를 스쳤다. 10미터도 채 떨어지지 않은 곳에 40분 전에 내가 만들어 놓은 구멍이 입을 벌리고 있었다. 크레바스 가에서 기다렸다가 대원들에게 위험을 알리지 않은 자신이 저주스러웠다. 파린이 추락한 크레바스 안벽에는 핏자국이 묻었다. 그러나 이 핏자국이 내 것일 수도 있었다는 점을 나는 너무나 잘 알았다. 바닥으로 추락하기 전에 그도 나처럼 사투를 벌였던 듯싶었다.

데이브는 8미터 가량 내려가서 날카롭게 돌출한 얼음을 미끄러져 지났다. 파린이 추락하다 여기에 부딪쳤을까? 15미터쯤 되는 곳에 얼음 턱이 드러났는데 작은 동굴의 끝이었다. 이 얼음 턱 아래로 크레바스는 다시 좁아지다가 아득한 어둠 속에 누운 빙하로 자취를 감춰 버렸다.

데이브는 이 너럭얼음 위에서 실신한 파린을 발견하였다. 그러나 파린의 몸에 닿기에는 밧줄이 2미터쯤 모자랐다. 그는 고함을 질러 더 내려달라고 했다. 나는 그렉과 해적에게 조금 더 밧줄을 풀라고 소리쳤다.

데이브는 욕설을 구시렁거리고 그렉과 해적은 미친 듯한 모습이었다. 해적은 손빠르게 엉킨 밧줄을 풀어냈다. 그는 조난 구조 기술을 익히지 못했지만 다급하게 되니 날렵하게 일을 처리하였다.

밧줄이 느슨해지며 데이브는 파린에게 가 닿았다. 그는 순식간에 견인줄을 축 늘어진 몸에 매었다. 그러는 동안 데이브가 하는 말을 들을 수 있었다.

"자, 파린 이 녀석아…괜찮아…금방이야, 아버지…여기서 곧 나갈거야."

데이브는 파린의 가슴 부위에 조심스레 줄을 돌려 매었다. 너무 꽉 조여 매면 호흡이 곤란하기 때문이다.

데이브가 신호를 보내서 우리는 줄을 당기기 시작했다. 느릿느릿 생기 잃은 몸이 올라오는 것이 보였다. 그 아래로 데이브의 고함소리가 뒤따랐다.

"당겨…쉬지 말고…힘내."

밧줄의 다른 한 끝에서는 그렉이 숨을 헐떡였다. 밧줄이 멈췄다. 흥분한 그렉이 견인줄을 풀매듭으로 자기 허리에 매었는데 줄을 잡아 당기면서 매듭이 죄어들어 호흡조차 곤란한 지경에 이르고 만 것이다. 그는 눈에 엎쳐 거의 졸도할 것 같았다. 그러나 필사적으로 매듭을 풀어내어 가쁜 숨을 몰아쉬었다.

다시금 밧줄이 움직였다. 우리는 3, 4미터를 당기고는 쉬고, 다시 잡아 당기고 쉬었다. 크레바스의 어둠 속에서 파린의 몸이 떠올랐다. 그 아래로 멀찌기 데이브의 앞등 불빛이 시커먼 빙벽 위로 언뜻언뜻 반사되었다. 그가 밧줄을 타고 올라오면서 카라비너가 밧줄에 부딪쳐 잘가당거리는 소리도 들렸다.

파린은 구멍 위까지 다 올라와서 크레바스 가장자리에 튀어나온 날카로운 모서리에 걸리고 말았다. 해적과 그렉이 줄을 지탱하는 동안 나는 파린의 양겨드랑이 아래로 손을 넣어 끌어올렸다. 우리는 곧 그를 평평한 눈 위에 눕혀 놓았다. 그의 가슴에 매인 줄을 풀었다. 파린의 얼굴은 피투성이였고 아래 입술이 찢어졌다.

죠지가 파린의 사지를 찬찬히 만져보더니 팔과 손목뼈가 부러졌다고 했다. 숨쉬는 기색이 전혀 느껴지지 않았으나 아직 살아 있을지도 몰랐다. 우리는 남아 있을 체온을 가능한 대로 지키기 위하여 파린을 침낭에 넣었다. 그는 두 눈을 뜬 채로 아무 표정도 없었다. 죠지는 맥박을 찾을 수 없었다. 나는 파린 위에 몸을 굽히고 손가락으로 그의 입에서 피와 점액질을 닦아 냈다. 그리고 구강 대 구강(口腔對口腔)호흡을 시작했다. 그렉이 파린의 콧구멍을 막아서 나는 더욱더 깊이 숨을 불어 넣었다. 쌔액하는 소리가 났다. 기도가 막힌 듯했다. 나는 파린의 입에 내 입을 더욱 밀착시켜 공기가 전혀 새나가지 않도록 하고 연이어 숨을 불어 넣었다. 그 동안 죠지는 그에게 심장마사지를 하며 가슴에 규칙적인 압박을 가했다. 데이브가 크레바스에서 기어나와 죠지와 임무를 교대했다. 그러나 소생의 기미가 엿보이지 않았다.

죠지는 결정적인 검진법을 썼다. 즉, 파린의 눈에 손전등을 비췄다. 동공 수축이 나타나지 않았다. 손전등을 치웠어도 동

비극적인 크레바스

크레바스

추락사고의 전모

공은 그대로 있었다.

"사망이오." 죠지가 한숨을 내쉬었다. 데이브와 나는 인공호흡을 그만두려 하지 않았다. 그치지 않고 하다보면 심장이 다시 뛸 것도 같았다. 나는 입으로 숨을 불어 넣고 데이브는 힘센 손가락으로 가슴팍을 눌렀다. 파린의 위장에서 올라온 분비물의 냄새와 맛이 났다. 나는 잠시 구역질을 느꼈다.

다른 사람들은 데이브와 나를 묵묵히 지켜보았다. 우리는 실낱같은 숨소리나마 듣고자 온 신경을 귀에 모았다. 데이브가 뭐라고 혼자 중얼거렸다. 그는 틈만 나면 파린에게 말을 하였다.

"이봐, 친구…일어나…이봐, 제기랄."

"일어나 봐…살아야야잖아!"

나는 힘을 다해서 숨을 불어넣었다. 데이브는 힘을 더 주었다. 몇 분이 경과하자 죠지가 다시 파린의 얼굴에 손전등을 비추었다. 동공에 아무 변화도 일지 않았다. 아무 반응도 없다. 맥박도 없다. 얼굴 살갗이 검푸르게 변했다. 죠지는 사망 진단을 내렸다.

빙하에 산그림자가 내려 어둑어둑하였으나 드날리 산꼭대기는 붉은 저녁놀에 싸여 이글이글 타오르는 듯했다. 우리는 파린을 묻지 않고 침낭 속에 둔 채로 얼음 위에 두고 떠났다. 나는 윗저고리 주머니를 더듬어 목화 싹을 집어들었다. 등반하는 동안 자신을 기억하는 징표로 몸에 지니라고 아내가 주었던 것이다. 아내는 내게 봄을 한 낱 깃 선사하고 싶었던 게다. 연둣빛 목화 싹에서 연둣빛 냄새가 났다. 우리가 그 중 한 점을 찍고 선 드넓은 얼음과 바위 산에서 오로지 이 목화 싹만이 다스운 흙내음과 신록의 향기를 간직하였다. 내가 이 것을 파린을 앗아간 크레바스 속에 떨구는 모습은 아무도 보지 못하였다.

나는 목화 싹을 떨어뜨리며 성 프란시스 아씨씨의 기도를 외었다. 그렉은 내가 혼자하는 기도 소리를 듣고 크게 낭송하기를 청했다. 처음에는 자신의 목소리를 듣는 것이 쑥스럽고 어색하여 불안스럽게 시작되어, 끝맺을 때에도 겨우 조금 진정된 음성밖에 내지 못했다.

"죽음으로써 우리는 영원한 생명을 얻나이다."♠

우리 다섯은 밧줄 하나에 몸을 연결시켰다. 그리고는 짙은 어둠 속에서 겨우 희미하게 빛을 던지는 앞등 불빛을 따라서 막집으로 향했다. 모두들 침묵을 지켰다. 침묵은 암흑 속에 광활하게 뻗친 카힐트나산맥과 더불어 확장되어 나가는 듯했다. 내 귓전에는 거친 내 숨소리와 마른 눈이 등산화에 밟혀 뽀드득거리는 소리밖에 들리지 않았다. 선두에서 걷는 내 시야에는 막막한 어둠뿐이었다. 간간이 뒤로 가볍게 당겨지는 줄에서 혼자가 아니라는 안도감을 느꼈다. 우리들을 하나로 연결해 준 이 줄이야말로 우리 밭밑에서 눈이 부서지는 음향으로 메아리치는 고적감에 맞설 유일한 위안이 되었다. 나는 공포를 느낄 수 없을 만치 무감각한 상태였다. 그보다는 죄의식에 사로잡혔다는 말이 옳겠다. 스스로 한사코 부인하려 들었지만, 위험을 알리기 위해 크레바스 근처에 지켜서 있어야 옳았다. 적어도 그곳을 표시해 두었어야 했다. 내가 그 때 충격에서 벗어났더라면, 빠졌던 구덩이에서 떠나고 싶은 마음이 그토록 강하게 일지만 않았더라면, 파린은 아직 살아 있을 텐데…

다른 사람들도 매한가지로 자책의 늪에 빠져 들었다. 아마도 쥬네는 첫째로 파린을 드날리에 데려온 책임을 자신에게 물었을 것이다. 데이브는 자기가 조금만 일찍 뒤돌아보았더라면 파린을 구조할 여유가 있었으리라는 사실을 통감하였다. 그렉은 자신이 통솔자로서 대원들이 밧줄로 몸을 연결시키도록 충분히 설득하지 못한 데 대하여 후회하였다. 이것이 빙하지대에서 얻은 첫 번째 교훈이었다. 첫날 저녁, 파린이 혼자서 크레바스지대를 껑충대며 다닐 때 질책하였더라면 이런 비극은 없었을 것이다. 개밥바라기를 바라보며 등반대의 안전을 기원했던 일이 허사였다.

대원 가운데 한 명이 현기증을 일으켜 우리 행렬은 잠시 멈춰섰다. 나는 입언저리에 무엇인가 응고되어 들러붙은 것을 만져 보려고 장갑을 벗었다. 그것이 피인줄 알고 깜짝 놀랐으나 닦아내지 않고 그냥 두었다. 오히려 기분이 좋아졌다. 마치 파린이 옆에 있는 듯했다. 그는 사라지지 않았다. 파린의 피로 말미암아 고독감마저 달아나 버렸다. 죄책감도 한결 가벼워진 느낌이었다. 파린을 구하기 위해서 나로서는 최선을 다했음을 스스로 확신하는 데 증거물을 얻은 성싶었다. 달은 아직 뜨지 않았다. 우리 눈 앞에는 카힐트나재 상공으로 희뿌

몽롱한 세계에서 ▶

윰한 극광의 띠가 비쳤다. 한 가지 물음이 마음 속을 온통 차지해 버렸다. 하산할 것인가, 계속할 것인가?

백여 미터 앞에서 헤드램프 불빛이 우쭐거렸다. 죤이나 시로가 마중나오는가 보다. 그 자그마한 불빛이 한없이 다사롭게 느껴졌다.

우리 일곱 명은 4인용 천막에 한곳에 들어앉았다. 공기는 우리들의 입김으로 축축했다. 누군가 끓는 수프 남비 뚜껑을 열자, 자욱한 김 때문에 천막 저편에 앉은 사람을 분간할 수 없었다. 그렉이 손수건을 더운 물에 적셔서 내 입가의 핏자국을 닦아주었다. 턱수염에 말라붙은 것은 내버려 두고 싶었지만 그렉의 표정에서 다른 대원들의 심정을 읽을 수 있었다. 퍼뜩 생각이 이에 미치자 얼른 닦아내 달라고 했다. 다들 아무 말없이 수프나 쌀밥을 더 청해 먹을 뿐이었다.

그렉이 마침내 입을 열어 당면한 현실을 이야기했다. 그는 등반의 포기 여부를 결정짓자고 했다. 그의 생각은 확고했다.

"여러분, 이것은 에베레스트산이 아니오. 일생 일대의 등반은 아니란 말이오. 장비를 잘 간수해 두었다가 다음번 동계 등반에 대비할 수 있잖소. 재차 시도하도록 합시다."

그렉은 이번 등반이 실패라고 말했다. 그로서는 정상 등정이 무의미하다는 것이었다. 그는 내 의견을 물었다.

"계속 진행하기를 바랍니다." 침착한 어조로 말하려 했으나 스스로 듣기에도 거세게 들렸다.

"정상에 올라야 합니다. 분명히 파린은 우리가 여기서 중단

하는 것을 원치 않습니다. 만약 포기한다면 그의 죽음은 개죽음이오. 바로 파린 때문에 우리는 등반을 계속해야 합니다."

"이해할 수 없소."

그렉이 쏘아부쳤다.

"나는 그것과는 다른 이유로 등산한다고 생각하오. 산의 아름다움을 맛보기 위해서…바람, 해, 추위가 주는 기쁨 말이오. 그러나 파린의 죽음과 함께 이번 등반의 기쁨은 사라져 버렸소. 그러니 더 이상 등산에 의미가 없소."

"그렇지 않아요."나는 대답했다.

"우리는 이러한 위험을 목적삼아 등산하는 게 아니오. 단지 위험을 무릅쓰고 할 뿐이오. 당신은 누군가, 설령 당신 자신이 부상을 입거나, 목숨을 잃는 위험조차도 감내하여야 합니다."

"아트, 당신은 모릅니다. 나는 통솔자요. 내겐 책임이 있습니다. 이런 일을 겪고서 더 이상 오르는 위험을 무릅쓸 수 없소. 누가 또 목숨을 잃는다면 어떡하겠소!"

"그렉, 이제 또 다른 사고는 없을 것입니다." 내가 말했다.

"이번 일은 당신이나 혹은 다른 사람이 잘못한 만큼 내 자신의 잘못이기도 합니다."

해적은 아무도 파린에게 밧줄을 매도록 할 수 없었을 거라는 말로써 그렉을 위로하였다.

"당신도 첫날 보지 않았소. 자신만만하게…혼자서…그 친구는 그래야 제 성미에 맞으니까, 당신 잘못이 아니오, 그렉."

해적이 부드럽게 말하여 우리 모두 얼마간 위안을 받았다.

그렉 블롬버그

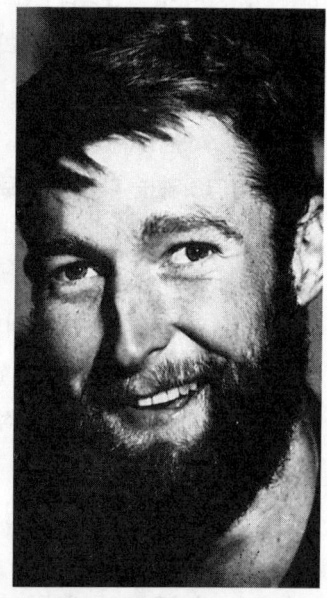
데이브 존스튼

'해적' 레이 쥬네

크레바스

시로 니시마에

쟈크 파린 바뜨껭

아트 데이비슨

자기가 택해서 그렇게 갔으니 우리에게는 잘못이 없다고나 할까? 파린도 다른 대원과 밧줄로 연결되어야 안전하다는 사실을 알았다. 개척된 길을 벗어나 돌아다니는 것이 위험스럽다는 사실 또한 몰랐을 리 없다. 우리는 그 자신의 부주의 때문에 파린이 목숨을 잃었다는 식으로 생각하고 싶었다.

그렉이 말하길, 피할 수도 있었던 사고를 당한 데 대하여 등산가들이 비난할 것이며, 등산을 계속한다면 일반인들도 비난의 화살을 퍼부을 것이라 했다. 그는 미국의 등반사에 등반 대원이 사망한 뒤에도 등반을 계속한 등반대의 선례가 어디 있는가고 물었다.

데이브와 나는 동시에 반박하고 나섰다.

"선례는 문제가 되지 않소." 우리는 퉁명스럽게 내뱉았다. 데이브는 덧붙여, 중요한 것은 세인의 시선이 아니고 우리들 자신의 감정이라 했다.

그러자 그렉은 우리들 생각을 차례로 물었다.

데이브는 계속 가자고 말한 다음, 그 이유가 이기적인 것일지도 모른다고 덧붙였다. 자기로서는 등산을 계속하기 힘드나 파린을 위하여, 친구를 대신하여 등반을 끝마치고 싶다고 하였다. 해적은 정상에 오르고 싶은 욕망을 감추거나 애써 변명하려 들지 않았다.

"건축 공사장에서도 바로 옆에서 동료의 목숨이 사라지는 경우를 여러 번 겪었습니다…그러나 작업은 계속 진행되었지요. 우리는 등반을 계속해야 합니다."

해적은 파린과 그 누구보다도 가까웠지만 조금도 충격을 받지 않은 듯 싶었다. 죽음을 자연스럽게 받아들일 수 있을 만치 대범한 것인지, 진심을 감춘 것인지는 알 수 없었다.

죠지는 사망진단서라든지, 장례 절차와 같은 법적인 문제에 대해 주의를 환기시켰다. 언론이 사실을 보도했을 때 야기될 반향도 거론되었다. 사고 직후부터 줄곧 지켜온 죠지의 침묵과 피로에 지친 얼굴에서 그가 몹시 등반하고 싶은 마음이 없는 듯하였고 앵커리지로 돌아가면 좋겠다고 에둘러 말했다. 그는 심지어 자기 없이도 등반을 계속할 수 있을 거라고 말하였다.

부상당한 파린을 천막에 데려올 경우에 대비하여 남아 있었던 까닭에 사고 현장에 없었던 죤은 나름대로 견해를 밝혔다.

"자, 우리들 모두 충격을 받았소. 확정된 결정을 내리기 전에 한 이틀 기다려 봅시다."

시로도 그날 밤 계속 이야기해 보았자 부질 없는 일이라고 죤과 의견을 같이하였다. 그러나 말끝에 속삭이듯이 등반을 계속했으면 좋겠다고 했다. 시로에게는 이번이 드날리를 동계 등반할 유일한 기회가 될 것 같았다. 그는 이번 등반을 위해 엄청난 희생을 감수해야만 했다. 시로가 받은 사증은 3월이면 시효가 끝나기 때문에 이번이 알래스카 산지 등반의 마지막이 될 가능성이 높았다.

논의는 사체 처리 문제로 옮아갔다. 프랑스로 보낼 것인가, 아니면 알래스카에 매장할 것인가? 해적의 말에 따르면 파린에게는 어머니가 유일한 친척이었다. 그는 자기 아들을 "내 꼬마 파린"이라 부른다고 했다. 모자는 빠리에 살았댔는데,

살림이 궁핍하기 때문에 유해를 프랑스로 보내려면 운송비와 장례비용을 우리가 부담할 수밖에 없었다.

우리는 파린에 대해 직접적으로 언급하기를 회피했다. 우리가 느끼는 공포심에 맞부딪히기 싫어서 말을 추상적으로 하였다. 그렉은 말하길 인생을 등산과 동등하게 볼 수 없다고 했다. 생명보다 귀한 등산이 어디 있느냐는 것이다. 데이브는 등반 도중에 죽어서 자기가 사랑하는 산중에 남았으면 좋겠다고 했다. 죠지는

"등산에 죽음의 댓가에 버금 갈 기쁨이나 만족은 있을 수 없다"고 단언했다. 해적은 중얼거렸다.

"우리 모두 언젠가는 가지. 죽음도 등산의 일부야."

어쩔 수 없이 우리는 죤과 시로의 말이 옳음을 깨달았다. 우리가 받은 충격은 너무 커서 이성적인 판단을 내릴 수 없었다. 동료의 죽음에 대해 속 편한 명목을 내세울 수도 없거니와 자책감을 모면하기도 어려워 우리는 어지러운 마음으로 등반의 포기 여부를 결정짓지 못한 채 촛불을 껐다.

잠이 쉽게 오지 않았다. 머리를 침낭 깊숙이 파묻고 몇 시간이 지나도록 어둠을 응시하였다. 긴장이 풀리면서 계획대로 등반을 마칠 것인가 스스로 묻는 자신을 발견하였다. 페어뱅크스 근방에 있는 내 아늑한 오두막집, 사랑하는 아내, 서가의 책들이 아득히 멀기만 한 산꼭대기까지 뻗친 크레바스와 눈과 얼음보다는 더불어 겨울을 지내기에 훨씬 좋은 조건들로 문득 비교되기 시작했다.

나는 앞서 그렉에게 자신만만하게 말했다. 그러나 내심 두

려움을 느꼈다. 아마도 두려움때문에 앞뒤 돌보지 않고 등반을 계속하려는지도 몰랐다. 정상에 오르겠다는 비이성적인 바램은 지금까지 그 어떤 산에 대해 품었던 욕구보다 큰 것이었다. 어쩌면 죄책감 때문에 등반을 고집함으로써 자신, 혹은 외부 세계, 또는 등반대나 내 자신의 실패에서 벗어날 수 있으리라고 여겼는지도 모른다. 또 다른 순간에는 파린과 차가운 대기 속의 일출, 얼굴을 때리는 바람, 눈에 대해 파린이 간직한 애정을 받드는 신의가, 계속 오르려는 내 욕망의 원동력이라고 확신하기에 의심할 나위 없는 성싶었다. 그러나 그날 저녁에 일어난 섬뜩한 일때문에 자신의 생각이나 감정조차도 믿을 수 없게 되어 버렸다.

시체가 내 의식을 줄곧 붙들어 매었다. 몸에서 부드러운 느낌은 말끔히 자취를 감추고 없었다. 아침이면 조직이 완전히 결빙될 것이다. 파린의 생전 모습은 모두 사라져버려 소름이 끼쳤다. 다름아닌 내 자신의 몸뚱아리가 거기 빙하 위에 드러누울 수도 있었다는 사실에 더욱 소름이 끼쳤을 것이다.

언젠가 눈 위에서 죽은 까치를 본 적이 있다. 너덧 마리의 까치가 주위를 오락가락하거나 깡총거리며 깍깍 짖어댔다. 그것들은 겁을 집어 먹었다. 공포를 표현하거나 전할 말을 할 수 없으므로 그것들이 느끼는 두려움은 규명이 불가능하였다. 아마도 오랜 동무를 잃고 슬퍼하는 것 같았는데, 구체적인 그 어떠한 두려움이 아니고, 그들로선 이해할 수 없는 막연한 공포에 사로잡혀 있다는 느낌을 강하게 받았다.

신선한 공기를 마시려고 침낭에서 얼굴을 내놓자 누군가 내는 깊고 고른 숨소리가 들려왔다.
 그런데 데이브는 촛불을 하나 밝혀 놓고 일기를 적는 중이었다.

 이것은 현실이다. 그런데도 실제로 일어나지 아니한 악몽과도 같다. 돌아보면 남은 것은 단 하나-파린에 대한 나의 사랑뿐이다.
 그는 내게 향한 특별하고 빛나는 웃음을 간직하였다. 그것은 고된 선도역을 마친 뒤 동반자한테서 받는 웃음과도 같다. 이는 느낌으로 알 수 있다. 느끼고 응답할 수 있으며, 내 응답이 그에게 전해짐을 알 수 있는 그러한 웃음말이다. 등산에 대한 그의 애정은 얼굴 전면에 씌어있다.
 조롱에 갇히지 아니한 새와 같은 그의 자유를 나는 기억한다. 맨머리로, 장갑도 끼지 않고, 혼자서 빙하를 돌아다니던 자유로움. 그렇듯 헤매고 다닐 때 그가 느낀 깊은 만족감과 마음의 평화는 그의 두 눈에 새겨졌다. 그는 그토록 적은 것으로도 행복하고 넉넉했다.

폭풍설

 잠에서 깨어 보니 남쪽에서 강풍이 엄습하였다. 높은 먹구름이 북녘 하늘까지 덮었다. 서남쪽 산줄기까지 육박한 먹장구름은 카힐트나산맥을 향해 맹렬한 기세로 몰려오고 있었다.

 드날리와 포래커 산꼭대기는 가로 갸름한 구름모자를 썼다. 높은 산마루에 걸렸던, 눈을 잔뜩 머금은 구름이 회리바람에 갈라지는 광경을 보았다. 천막 바깥에 선 우리 주변 대기는 잠잠했지만 곧 먹구름이 우리를 압살할 듯 달려들 것이 뻔했다.

 폭설이 내리면 눈사태가 날 위험을 안은 경사지밑에 천막을 쳤기 때문에 기지를 옮겨야만 했다. 전날에는 이런 생각을 할 겨를이 없었다.

 폭풍이 내습하기 전에 눈집을 지어 피신하여야 안전했겠지만 빙하 아래쪽으로 물러날 때 이미 시속 25~30킬로미터의 바람에 실린 눈이 얼굴을 때렸다.

 우리는 파린의 사체를 다시 보았다. 이번에는 실제의 미각이 아닌 기억에 의한 것이지만, 또다시 파열된 파린의 내장에서 올라와 내 얼굴에도 묻었던 분비물이 내는 텁텁하고 들쩍지근한 맛을 느끼며 넘어오는 구역질을 꿀꺽 참았다. 눈이

10미터 가까이 쌓이더라도 되돌아와서 그의 유해를 찾아낼 수 있도록 장대를 꽂아 놓을 틈을 겨우 얻었다. 발걸음을 옮기는 대원들의 심사는 파린의 죽음에 대한 괴로움과 폭풍, 아직 정하지 못한 숙영지에 대한 걱정으로 억눌려 있었다.

파린의 주검에서 아래쪽으로 400미터쯤 하여 눈집을 짓기에 좋은 장소를 찾으려 하였으나 마냥 헤매는 결과를 빚었다. 눈발에 산봉우리들이 지워져 버렸고 주위는 금새 거의 화이트아웃▲으로 변하였다. 눈발의 기세가 더욱 맹렬해지자 천지가 온통 희어졌다. 원근의 구분이 불가능해지고 가시거리는 5미터도 채 못되었다.

둘씩 밧줄로 연결된 채 일정한 방향 없이 걸으며 눈집을 지을 만큼 강도가 능준한 얼음덩이를 잘라낼 눈밭을 탐색하였다. 다른 사람들이 시야에서 아주 사라지는 경우도 자주 있었다. 그럴 때마다 큰 소리로 외쳐 불러서 겨우 합류하곤 하였다. 거센 눈보라 속에 꼼짝없이 갇힌 채 묵묵히 모여 선 때도 있었다.

눈보라에 휩싸여 잘 들리지 않았지만 여럿이 천막을 치자는 의견이었다. 그러자 누군가 바람이 조금만 더 세게 불면 찢겨 날아갈 것이라고 못마땅한 목소리로 말했다. 다시 우리는 얼음톱이 먹혀 들면서도 쌓아올렸을 때 자체 중압을 견딜만한 얼음을 떠낼 곳을 찾아나섰다.

발부리 챈 곳에서 멈추어 피켈 끝으로 내리찍어 보았다. 빌

▲ Whiteout : 극지에서 천지가 온통 백색이 되어 방향감각이 상실되는 상태. 백시(白視) 현상.

어먹을 폭풍설! 피투성이 된 파린의 얼굴과 그의 가슴에서 새어 나오던 바람 빠지는 소리가 불현듯 떠올랐다. 마침내 적당한 눈밭을 찾아 내었다. 그렉과 대원 두 명은 식량을 가지러 어제의 캠프로 향하고 나머지 네 사람이 눈집을 만들기 시작했다.

우리는 하나의 작업조로서 능률적인 작업도 못했거니와 눈집 건축에 대한 나름대로의 생각이 있어서 의견이 분분하였다. 죠지는 에스키모인들처럼 넓은 평판으로 얼음을 켜자고 했고, 나는 두껍고 실팍하게 뜰 것을 주장했다. 나름대로 합당한 이유에서 데이브는 천정을 높게 하자 했고, 다른 대원은 천정 높이는 상관치 말고 간단하게 구덩이를 파고 그 위에 큰 얼음덩이를 얹자고 하였다.

시로는 정해진 면적의 눈집 터 중심점에 서서 우리가 잘라 준 얼음덩이를 받았다. 기초를 원형으로 놓은 다음, 죠지가 시로를 도왔다. 죠지가 필요한 곳에 얼음덩이를 놓으면 시로가 이를 받아 꼭 맞추어 쌓았다. 내가 5, 6미터 떨어진 곳에서 얼음을 잘라내면 데이브의 긴 팔이 곧바로 그것을 죠지에게 옮겨 주었다.

첫줄을 쌓는 데만 30분 이상이 걸렸다. 이는 기초열의 원주가 그 위에 쌓아 올릴 줄의 원주보다 커야 함에도 그 까닭이 있지만 튼튼한 기초를 놓으려는 각별한 배려가 주된 이유였다. 기초를 약하거나 허술하게 놓았다가는 구조물 전체가 언제 무너질지 알 수 없을 테니까. 건축 공사의 틀이 잡혀가면서 높아지는 얼음벽돌 열의 지름이 줄어들자 구조물은 점차

삼각뿔 모양을 띠게 되었다. 작업 속도가 오를수록 우리는 파린에 대한 생각을 덜하게 되었고 연대감이 커감을 느낄 수 있었다.

몇 시간이 흘렀다. 날이 어두워지고 백시현상이 더욱 심해졌다. 수 분 간격으로 우리는 고함을 질러 전날의 캠프로 간 세 사람한테서 올 응답에 귀기울였다. 마침내 희미하지만 높은 가락의 요들이 들리고, 곧 눈보라에 고개를 푹 숙인 세 사람의 모습이 우리를 에워싼 잿빛 벽을 뚫고 불쑥 나타났다.

애쓴 보람이 있어 눈보라는 막을 수 있는 공간이 곧 확보되었다. 데이브와 내가 얼음을 다듬어 홍예문을 만드는 동안 천막을 치고 스토브에 점화를 시켰다. 식량 꾸러미를 풀고, 침낭도 끄집어 냈다. 팔, 다리, 어깨 할 것 없이 밀치락달치락하는 가운데 우리는 새집에 들어앉아 오늘로선 끼니다운 끼니를 비로소 대하게 되었다.

죠지가 짐짓 엄숙하게 말을 꺼냈다.

"신사 여러분, 본인은 저명한 에스키모 건축가 시로씨에 의해 세워진 이 카힐트나 힐튼 호텔의 개장 인사를 사뢰게 되어 대단히 기쁩니다. 오늘의 특별요리는 주방장 그렉씨가 준비하신 건조 돼지고기, 햄, 쌀, 치즈, 건조감자, 사과소스, 분유, 즉석조리 닭고기 수프, 칠면조 고기, 양념수프, 말린 피망 등 속을 한 냄비에 넣어 끓여 낸 잡탕범벅이 되겠습니다."

"그거 특등 잡탕이구먼!" 데이브가 한마디 거들었다.

"게다가 오렌지 가루와 오트밀로 맛을 한층 돋구었지."

해적의 등에 기댄 채 데이브의 침낭을 반쯤 덮고서 배가 터지도록 잡탕을 퍼먹고 나니 식곤증이 밀려왔다. 비몽사몽간에 주위의 대화는 간간이 토막말로만 들려왔다.

"이 폭풍이 우릴 도왔어." 시로가 그렉에게 하는 말이다.

"어쩔 수 없이 함께 일하도록 했잖소."

"야아."

해적의 목소리가 난데없이 크게 들렸다.

"난 이런 날씨가 좋아!"

누군가 갑자기 나를 깨워서 방수요를 깔고 침낭을 펴서 해적옆에 눕도록 하였다. 데이브와 시로는 잠자러 천막으로 가고, 죤과 죠지는 이미 잠든 것 같았다. 남포불은 꺼졌고, 일기를 쓰느라고 그렉이 잠시 초 한 자루를 켜놓았다가 그나마 곧 껐다. 우리에게 익살을 부릴 감각이 되살아난 것은 천만다행이었다. 여전히 스스로를 다스릴 수 있다는 증거였다. 눈집은 아늑하였다. 눈보라가 일으키는 요란한 소리도 얼음벽돌에 가로막히고 잦아들어 빙하위를 횡행하는 눈보라를 선뜻 실감하기 어려울 정도였다. 파린의 영상이 떠올랐다. 그의 모습은 나의 뇌리 한 구석을 항상 차지한듯 싶었다. 나는 그가 거대한 큰사슴 뿔을 머리위에 얹고 쉘던의 비행기 격납고 입구에 선 것을 자주 보았다. 이러한 영상이 눈앞에 나타날 때면 가슴속에 무엇인가 북받쳐올라 큰 소리를 지르거나, 마구 뛰고 싶은 충동을 느꼈다. 오늘 저녁처럼 더없이 안온한 때에도 나는 다른 사람들 역시 제각기 이러한 긴장감을 감추고 있음을 알았다. 그러나 자기 감정을 발설하지 않는 것이 가장 현명한 처사로 여겨졌다.

"아트, 잠꼬대하나?" 그렉이 눈집 저켠에서 속삭였다.

"아니, 깨어 있소."

그렉은 이야기를 하고 싶어했다. 그는 시로와 해적이 자원하여 바람이 좀 자면 6킬로미터 정도 빙하 아래쪽으로 내려가 비행기 착륙 지점에 두고 온 무전기로 쉘던을 호출할 것이라 했다. 그동안 우리는 쉘던이 착륙할 수 있는 지점에 사체를 옮겨 두어야 할 것이다.

"파린의 사체를 돌보도록 손써 놓지 아니하고선 등반을 계속할 수 없을 뿐더러 등반을 과연 계속해야 할지조차 정할 수 없을게요."

그렉은 이어서 전날 밤 자신이 고적감과 공포에 몹시 시달렸다는 말을 하였다. 나는 우리들 모두 자기 생각속에 갇혀 있었다고 했다. 그렉은, 생각컨대 분리감이 사라지고 대신 일체감이 생기는 듯하다고 하였다. 등반대가 이제 동질성을 되찾아 가는 모양이었다.

하늘은 다음 날도 개지 않았고 단지 구름틈으로 햇살이 잠시 내리비쳤다. 바람이 자면서 눈도 가볍게 흩날릴 뿐이었다. 시로와 해적은 무전 교신을 위해 내려갔다. 잘하면 어둡기 전에 쉘던이 파린의 사체를 운구할 수 있을 것이다. 우리 다섯이서 시체를 옮겼다.

사체는 반쯤 눈에 덮여 있었다. 데이브와 그렉이 사체의 사지와 가슴을 밧줄로 동이는 궂은 일을 하였다. 그리고 세 가닥으로 견인줄을 매었다.

제각기 봇줄을 잡기 전에 죠지는 크레바스 구멍과 시체의 사진을 몇 장 찍었고, 나는 무비카메라로 촬영을 하였다.

처음 몇 걸음은 불안정했지만 우리는 곧 일정한 흐름을 타고 사체를 끌게 되었다. 머리를 앞으로 두고 사체는 바람에 깨끗이 쓸린 얼음 위를 미끄러져 나아갔고 가끔 바람에 휘몰린 눈위를 지나갈 때면 홈 자국을 끌기도 하였다. 우리는 줄곧 몸을 앞으로 기울인 자세를 취했는데 밧줄이 허리께를 파고 들어 궁리 끝에 밧줄을 양어깨와 가슴에 둘러매었다. 수월한 일이 아니었다.

우리는 쉘던이 며칠 전 비행기 활주로로 삼았던 곳 근처의 식량 저장소로 향했다. 내리막에서는 걸음을 재게 옮기고 오르막길에서는 한층 힘을 내야했다.

운구 장면을 촬영하려고 봇줄을 놔도 괜찮겠느냐고 맨처음 물었을때에는 서둘러 하라고 데이브가 소리쳤다. 사진촬영을 위해 내가 운구대열에서 10여 미터 떨어져 서자, 데이브는 분노에 가득 찬 눈빛으로 하필 이 섬뜩한 장면을 찍는 이유가 무엇이냐고 물었다.

"자네, 오늘 정말 화를 잘 내는군." 내가 말했다.

"이 장면도 보존해 두어야 하네."

데이브는 혼잣말로 불평을 하며 나를 외면하였다. 그가 내 대답에 수긍하지는 않았을 것이다. 그때 나는 빙하를 가로질러 착륙장까지 사체를 운반하는 장면을 왜 빠짐없이 꼭 찍어야 하는지 실상 자문해 볼 겨를도 없었다. 나는 그저 찍어야 한다, 이 느린 이동을 기록해야 한다, 이 모든 장면을 셀룰로 이드 필름에 담아야 한다는 강박관념에 충실했을 뿐이다.

나중에야 깨달은 것은, 이러한 충동적 욕구가 자신을 방어하려는 도피책이었다는 사실이다. 촬영을 함으로써 노출계의 수치를 읽고 앵글을 조정하는 데 몰두할 수 있었다. 렌즈를 거쳐 시야의 장면을 구성할 때 꺼림칙한 일이 객관적인 사건으로 바뀌었다. 나로서는 사진기뒤에 숨기만 하면 그만이었던 셈이다. 잠깐이지만 관찰자의 위치에 섬으로써 참여자의 역할을 회피하였다. 죽음의 행진을 사건화함으로써 스스로 난심에서 도피했을 뿐더러, 이 운구를 사진촬영술로 포착, 규정할 수 있는 주제로 삼아 자신을 방어하였다. 그 결과, 이때를 담담히 잘 넘겼다는 착각마저 하였다.

착륙장에 이르러 사체를 식량상자 옆에 가만히 내려놓고서 캠프로 터벅터벅 돌아왔다. 등짐을 눈집 앞에 벗어던질 때는 해거름이었다. 시로와 해적은 아직 돌아오지 않았다. 우리는 그들이 또 다른 크레바스에 빠지지나 않았을까 하는 걱정을 애써 떨쳐버렸다. 저녁을 먹고 우리는 기다렸다. 가끔 내가 앞등 불빛을 관측하러 눈집 밖으로 기어나가 보았다. 우리는 쉘던이 파린의 사체를 실어 나른 뒤 어떻게 할 것인지 논의했다. 시로와 해적에 대한 걱정이 더해갔다. 날이 새기 전에 그들을 찾아 나서는 일은 무모한 짓이었다.

그들에 대한 수색을 이튿날 아침 일찍 시작하기로 별 도리 없이 정하고 앉았는데 빙하 저 멀리에서 앞등 불빛이 깜박이는 게 보였다. 한 시간이 지나 그들은 우리 곁에서 수프를 마시고 치즈와 다랑어를 넣어 걸죽한 쌀죽을 뜨고 앉았다. 그들은 네 시간 동안이나 무전기 안테나를 온갖 방향으로 돌려보고, 축전지를 데워도 보며 별별 수단을 다 썼지만, 그놈의 고집불통 상자는 한가닥 소리도 내주지를 않더라는 것이다.

무전기가 작동하지 않으므로 외부와 연락은 완전히 두절되고 말았다. 이 마당에 기대를 걸 만한 방법은 눈 위에 통신문을 크게 써서 수일, 혹은 이레 안으로 쉘던이 관광객을 태우고 산 주위를 비행할 때 눈에 띄도록 하는 것이었다. 한 사람이라도 크레바스에 추락하거나 눈사태를 만나 큰 부상을 입는다면, 그때 구조를 요청할 길이 막연하다는 사실이 염려스럽기만 했다. 그러니까 설사 파린을 목숨이 붙은 채로 크레바스에서 끌어올렸다 하더라도 머리에 입은 부상으로 실신상태였을테니 병원으로 후송할 길이 없는 상황에서 그는 우리들 손에서 절명했을 것이다.

드날리 정상을 향해 걸음을 다시 옮기기 전에 이제 외부 세계라고 부르기 시작한 멀리 떨어진 곳에 사망에 대한 해명을 먼저 해야만 되었다. 해적은 쉘던이 당도하는 대로 사체를 앵커리지로 호송하는 일을 맡겠다고 자청하였다. 그렉은 기자회견에 대비하여 파린의 사망 경위와 등반을 감행하는 이유들을 적어보려 하였다. 그러나 그 자체가 어려운 일인데다 그렉의 감정이나 태도가 혼란스럽고 갈팡질팡하여 진땀을 흘렸다. 아무도 이 사고에 대해 우리가 나타내는 복잡미묘한 반응을 명료하게 밝혀낼 수 없었다. 어쨌든 우리는 그렉을 도와 간략한 회견문을 작성하였다.

쉘던이 날아와서 해적과 함께 파린의 사체를 싣고 떠나기 전에는 등반을 속행할 마음이 아무래도 내키지 않았으나 침울한 생각속에 잠겨 눈집에 하릴없이 앉아 있기만 한다면 쉘던이 도착했을 때 울적하고 의기소침한 기분에서 일순간으로 산을 떠나버릴 기회에 편승할 듯싶었다.

우리는 등반을 속행하기로 결정지었다고들 여겼지만 그것은 실상 결정이라고는 할 수 없었다. 당시 상황으로서는 하산할 방도가 없었기 때문이다.

이튿날이 되자, 우리는 그저 기계적인 동작으로 짐을 날랐다. 사고에 대해 외부 세계에서 비판적인 태도를 보일 경우에는 드날리를 떠나는 것이 불가피하다는 점을 알고 있었던 까닭에 일에 열의를 낼 수 없었다. 그리고 우리의 동료였지만 이제 싸늘한 얼음덩이로 화한 사체 가까이에서 일을 하기란 쉽지 않았다.

저녁이 되니 온종일 산봉우리 주위에서 을러내던 먹장구름이 빙하 위로 몰려와 자리를 잡았다. 우리는 남포와 양초를 있는 대로 죄다 꺼내어 얼음집과 천막을 밝혔다. 이날 밤이 이전에 지낸 밤들보다 훨씬 더 어둡지는 않았을런지 모르나 미세한 얼음 알갱이로 이루어진 뻑뻑한 안개때문에 불이 그리웠다. 심지어 나는 그렉과 죤이 그들이 차지한 얼음집 귀퉁이에 자기들 몫 이상으로 양초를 감춰두지나 않았나 의심할 지경이었고, 데이브와 시로가 천막으로 가자 남폿불이 하나 줄어든 것을 못내 아쉬워하였다.

눈보라때문에 아침이면 꼼짝없이 이글루에 갇히고 말 것이라는 생각을 하며 잠을 청했다. 몇 시간이나 흘렀을까. 나는 문득 잠에서 깨어 두 눈을 부비고 씀벅였다. 죤이 사진기를 찾아서 자기 배낭을 뒤적이느라고 부석거려서 잠이 달아난 것이다.

 "아트," 그가 소곤거렸다.

 "정말 장관이야! 새로운 세상이 창조된 것 같아!" 이 말과 함께 몸을 돌려 얼음집 입구 쪽을 향하더니 금새 모습을 감춰 버렸다. 나는 침낭 속에 든 채로 몸을 일으켜 앉았으나 여전히 눈을 씀벅였다.

 얼마 후 나는 죤 옆에 서서 무비카메라를 삼발이 위에 올려놓았다. 죤은 남녘을 바라보며 말했다.

 "진짜, 우리는 아름다운 행성에 살고 있어."

 편편하고 부드러운 분홍빛 구름이 포래커산 위로 넘어오는 중이었다. 햇빛이 닿은 바위는 황금빛으로 빛났다. 운무가 드날리와 헌터 산마루마다 걸렸고 구름은 온통 분홍, 노랑, 은색으로 파스텔화처럼 은은한 색조를 띠었다. 햇살이 안개와 구름을 내비치는 부분은 흡사 하늘이 갈라지는 형상이었다.

 나는 아침 준비가 다 될 때까지 사진을 찍었는데 좀더 일찍 깨어 동이 막 틀 때의 광경을 카메라에 담지 못한 것을 못내 아쉬워했다. 데이브가 새벽녘에 깨어 있었음을 알고 사진 좀 찍게 왜 깨우지 않았느냐고 했더니 그는 일기장에서 눈을 들어 굳고 무표정한 얼굴로 대답했다.

 "늦잠 잔 것은 잘난 자네 자신의 잘못이지." 그리고는 다시 일기를 적어갔다.

확실히 함께 등반하던 예전의 데이브가 아니었다. 아마 내 말투가 불쾌하게 들렸을지도 모른다. 한편, 무슨 일기를 그렇게 오래 적는지 궁금하기도 했다.

다음은 2월 4일자 데이브의 일기:

새벽이 아름답다. 포래커를 반쯤 가린 구름 밑부분에서부터 화사한 분홍빛이 퍼져나오며 남동쪽의 바위 측벽산릉이 안개 속에 눈부시게 빛난다. 아트는 일어나자 자기를 깨우지 않았다고 호통을 친다. 화풀이라도 하는 듯 눈에 띄는 것은 모두 사진기에 담는다. 그의 카메라 장비가 부럽기도 하지만 소위가 괘씸해서 엿먹어라 했다. 등산 중 사용하라고 건네주어 그의 35밀리미터짜리 카메라를 가지고 다니는데 자기가 필요할 때면 수시로 찾는다.

나는 오늘 속보패에 들었다. 그래서 느림보들이 성가시기만 했다. 특히 아트는 자기가 사진을 찍는 동안 다른 사람들에게 얼마나 폐를 끼치는지 안중에도 없는 듯하다. 그러면서도 누가 지체하게 되면 풀풀한 성미로 길길이 뛴다.

아침을 먹은 뒤, 우리는 인원을 세 명과 네 명으로 나누었다. 그렉, 죠지, 그리고 해적은 빙하를 가로질러 비행기 공수 물자를 나르러 갔다. 시로, 데이브, 죤, 그리고 나, 이렇게 넷은 카힐트나 고개에 이르는 경로를 답파하기로 하고 다음 숙영지에 비축할 물자를 일부 꾸리기 시작했다.

오색찬란했던 동녘 하늘에 밝은 햇살이 퍼지며 대체로 청명한 하늘이 보였다. 맑은 날씨와 함께 어제까지 음울했던 기분도 말끔히 가셨다. 우리의 사기를 돋구는 데는 불과 몇 분 간의 햇살이면 넉넉하여 숱한 논의와 자기 분석에 비할 바가 아니었다. 캠프에서 500여 미터 걸었을까, 데이브가 발길을 멈추고 내게 말을 걸었다.

"아트, 오늘 아침에 미안했네. 그렇지 않아도 기분 전환을 위해 좀 나가 걸어야지 하던 참이었는데…잊어버리게. 내가 퉁명스러웠네."

근방에서 작은 구름들이 이동하였다. 대체로 직사광선을 받으며 등산하였으나 간간이 머리 위로 그림자가 드리워지기도 하였다. 다소 가볍게 짐을 진 데이브와 시로 뒤켠으로 거즘 800미터 떨어져 죤과 내가 걸음을 옮겼다. 위로 오를수록 카힐트나산맥을 예측하기 어려운 형승(刑勝)을 펼쳐보였다. 발 아래로 기지가 몇 개의 점을 찍어 놓은 듯이 보인다. 그 너머로는 빙하가 헌터산 뒤로 돌아 시야에서 자취를 감춰버렸다.

이러한 산세가 펼치는 일대 장관을 바라보자니 사진 찍는 것이 부질없는 노릇으로 여겨졌다. 필름을 주의깊게 편집하면 크고 작은 산줄기와 카힐트나 능선이 우리 등 뒤로 점차 축소되는 모습을 나타냄으로써 해발고도가 상승한다는 느낌을 전달할 수 있겠지만, 압도할 만한 기세로 내리닫는 빙하의 내리막 경사는 표현할 길이 없었다. 내 사진기의 셔터속도계로는 지질시대의 변화를 포착할 수 없었으니까. 우리가 딛고 오르는 빙하가, 카힐트나 산릉이 헌터산 근방에서 크게 휘굽는 곳까지 도달하려면 천 년은 족히 걸릴게다. 우리 발밑의 눈과 얼음이 긴 여행을 마치고 버드나무와 오리나무가 자라는 자갈 사주(砂洲)에 이르기까지는 다시 천 년이 흘러야 할 것이다.

카힐트나 고개를 3킬로미터 정도 남겨 놓은 지점에서 우리가 지난 사흘간 학수고대해 온 음향이 문득 귓전을 스쳤다.

"잠깐. 죤, 무슨 소리 들리지?"

"아니…그래, 이제 들린다!"

소형 비행기가 한 대 우리 머리위를 선회하였다. 도색이 빨간 것으로 보아 쉘던 비행기는 아니었다. 비행기는 곡선을 부드럽게 그리며 기체를 옆으로 뉘어 너덧 차례 선회하더니 조그만 꾸러미를 던져 주고 날아갔다. 죤과 내가 배낭을 벗어 던지고 서로 다투어 달려갔다. 종이를 채워 넣은 뭉치에는 쪽지가 한 장 들었다.

"자네들, 술, 여자, 사우나탕은 제외하고 뭐가 필요한가?"

모두들 웃긴 했지만 우리가 조용히 잊으려 애쓰던 비밀이 세상에 알려지려는 참이란 사실을 깨달았다.

비행기는 빙하 아래쪽 캠프 상공으로 날아갔는데, 우리가 눈 위에 발로 다져 써놓은 '착륙'이 조종사의 눈에 띈 것이 틀림없었다. 비행기가 착륙할 마땅한 장소를 찾아 공중을 맴돌기 시작했다. 캠프 아래로 2.5킬로미터 지점에 있던 해적, 그렉, 죠지는 서둘러 얼음집으로 귀환하였다.

죤과 나도 캠프에 돌아가기로 하였다. 짐을 저장소에 부리고 캠프로 향할 무렵에는 비행기가 지면에 닿았다. 우리는 그가 이글루로 들어갔다가 아무도 없으니까 도로 나오는 모습을 보았다. 우리는 아직 캠프에서 1.5킬로미터 떨어진 곳에 있었는데 질겁하게도 조종사가 우리 쪽으로 걸어오는게 아닌가! 그와 우리 사이에는 크레바스지대가 가로놓였는데 그는 파린의 목숨을 앗아간 바로 그 크레바스를 향해 곧장 걸었다. 존과 나는 큰 소리로 외쳤지만 거리가 너무 멀었다. 우리는 달리기 시작했다.

겨우 외침 소리가 들릴 만한 거리까지 좁혀 갔을 때, 그는 우리가 표시해 둔 경로와 엇갈려 숨은 크레바스에서 불과 3, 4미터 떨어진 곳에 있었다.

"거기 서시오!" 내가 소리질렀다.

그가 걸음을 멈췄다. 내 오랜 동무 짐 캐시디였다. 곧바로 그를 우리와 함께 밧줄로 연결하였다. 나는 짐에게 그렇게 혼자서 걷는 것이 왜 그토록 염려스러웠는지 그 연유를 찬찬히 들려주었다. 그는 조용히 우리에게 쉘던을 호출해 주마고 제의했다.

캐시디가 착륙할 때 기체의 스키 버팀대가 하나 부러졌다. 그는 다른 사람이라면 생각지도 못할 구석 구석에서 밧줄과 철사를 끄집어 내었다. 그는 말 없이 스키를 제자리에 동여매기 시작했다. 나는 얼음집에 가서 접착테이프를 찾다 줄까 생각도 했지만 그가 파손 상태를 심각하게 여기는 태도로 보아서는 내 제안을 신통하게 여길 것 같지 않았다.

가진 철사와 밧줄이 동나자, 그는 등산용 나일론 밧줄에 여유가 있느냐고 물었다. 우리는 기다렸다는 듯이 물론이고말고요 하면서 밧줄을 넉넉히 가져다 주었다. 날틀을 싸매느라고 한 시간은 족히 지난 후에 조종사는 몸을 일으켜 세우며 부상

입은 애기(愛機)의 동체를 다정스레 두드렸다.

"스키를 용접할 때까지 문제없을거야." 말은 그렇게 했지만 어딘가 자신이 없어 보였다.

한숨을 지으며 캐시디는 조종석에 올라 앉았다. 계기를 점검하고 엔진에 시동을 걸자, 프로펠러가 돌아가기 시작했다. 그러나 기체는 꼼짝도 아니했다. 비행기의 꼬리 부분이 강풍에 다져진 눈 속에 박혔기 때문이다. 그의 지시에 따라 우리들은 비행기 꼬리와 양날개 밑에 제각기 자리잡았다. 캐시디가 연료 조절판을 최대한 개방시킴과 동시에 우리는 꼬리 부분을 번쩍 치켜 올리며 날개를 지탱하는 버팀쇠를 잡고 앞으로 힘껏 밀었다.

순간, 비행기는 앞으로 기우는가 했더니 프로펠러 회전으로 생긴 굉장한 눈보라를 일으키며 활주하기 시작했다. 비행기가 굉음과 함께 고르지 못한 빙하 위를 덜컹이며 맹렬히 달려 내려갈 때 보니 실제로 두 날개를 퍼덕이는 듯하였다. 그러던 비행기가 마침내 가볍게 공중으로 날아올라 모두들 놀라와 했다. 캐시디는 우리 주위를 한 바퀴 돌고는 날개를 까닥거려 주고 날아갔다. 그리고 곧 쉘던이 도착하였다. 아무 의식 없이 그는 해적과 함께 파린의 시신을 비행기에 실었다. 그리고는 떠났다. 해적의 웃저고리 주머니에는 보도진을 위한 성명서가 들었다. 그 내용은 다음과 같다:

"1967년 1월 31일, 최초의 드날리 동계등반 도중에 프랑스 빠리에서 온 등산가 쟈끄 파린 바뜨껭이 단독 이동 중 크레바스에 추락하여 사망했다. 쟈끄 바뜨껭은 자신이 성공을 확신한 동계등반 도중 숨졌다. 우리는 등반대원들의 마음 속에 살아 숨쉬는 그의 투혼과 함께 등반을 속행할 것이다."

해적의 무릎 위에는 우리가 가족들에게 보내는 편지들이 있었다. 실상 보도자료보다, 우리가 서로 주고 받은 말보다, 이 편지들 속에 담긴 사연에서 당시 착잡했던 우리 심정과 등반을 포기할 수 없는 이유를 엿볼 수 있다.

나는 아내에게 이렇게 썼다:

…파린은 우리 앞에 놓인 높고 낮은 모든 얼음과 바위의 굴곡을 오르도록 독려할 것이며, 아울러 우리를 에워싼 해, 바람, 눈, 별을 눈여겨보도록 할거요. 메이리스, 우리가 밤나무 꽃이 피었나 보러 또는 버섯을 따러 삼림속을 거닐 때마다, 혹은 가문비나무 숲을 지나는 바람소리를 듣거나 구름이 폭풍에 흩어져 가는 것을 볼 때 그의 영혼이 당신과 내 곁에 있으리라 나는 또한 믿소…

그렉은 해적 편에 자기 일기의 앞부분을 보냈다. 아내에게 띠우는 장문의 편지 형식을 취한 그의 일기에는 비탄을 이겨내고 앞에 놓인 갖가지 장애를 뚫고 등반대를 이끌어 가기 위한 용기를 내고자 매일 매일 애쓰는 그의 모습이 역력하다.

2월 1일:

여보, 무슨 말을 해야 될지 모르겠소. 모두들 등행을 계속하자는 의견이고, 이제 나도 이들과 마찬가지요. 분명히 이 시점에서 이들을 저버릴 수는 없소. 하나님께 호소하였소. 다른 사람들과 비교할 때 나는 타의에 휩쓸려 가는 느낌이오. 나는 등반을 계속하고 싶지 않다고 말하였지만 아마 이기심의 발로일 게요. 내게 책임이 있다고 느끼기 때문이오.

그의 죽음은 끔찍한 일이오. 하지만 그렇다고 우리의 목표를 바꿀 수 있겠소? 글쎄, 나도 모르오. 우리가 등반을 계속하면 많은 사람이 비난할 것이오. 많은 산악인들이 이 피할 수도 있었던 사고에 대해 비난을 퍼붓더라도 무리는 아니라 생각하오. 그러나 등정을 포기한다고 사태가 달라지는 것도 아니잖소. 당신은 이해하리라 믿소. 이 사고로 인하여 우리는 한층 조심할 것이며, 서서히 그리고 신중하게 오를 것이오. 내 자신이 정상에 오를지는 알 수 없지만, 오르려는 사람들은 지원을 해 주어야 되겠소…파린은 산을 위해 살다 간 산사나이었소. 그에 비하면 나는 산사나이라 할 수 없지.

2월 2일:

이번 등반은 여전히 꿈속 같소. 막상 산에 오르기 전에는 실현될 것 같지 않더니만, 실인즉슨 아직도 실감이 나지 않아요…도중에 날씨만 괜찮다면 남은 등반은 순조로울거요.

현재 위치서부터는 혈기왕성하게 앞장서기 어렵겠지만 적어도 한 손 거들 수는 있을 것이오.

2월 3일:
 …당신도 알다시피 파린의 죽음으로 말미암은 충격은 소멸되어 버렸소. 그 견디기 어렵던 고비가 금새 지나가 다행이라오.

저녁이 되니 구름이 밀려들며 성긴 눈송이가 분분하였다.

죤의 추락

 눈은 소리를 흡수한다. 바람이 자면 빙하지대는 정적에 잠긴다. 잠에서 깨어나 보니 카힐트나 산맥은 새로 내린 10여센티미터의 눈으로 덮였는데 사위가 워낙 고요하여 허공에서 맑은 방울소리 같은 환청을 겪을 정도였다.
 우리는 해적이 외부 세계에서 겪을 일을 생각하며 아침밥을 천천히 먹었다. 아무도 선뜻 등반을 시작하고 싶은 눈치가 아니었지만, 여하튼 몸을 움직여 유익한 일을 해서는 아니될 까닭도 없었다. 빙하지대 아래쪽으로 가로질러 5킬로미터쯤 되는 저장소에서 쉘던이 공수해 두고 간 식품과 장비를 일부 옮겨 오려고 출발한 것은 10시가 넘어서였다. 그렉과 죤은 설피를 신고 줄곧 앞서 걸었고, 시로와 죠지는 퍼석한 눈 위를 스키로 지쳐 나가는 모습을 내가 필름에 담도록 참을성있게 기다려주었다.
 서서히 움직이는 구름새로 내비치는 햇빛은 하늘을 연한 금빛으로 가득 채웠다. 때때로 구름층을 뚫고 쏟아져 내린 강한 햇살을 받은 빙하 표면은 눈부시게 빛났다. 구름이 움직이며 눈 위에 펼쳐진 햇빛 자락도 모양이 바뀌고 지면에 떠돌며 흐르다가 걷혀 버리곤 하였다. 구름켜가 두터워지면 차분히 가라앉은 신비스런 색조가 하늘을 물들였다. 날은 온난하여 영하 15℃를 기록했고, 눈은 가볍게 흩날렸다.

설면을 날카롭게 헤치고 나가는 스키 활주장면을 돋쩍은 뒤, 빙하를 가로질러 질주하는 모습을 카메라에 담기 위해 자세를 잡고서 죠지와 시로에게 손짓을 했다. 카메라 렌즈를 통하여 그들을 계속 쫓고 있는데 시로가 갑자기 멈춰서더니 고함을 쳤다.

"사고다."

1.5킬로미터 남짓 떨어진 지점에서 누군가 두 팔을 내휘두르며 외치는 모습이 보였다. 그렉이 아니면 죤이 크레바스에 추락한 것이 틀림없었다. 죠지와 시로가 홀로 선 사람을 향해 미친 듯이 스키를 지쳐갔다. 나는 캠프에 남은 데이브를 부르러 급히 갔다.

"맙소사, 이번엔 안 돼!" 데이브가 내뱉은 첫 마디였다.

사고 현장으로 달려가노라니 바로 닷새 전의 달음박질을 재현하고 있다는 생각이 들었다. 다시금 한 사람이 눈 위에 엎드려 구덩이 속으로 소리치고 있었다.

설피를 신고 뛰는 사람을 보면 자못 재미있는 데가 있다. 두 발이 번갈아 허공을 휘저으며 팔자를 그리므로 몸의 균형을 쉽사리 잃고 만다. 용케 넘어지지 않고 재 걸음을 놀린다 해도 신을 맨 끈이 풀리기 십상인지라 설피가 털럭거리는 일이 흔하다. 그러나 데이브와 나는 다른 때 같으면 웃음을 자아냈을 법도 한 자신들의 거동에 아무런 감흥도 없었을 뿐더러 걸음이 더디게만 여겨졌다.

마침내 사고 현장에 닿아보니 크레바스가에서 무릎을 땅에 댄 사람은 그렉이었다. 그는 우리를 쳐다보고 말했다.

"내가 밧줄을 확보해서 바닥에 부딪지는 않았네. 무사해."

죤은 크레바스 표면에서 15미터 정도 추락하였다. 바로 기어나오려고 애썼지만 주위가 온통 미끄러운 빙벽으로 1.2미터 가량의 폭을 지녔다. 그는 양손이나 등을 어렵사리 빙벽 한쪽에 밀착시켜 보았으나 설피를 신은 상태로서는 도저히 맞은 편 벽에 발을 붙히지 못했다. 몸통을 죄어들어 숨쉬는 데 장애가 되는 밧줄의 장력을 완화시키려고 그는 스키 장대 하나를 크레바스벽에 가로 걸쳐 꽂아 체중을 대부분 여기에 실었다. 이러한 상태에서 그는 태연히 사진도 찍고 구조대를 기다리며 쵸콜렛을 씹어먹고 있었다.

죠지와 시로가 당도하자 이들은 밧줄을 하나 내려 보내어 죤이 여기에 유마르 등고기를 걸고 올라오도록 할 참이었다. 하지만 불행히도 죤에게는 등고기가 없었다. 그는 프루직 등법(登法)을 시도해 보았는데, 이론상, 혹은 이상적인 조건에서는 잘 될런지 몰라도 기운만 빠지게 하는 등법임을 알았다. 고정 밧줄이 물과 얼음으로 너무 미끄러워서 프루직 매듭이 밧줄에 걸리지 않았다.

데이브와 내가 사고 현장에 다다랐을 때는 죤이 크레바스에 빠진지 45분쯤 경과한 뒤였다. 우리는 밧줄을 한 줄 더 내려주어 불가리 등법을 써보라고 했다. 밧줄은 추락 당시대로 여전히 몸통에 바짝 매어진 상태에서 죤은 고정되지 않은 두 줄 끝으로 고리를 지어 한 발씩 꿰었다. 죤이 이처럼 밧줄 고리에 양발을 딛고 서서 번갈아 가며 체중을 한쪽 발로 모을 때 우리는 위에서 체중이 실리지 않은 쪽 밧줄을 50센티미터씩 끌어당겼다. 이렇게 한 2미터쯤 끌어 올렸을까, 두 밧줄이 서로 뒤엉켜 버리고 말았다. 이제 존이 체중을 옮겨 싣기도 곤란해졌지만, 우리들로서는 어느쪽 밧줄도 끌어올리는 일이 거의 불가능하게 되었다. 그래도 존이 1미터 가량 더 분투하였다. 그리고는 밧줄들이 완전히 꼬여 버렸다.

잠시나마 편하게 해 주려고 우리는 그가 애써 확보한 거리를 되물린 데다가 조금 더 아래로 내려가도록 하는 수밖에 없었다. 우리는 그를 크레바스 벽에서 아래쪽으로 비스듬히 돌출한 협착한 얼음턱에 내려놓았다.

빙하표면에서 우리는 난감하게 서로 쳐다보고는 더욱더 엉켜드는 밧줄을 내려다 보았다. 밧줄은 설피, 피켈, 그리고 이것들을 붙잡아 두기 위해 눈벽에 박은 스키 등에 어지럽게 엉켰고 우리들의 발 언저리에서는 정신 사납도록 올곡하게 꼬여 들어 사태가 심각하지만 않았다면 누구라도 한마디 할만큼 가관이었다. 우리는 어떻게 손쓸 줄을 몰라 망연히 서 있기만 했다.

"끌어 올립시다!" 침묵을 깨고 그렉이 말했다.

크레바스 위로 몸을 굽히고서 그렉이 존을 향해 외쳤다.

"당장에 끌어 올려 주겠네." 그러나 긴장된 그의 목소리는 불안감을 감추지 못했다. 존에게도 별반 격려가 되지 못했을 것이다.

죠지와 나는 사진 찍을 틈이 있었지만 밧줄에 온통 정신이 쏠려 사진기는 생각지도 못하였다. 데이브는 대원들이 끌어올리릴 밧줄 옆에 제각기 서는 것을 유심히 지켜보더니, 그 다음에는 죤을 지탱하고 있는 밧줄들이 복잡하게 얽힌 갈래를 꼼꼼히 살펴보아 혹 흠간 데가 없는가 점검하였다. 그리고 나서 자신도 밧줄을 잡고 당길 자세를 취했다. 시로는 아무 말 없었지만 얼굴에 근심스런 빛이 역력했다. 죠지는 나와 시선이 잠시 마주쳤는데 서로 얼른 얼굴을 돌렸다.

빙하 표면에서 15미터 이상 내려간 데서 빙벽 돌출부에 머문 죤은 우리가 모르는 사이에 한 가지 조치를 취했다. 우리가 밧줄을 끌어 당기게 되면 줄이 복부를 죌 것을 예상한 그는 압박이 심할 경우엔 까무러칠까 두려워 몸에 매인 밧줄을 풀어서 겨드랑이 바로 밑으로 가슴 둘레에 조금 느슨하게 다시 매었다.

네 사람이 크레바스에서 6~9미터에 이르는 부분의 밧줄을 잡고 버텨섰다. 그렉은 구덩이 가장자리에 자리잡은 채로 잡아당기라고 지시하였다. 최초의 노력에는 꼼짝달싹 아니했는데 재차 당기자 반 자나 끌려왔을까.

"영차! 하나…둘…셋…어영차!" 우리 모두 그렉의 구령에 맞춰 합창했다. 조금씩 죤이 올라왔다. 쉰 내지 예순 번 당기고 쉬는데 진척이 더디었다. 잠시 쉴 동안 크레바스 가까이에 다가서니 죤의 음성이 가느다랗게 들렸다.

"제발 서둘러! 이제 기운이 다 빠졌어!"

죤이 흉부의 압박으로 호흡 곤란을 겪는다는 사실을 그렉을 통하여 전해 들었다. 우리는 계속 밧줄을 당겼다. 죤이 크레바스 입구에 거즘 당도하자, 숨을 헐떡이는 소리를 들을 수 있었다.

이때 문제가 생겼다. 밧줄이 크레바스 테두리의 눈 속으로 파고 들기 시작한 것이다. 방지책으로 밧줄과 눈사이에 피켈을 끼웠으나 밧줄을 당기는 도중에 피켈이 빠져버려 어느새 깊숙이 파들고 만 것이다.

밧줄에 걸린 죤의 몸무게 때문에 밧줄과 크레바스 가장자리 사이에 무엇을 끼워넣을 방도가 없었다. 지표면까지는 3미터도 채 남기지 않았으므로 별다른 방법 없이 견인을 강행하였다. 우리는 줄을 계속 잡아당겼고, 줄은 눈 속으로 더욱 깊이 파고 들었다. 그러나 죤은 더이상 올라오지 않았다. 실수를 저지른 것이다. 밧줄은 크레바스 가장자리에 일 미터나 파묻혀 버렸다. 크레바스에서는 빠져 들어간 구멍이 동시에 유일한 탈출구인 셈인데 죤의 경우, 그 구멍의 위치는 이제 머리 위가 아니었다. 밧줄이 눈속으로 파들어가는 바람에 그는 구멍에서 멀어졌다. 이제 우리의 노력은 그를 이 구멍에서 멀리 떨어진 곳으로 끌어올려 크레바스를 덮은 눈지붕밑에 다다르도록 하는 데 모아졌다.

넷이서 밧줄을 지탱하는 사이에 그렉이 구멍을 넓혔다. 피켈의 자귀날 아래 단단한 눈덩이가 부숴져 나가며 죤의 몸에도 부딪혔지만 별도리가 없었다.

"그렉, 난 이제 힘이 없어." 죤이 맥 없이 말했다.

"정신이 가물가물해."

"죤!"

그렉의 목소리도 무력하고 절망적이기는 매한가지였다.

"친구, 포기하지 말게! 우리가 구해줄께!"

그렉은 무엇에 홀린 듯 피켈을 휘둘러댔다. 죤은 머리 위로 눈이 떨어져도 불평하지 않았다. 그러나 혼자 중얼거리는 소리를 들을 수 있었다. 그것은 좋지 못한 징후였다. 우리 넷은 정신이 아뜩했다. 그런데도 우리가 할 수 있는 일은 단지 밧줄을 붙잡고 서서 그렉의 동작을 지켜보며 죤에게 귀기울이는 것밖에 없었다. 그렉이 구멍을 확장시켜 갔지만 다시 줄을 당기기 시작하자마자 눈 속으로 파고 들 것이 뻔한 이치이니 결코 좋은 해결 방안이 못됨을 나는 알았다.

"제발 나가게 해줘. 실신하면 밧줄이 양팔 위로 벗겨져 추락할 거야."

그렉이 우리 넷을 돌아보며 누구에게나 뼈저린 현실을 절규했다.

"우리 죤을 구해 내야 돼! 이제 와서 그를 잃어버릴 순 없잖아! 맙소사! 이러다간 우리 손에서 죽겠어!"

"제발…더 이상…" 죤의 말이 두서를 잃었다.

겨우 대여섯 마디가 분명히 들렸다.

"…미끄러져…밧줄이…붉게 보여…그렉…"

나는 그렉이 두 손으로 얼굴을 감싸기 직전에 희번덕이는 그의 눈을 보았다.

"오, 안돼…" 죠지는 그 거구로 모든 근육을 온통 긴장시켜 견인줄을 움켜잡고 비탄을 토했다.

"오, 안 돼, 오, 안 돼…"

"시로! 내려가서 그를 구해오게." 내가 외쳤다.

몸무게가 가장 적으니 크레바스 속에서 죤을 구조하는 데 가장 적합하리라고 내가 말을 채 마치기도 전에 시로는 크레바스 입구로 달려갔다.

데이브가 밧줄 한 가닥을 풀어내어 우리는 시로를 크레바스 속으로 내려주었다.

"죤, 죤!" 그렉이 구멍에 대고 소리쳤다.

"죤, 내 목소리 들려? 시로가 내려간다!"

시로는 크레바스 가장자리의 돌출부를 넘어 직강하했다. 죤한테서는 아무 소리도 들려오지 않았고 모두들 침묵을 지켰다. 시로는 곧 우리의 시야에서 사라졌지만 가쁜 숨소리와 끙끙대는 소리가 힘겹게 들렸다.

우리는 시로 입에서 무슨 말이 떨어지기만 기다렸다. 죤의 목숨은 시로가 민첩하게 행동하는 것과 아직 숨이 붙어 있다면 완전히 실신하지 않고 버틸 수 있는 죤의 의지력에 달려 있었다.

마침내 크레바스 아래에서 침착한 시로의 음성이 들려왔다.

"됐어, 당겨!"

우리는 환호성을 올리며 죤이 매달린 밧줄을 끌어당기기 시작했다. 밧줄을 통하여 손에 와 닿는 감각은 무슨 육중한 화물 같았다. 다들 잡아당겼다. 시로는 밑에서 죤을 떠받쳐 올렸다. 그렉이 길라잡이를 맡았다. 밧줄이 아주 조금씩 지상으로 올라왔다.

죤의 목소리가 들리는가 싶더니 그렉이 죤의 팔을 움켜잡는

게 보였다. 우리는 밧줄에 몸을 밀착시키고 버텼다. 그러다 갑자기 밧줄이 느슨해졌다. 죤이 구출되었다!

"고맙습니다. 고맙습니다. 고맙…"

크레바스 구멍 바로 곁에 드러누운 죤은 탈진한 채 감사의 말을 중얼거리는 데 마치 실성한 듯싶었다.

"하나님, 자네들 멋지게 해냈어. 고맙네."

"우와, 죤 우리 아가!" 데이브는 길길이 뛰었다.

그렉은 얼음바닥에 벌렁 누워 죤을 꼭 껴안았다.

시로가 유마르하여 크레바스 위로 올라왔다.

죤의 얼굴은 창백했고 군데군데 퍼렇게 얼었다. 그는 옆구리의 통증을 호소했는데 죠지 의견으로는 갈비뼈가 몇 대 부러졌다는 것이다. 팔도 한쪽에 심한 아픔을 견뎌내야 했는데 날카로운 격통이 등 전체에 뻗쳐 괴로와했다. 그러나 그는 목숨을 구했다. 구조는 완벽히 이루어졌다. 하지만 크레바스 위에 있었던 대원들 편에서 보면 그렇지만도 않았다. 우리는 서툰 솜씨를 부리다 죤을 공연한 위험에 빠뜨렸고 하마터면 그를 잃을 뻔하였다.

죤은 크레바스 속에서 세 시간이 넘도록 매달려 있었다. 달리 무슨 방도가 있었는지, 우리가 저지른 실수가 무엇이었는지 알 수 없었다. 별다른 크레바스의 모양때문에 구조작업이 더욱 어렵게 된 것은 분명하지만 우리가 겪은 고생에 대한 책임을 지울 구실거리를 아무리 찾아 보았자 스스로 잘못한 일을 두고 산을 탓함은 부질없는 노릇이었다. 나는 왜 시로를 내려보낼 생각을 일찌감치 못했을까? 그렉은 훨씬 효율적으로 대원들을 통솔할 수 없었는지? 왜 그는 곤경에만 처하면 몸을 사리는가?

"여보게, 아트, 시로를 내려보낼 생각을 한 것은 정말 훌륭했어!" 그렉은 이렇게 말하며 내 어깨 한쪽에 팔을 둘렀다.

"그래, 맞소." 나는 매몰스레 대꾸하며 그를 쏘아보았다.

그렉은 움찔하며 내게서 물러섰다. 이런 모습을 대하니 내 마음에도 와 닿는 게 있었지만 그때 나로서는 상냥한 말을 할 수 없었다. 비난하는 마음으로 가득찬 것을 그렉도 알아챘을 것이다.

우리는 여기저기 흩어진 피켈, 설피, 고정장치로 쓴 스키짝을 주워 모았다. 예비 밧줄도 사렸다. 죠지는 죤의 상처를 자애롭게 보살폈다. 나는 데이브에게 4미터쯤 떨어져 있는 카메라까지 갈 동안 밧줄을 지탱해 주길 부탁했다. 그는 대번에 쏘아부쳤다.

"제기럴, 안 해! 이 끔찍한 장면을 찍는 데 밧줄을 붙잡아 달라고? 카메라나 빨리 찾아 오시지!"

나는 묵묵히 카메라를 거둬 왔다. 카메라를 운반이 쉽도록 해체시키면서도 한마디 말도 안했다. 그러나 소리없는 독백은 줄곧 데이브에게로 향했다.

"너무 성마르게 굴지 말아. 우리 모두 사진을 찍기로 결정했잖아. 네가 협조하지 않는다고 여기서 그만둘 수는 없어."

데이브에게 더욱 중요한 부탁을 해야 되겠기에 그날의 사진 촬영은 포기하였다. 빙하 지대에서 한 이레를 지낸 터라 내가 맡은 검사 계획에 따라서 전대원의 소변 샘플을 채취하는 날이었기 때문이다. 그런데 유감스럽게도 표본 채취용 플라스틱 용기는 모두 죤이 사고를 당하기 전에 우리가 향하던 임시 저장소에 있었다. 플라스틱 용기를 가지러 갈 만큼 기운이 남은 사람은 데이브 밖에 없다고 생각되어 나와 함께 가자고 했다.

"관둬!" 데이브는 모진 감정을 구태여 감추려 들지 않았다. "왜 나 대신 다른 사람을 쓰지 않나? 나는 춥고 지쳤어. 그리고 자네 오줌통 가지러 가고 싶지도 않아. 눈 좀 똑바로 뜨고 다른 사람 생각은 해볼 수 없는가?"

줄곧 침묵을 지키며 우리는 캠프로 돌아왔다.

내가 시로, 데이브와 함께 밧줄에 연결되어 걷는 앞으로 백미터 가량 떨어져서 죤이 그렉과 죠지 사이에 자리하여 절룩거리며 걸음을 떼놓았다. 나는 죤을 생각해서라도 기분을 바꾸고 싶었다. 그러나 발걸음을 옮기는 데이브의 모습을 뒤에서 지켜보노라니 그가 내게 화낸 일에 대한 반감은 여전히 남아, 죤을 향한 연민으로 한결 나아진 기분도 사그라져 버렸다. 데이브가 퍼부은 비난에 내 마음은 상했다. 곧장 다가서서 그의 비난이 부당함을 말하고 싶었다. 나는 데이브를 참으로 존경하였으므로 결코 미워할 수가 없었다. 차라리 그럴 수 있었다면 한결 속이 편했을 테지만, 나는 스스로 그가 한 말에 상심치 말자고 타일렀다. 그는 자신의 좌절감을 견디지 못하여서 내게 분출시켰을 것이다. 하지만 데이브가 나를 이기적이고 무분별한 인간으로 여긴다는 생각을 물리치려고 혼자서 자기 합리화를 하였는지도 모른다. 정말 데이브는 나 자신보다도 더 명확히 나를 파악해 낸 것일까?

얼음집까지 열지어 걷는 동안 대화는 전혀 없었다. 나는 그나마 존 덕택에 마음이 가벼워졌다. 등산에 행운이란 것이 있을 수 없지만 존이 무사히 우리들과 함께 있다는 데에 행운이 함께 한다고 생각지 않을 수 없었다.

나는 저녁 내내 말이 없었다. 아무도 입을 열고 싶지 않았다. 데이브가 냉동건조 돼지고기로 지은 저녁을 먹고 나니 다소 기분이 나아졌지만 우리가 하는 등반이 너무 무모하다는 생각이 들어 고립감과 함께 의기소침하였다. 한 이례가 지난 이 시점에 한 사람을 잃었고, 또 한 사람은 외부 세계에 이 죽음을 해명하기 위해 떠났다. 존과 나 모두 하마터면 크레바스 속으로 사라질 뻔했다. 등반은 무엇인가에 의해 궁지에 빠져 들었다. 고도로 말미암은 장애는 아직 없었다. 더 큰 문제가 있었다. 마치 깊이를 알 수 없는 수렁에 빠져 허우적거리는 것 같았다. 다들 온갖 노력을 기울임에도 불구하고 산위로 조금도 전진하지 못한 채 좌절감이라는 사악한 혼돈에 점점 더 깊이 빠져들 뿐이었다.

데이브는 한 마디 말도 없이, 시선도 주지 않고 내 몫의 저녁밥을 건넸다. 서로의 관계가 대화가 불가능한 지경에까지 이른 마당에, 긴밀한 협력이 필요한 고봉의 등정을 어찌 꿈이라도 꿀 수 있을 것인가 싶었다. 공공연한 불화를 두고 볼 때 등반을 속행함은 자살 행위라 생각되었다. 그리고 어느 누구도 등정을 즐거워하는 기색을 보이지 않았다.

아마도 산에서 철수해야 할 것이라고 그렉이 말을 꺼냈지만 그 이상의 진전은 보지 못했다.

제일 먼저 죤이 잠들었다. 그렉은 사고 경위를 일기에 적지 않고 그냥 잠자리에 들었다. 그는 여전히 자신의 일기를 아내에게 보내는 편지 겸해서 쓰고 있었기 때문에 그날 오후에 일어난 일을 굳이 적어 아내를 놀라게 하고 싶지 않았을 거라는 생각이 들었다. 죠지가 대원들에게 쾌활한 분위기를 되찾아 주려고 애썼지만 결과는 신통치 않았다. 시로만이 차분한 모습으로 그날 일어난 여러 일로 받은 충격에서 완전히 벗어난 듯 싶었다.

나는 침낭 속에 드러누워 데이브가 일기 쓰는 것을 쳐다보았다. 일기 내용을 알 도리가 없었지만 내 나름대로 온갖 공상을 해 보았다.

2월 5일, 오후:
아트가 내게 자기 카메라를 챙겨올 수 있도록 밧줄로 버텨달라고 부탁한다. 좋아…그런데 뭘 하려는 게지? 사진 찍으려고. 이것 보소. 내 인내력이 오늘은 하강곡선인데, 춥고 배고픈 걸 어쩌나. 그래서 그 친구에게 마구 해댔지. 추워서 벌벌 떨며 앉아 밧줄을 붙잡고 있을 날 눈꼽만큼이라도 생각해 준다면 두억시니 중뿔난 제기럴 빌어먹을 잘난 놈의 사진기는 잊어 버리라고 했지! 그런데 또 와서는 오줌병 몇 개 가지러 임시 저장소에 올라가면 어떻겠느냐고 묻는다. 그만 두라고 했지. 솔직히 말해서 그처럼 예민한 친구가 다른 사람 사정은 전혀 아랑곳하지 않는 것도 처음 본다.

우리 등반대에 대해 한번 생각해 본다. 그렉은 위기를 당하면 영 불안하다. 죤은 신체적으로 강력하지 못하고, 달리는 체력을 벌충할 경험도 없다. 자기 체중을 이겨내는 일만 아니라면 힘이 세다고도 하겠지만 죠지가 잘 해나갈 것 같지 않다. 아트에겐 문제가 없다. 미숙하지만 해적은 상당히 재치있고 힘도 좋다. 그는 제대로 머리를 쓸 줄 아니까 누구에게 견주어도 손색이 없다. 시로는 체구에 비해서 체력도 좋고, 경험이 풍부하여 대단히 기민하다.

그렉은 말수가 적고 거의 침울한 모습이다. 그에게는 만사가 탐탁치 못한 듯하다. 그는 자신이 등반대를 이끌지 못하며, 시로와 레이, 또는 내가 들어서서 일이 겨우 수습되었음을 깨달은 것이다. 그는 우리들의 약점과 통솔자인 자신의 책임에 대하여 걱정하는 모양이다.

공포

 잠결에 몸을 뒤척히다가 뭔지 싸늘한 것이 목을 타고 내림을 느꼈다. 차가운 감각을 피해서 머리를 돌렸지만 곧 이어 더 많은 눈이 새어 들어와 사정없이 잠을 쫓아버렸다. 나는 눈을 비비고는 몇 번 껌벅거렸는데 미명(微明)속에 비친 광경은 한 치 가량씩 눈을 뒤집어 쓴 우리들의 침낭이었다. 6, 7초 간격으로 이글루에 불어 닥치는 질풍 때문에 입구에는 고운 눈가루가 구름처럼 뽀얗게 피어 올랐다. 바람은 우리가 잠든 사이에, 전날 밤 폭풍에 대비하여 얼음집 입구에 쌓아 둔 식량상자 등속의 틈을 비집고 들어온 것이다. 바깥은 폭설이 내리고 바람이 20, 30 노트로 불었다.

 이날은 얼음집안에서 지내야 한다는 데 대해서 이론이 있을 수 없었다. 천막 쪽에서 데이브가 와 아침을 먹으라고 할 때에도 침낭에서들 기어나오려 하지 않았다. 옥수수죽으로 아침을 먹고 차를 한 잔 마시자 비로소 잠에서 깬 것 같아서 「고뇌와 황홀」▲(*The Agony and the Ecstasy*)을 읽기 시작했다.

▲ 이탈리아, 특히 플로렌스와 로마를 중심 배경으로 한 르네상스 시대의 예술, 정치, 종교상이 정열과 고뇌가 아로새겨진 미켈란젤로의 예술과 삶 속에 교차되어 펼쳐진 역사·전기 소설, Iving Stone이 씀, 1961년 Doubleday사 출판, 664쪽.

곁에 건포도상자를 두고 책을 펼쳐 든 나는 수수한 만족감 속에 자리잡을 수 있었다. 그렉은 작은 돛배를 타고 최초로 세계일주에 성공한 슬로쿰에 대한 책에 몰입하였다. 이는 그렉이 자기 아내와 함께 꿈꾸어 온 모험이었다. 거의 6, 7분마다 그렉은 벌떡 일어나 앉아 감동적인 구절을 큰 소리로 낭독하기 일쑤였는데, 그 내용은 폭풍우에 맞서 싸우거나 외딴섬의 원주민들과 물물교환을 하는 주인공의 모습이었다.

나는 혼자 생각에, 그렉이 우리가 드날리를 오르는 데에 필요한 통솔력을 발휘하느라고 대원들과 씨름하며 애면글면 하느니 집채같은 파도에 맞부딪히는 조각배의 키를 잡은 자신의 모습을 그리는 것이 훨씬 더 낫지 않았을까 싶었다. 그러나 내 옛벗을 이토록 비참하게까지 생각하고 싶지 않았다. 그렉한테서 관심을 돌려 시간을 보내려고 읽던 책에서 줄곧 시선을 떼지 않았다.

죤은 왼쪽 등허리의 갈비뼈와 근육에 심한 통증을 받으면서도 얼음집 입구의 안쪽에 일련의 로마네스크 무늬를 새겨 넣느라고 국자를 내휘둘렀다. 그는 짐짓 위엄을 부리며 북극권의 고전 얼음조각에 대한 짤막한 강의를 베풀었는데 이 가운데서 앞으로 천 년 뒤에 카힐트나 빙하지대가 끝나는 지점에 우연히 이르러 얼음속에 보존된 로마네스크 양식의 홍예문을 발견하고 영문을 몰라 어리둥절해 할 후세 고고학자들에게 의당 일어날 의문을 내어 놓았다. 어떻게 하여 로마인의 무리가 이곳 알래스카의 빙하에 와서 얼음집을 짓게 되었을까?

죤에게 어린 시절 이야기를 들려 달라고 졸랐더니 그는 바닻가, 숲, 언덕으로 돌아다니며 훌쩍 날고, 눈을 깜작이며, 꿈틀거리는 것들을 뒤졌단다. 한번은 그로서 처음 보는 지렁이를 한 마리 발견하였는데 아무도 그 종류를 식별해 내지 못하므로 학계에서는 그의 성을 따서 학명을 붙였단다. 죤은 자신이 등산을 시작하게 된 동기가 곤충임을 밝혔다. 희귀한 곤충을 포획하기 위하여 정강이를 긁히며 자주 벼랑을 기어오르다 보니 어느새 순전히 바위너설에 매달리고, 정강이가 까지는 즐거움 때문에 절벽으로 재차 발길을 돌리는 자신을 발견하게 되었다는 것이다.

빈대의 타액에 대해 세계적으로 탁월한 권위자로서 자신이 상당히 명성을 얻었음을 시인하였지만 죤은 현재 하고 있는 연구나 등산에서 세상의 인정이 중요한 것은 아니라고 했다. 학문 연구에서 오는 만족감을 산행의 즐거움에 비기면서 길고 지루한 현미경 관찰을 등반에서 끝 없는 등짐지기에 비교하기도 했다. 이따금 현미경에서 간절히 바라던 것, 또는 전혀 예기치도 못하던 것을 발견하고 영감이나 새로운 통찰력을 얻기도 하였단다. 그는 이러한 순간들을 산에서 맞이하는 시간, 즉 힘겨운 등산을 막 끝마쳤을 때, 혹은 각별히 상쾌한 바람이 얼굴을 스칠 때라든지, 거센 바람에 흩어지는 구름이 햇빛을 형형색색의 장관으로 어울렸다 흩뿌렸다 할 때에 견준다.

천막에 있던 시로가 들어와 일본 가요를 부르기 시작했고 죤은 얼음집과 빙하의 풍경을 사생하려고 밖으로 나갔다. 시로의 목소리에는 그윽한 정취가 어렸고, 노래 또한 부드럽고 서정적이어서 아마도 그의 아내 사키를 그리며 부르는 노래인 듯싶었다.

죠지는 러시아 가락을 어떤 것은 떠들썩하도록 또 어떤 곡은 쾌활하게 불렀다. 그 가운데 번역된 곡 하나는 널따란 시골집에서 초원의 가축과 숲의 사슴, 야생 짐승들과 함께 살고 싶은 그의 꿈을 그렸다.

존이 자기 배낭 밑바닥에서 학창시절의 유산으로 오래되고 너덜너덜한 민요집을 꺼내어 우리들에게 노랫말을 가르쳐주었다. 그리고선 데이브가 '공중의 유령 기수들'과 '나팔수선화 일곱 송이'를 자꾸 불러서 시로와 그렉은 노랫말을 모두 외울 수 있게 되었다. 그날 밤 나는 그렉이 아내에게 쓰는 일기장에 연필로 노랫말을 정성들여 적는 것을 보았다.

…일천 봉우리에 찾아오는 아침을 그대에게 뵈이고
그대 입맞추며 나팔수선화 일곱 송이 드려요.

멋진 것들 사드릴
부는 내게 없지만
달빛 가닥으로 그대에게
목걸이와 가락지를 엮으오리다.

낮 동안 데이브와 나는 서로 안전거리를 지켰다. 우리 둘 사이에 노골적인 반감은 드러나지 않았지만 지난날 산에서 함께 나누던 도타운 정은 사라져 버렸다. 마음이 뒤숭숭해서 파카와 방풍바지를 껴입자 제각기 침낭 속에 잠자리를 정한 대원들이 의아스러운 시선을 던졌다. 나는 마음 좀 가라앉히고 오겠다는 말로(기실 진실이었다) 이들을 안심시키고 네발걸음으로 엉금엉금 기어서 나와 세찬 밤바람 속에 섰다.

바람에 펄럭대는 데이브와 시로의 텐트에서 비치는 독서등의 주황색 불빛, 얼음집 입구와 얼음 벽돌들 틈바구니로 새어 나온 희읍스름한 빛을 제외하고는 사위가 칠흑처럼 어두웠다. 나는 캠프를 떠나서 회오리바람치는 눈보라속에 천막이 가물가물 보이는 곳까지 걸었다. 맞바람에 눈을 가늘게 떴지만 눈물이 절로 흘렀다. 눈발이 얼굴을 때렸고 매번 바람이 불어올 때마다 몸의 균형을 잡기 위해 발을 새로 디뎌야 했다.

빙하를 따라 내닫는 바람소리가 요란스러웠다. 그러나 훨씬 더 윗쪽으로 어둠속 저 높이에서 우리가 타고 오를 ─ 기회가 주어진다면 ─ 산등성이를 질주하는 바람의 울부짖음이 들려왔다. 20분 가량 가만히 서 있었다. 데이브와 그렉, 그리고 나 자신에게도 참을성있게 대하기로 마음먹었다. 처음 바깥으로 나왔을 때보다 한결 기분이 나아져서 이글루로 달음박질하여 돌아왔다. 입구를 식료품상자로 막아두고 통로를 지나 침낭속으로 웅크리며 들어갔다. 곧 잠이 들었는데 꿈속에서도 폭풍이 불었다.

꿈속에서 잿빛 구름이 땅에 바싹 다가와 급하게 지나가는 동안, 기상 전선은 드날리산 상공에서 변동을 겪고 있었다. 이튿날 아침 깨어보니 하늘이 마치 둘로 갈라진 듯, 폭풍의 세력 가장자리가 드날리산 위에 걸렸다. 알래스카 내륙에서 발생한 차고 건조한 북극권의 공기가 해안에서 불어 올라온 따뜻하고 습기 찬 공기와 만나면서 엄청난 세력의 기류가 발생하여 산봉우리 위에서 구름이 들끓는 듯했다. 북녘 하늘은 맑았지만 남쪽의 둔중한 구름더미가 불연속면을 형성하여 산맥을 압박하였다.

거즘 정오가 되어서야 우리는 쫀이 추락했던 크레바스지대를 통과하며 좀더 많은 장비를 운반하기 시작했다. 쫀이 겪은 사고가 우리들 가운데 어느 누군가에게 재발될지도 모른다는 두려움이 떠나지 않았다. '공포'▲라는 말은 어떤 등산에 대하여, 혹은 등산 도중코스의 일부 구간에 대해 품는 지나친 두려움을 일컬을 때에 산악인들이 종종 사용하는데, 우리는 크레바스 때문에 모두들 바로 이런 상태에 빠졌다. 등행은 극히 더딘 속도로 진행되었다. 피켈로 한 발자국 한 발자국 탐지하며 나갔기에 크레바스를 여러 군데 가까스로 피해 나갈 수 있었다.

쫀이 늑골과 등의 통증에 여전히 시달렸기 때문에 얼음집에 남아 쉬게 하고 싶었지만 그는 한사코 짐을 나르겠다고 고집했다. 겨우 말려서 짐을 운반하되 60파운드(27.22kg)까지 무리하게 채워 지지는 않기로 다짐받는 데 그쳤다. 우리가 염려하는 것은 그의 상처가 정작 어느 정도인지 알 수 없었기 때문이다. 어떤 때에는 부득부득 무거운 짐을 지겠다고 나서는

▲ 공포(psyched-out) : '겁에 질린', '지나치게 겁먹은' 등으로 풀어 쓸 수 있다. 즉, 자신이 처한 특정 상황을 회피하기 위하여 심적으로 혼란된 듯이 가장함을 뜻한다.

가 하면, 또 어떤 때에는 통증에 괴로와하는 모습이 역력했다. 내가 생각하기에도 그는 우리에게 말한 것보다 심한 상처를 입은 성싶었다.

그날 밤 죤이 쓴 2월 7일자 일기:

…간신히 일어섰을 때 허리 왼쪽에 견디기 힘든 격통이 일었다. 임시 저장소까지 되돌아 갈 수 있을 것 같지 않았다. 그러나 돌아가서 짐을 지고 크레바스지대를 거쳐서 다시 왔다. 두려움, 피로, 에이는 통증.

그렉도 잠들기 전에 일기를 적었다.

…죤은 종잡을 수가 없다. 때로는 좀 냉소적인 데도 있지만 멋진 천막 동료로서 지금도 내곁에 있다. 그는 공격 개시부터 난조에 빠져 계속 어려움을 겪고 있다. 그에 대한 정당한 평가를 내리기 위해서는 얼마간 기다려야 할 것이다…
시로가 참으로 고통을 당한다. 설사가 났는데 나보다 증세가 훨씬 심하다. 정말 괴로울 텐데도 그저 쾌활하고 짐을 자기 몫보다 더 많이 진다. 그는 선두에 서서 잘해나간다. 마음에 드는 친구다.

2월 8일 아침, 우리는 숙소를 카힐트나 힐튼 호텔에서 카힐트나 고개 바로 아래 지점인 해발 3,110미터의 고산 평탄면으로 옮길 것을 논의하였다. 데이브와 나는 처음으로 한뜻이 되어 이동하자고 했으나, 눈도 조금씩 오고 해적이 아직 돌아오지 않았으니 하루나 이틀 참고 기다리자고 시로가 설득력있게 말했다. 결국 우리는 윗쪽 캠프에서 쓸 나머지 물자를 운반해 올리기로 낙착을 보았다. 시로는 여러 캠프와 임시 저장소에 분산 저장된 물자를 수시로 파악하여 정확한 재고품 목록을 작성하였는데, 그의 계산에 따르면 하루만 더 짐을 올리는 수고를 하면 해발고도 3,110미터지점에 30일치 식량과 연료를 확보할 수 있었다. 우리는 4,390미터 지점까지는 다시 20일치 물자를 그리고 정상 공격을 시도하기에 알맞은 날씨를 기다리는 5,240미터지점에 설치할 마지막 캠프에 이르는 길에는 열흘치를 꾸려간다는 계획을 세웠다.

우리는 제각기 등짐을 23킬로그램으로 죤의 짐은 14킬로그램으로 줄였지만 3,110미터고지에 이르는 긴 비탈길을 치오르는 발걸음은 몹시도 무거웠다. 다행히 해발고도가 상승하면서 다들 기분이 한결 나아졌다. 내가 시로에게 온통 크레바스를 숨기고 있는 카힐트나를 벗어난 것이 얼마나 안도가 되는지 모른다고 하자 그도 고개를 끄덕였다.

캠프에서 3킬로미터남짓 걸어 고도 600미터를 더 오르자 시야를 가린 구름이 점차 얇어졌고, 구름을 헤치고 계속 오르니 하늘이 밝아지면서 눈이 그치고 군데군데 파란 하늘이 보였다. 새 캠프에 도착하기 전에 환한 햇살을 받게 되었다.

데이브와 시로가 바로 나흘 전에 식량 다섯 상자를 날라 놓은 곳에 째어진 젤리와 말린 감자편 비닐봉지, 찢긴 종이상자

조각, 사탕, 치즈, 소고기 육포 부스러기가 눈 속에 널려 있었다. 까마귀 떼는 느닷없는 훼방꾼들에게 성을 내어 까옥거리며 카힐트나 재 너머로 푸드덕 날아갔다. 그놈들은 우리 식량을 노략질하느라고 종이상자만 쪼아댄 게 아니라, 공들여 꾸린 포장을 갈기갈기 발기는 데에도 신바람이 났던 모양이다. 까마귀는 여름철 등반객의 저장품을 훔치기로 악명이 높지만 우리생각에 설마하니 겨울등반에도 카힐트나 고산지에 이 산적들이 출몰하겠는가 싶어 방심하였다.

"이놈의 성가신 일본까마귀들아!"

죠지가 시로를 곁눈질하며 소리질렀다.

"이봐, 죠지," 시로가 되받아 넘겼다.

"그놈들이 소세지만 먹었는데 - 유독 말이야. 다른 것은 헤뜨러만 놓았잖나. 참 버릇 나쁘군! 일본까마귀일리가 없어. 내 생각으로는 알래스카 까마귀이지 싶어. 어쨌든 미국까마귀이지."

죤은 까마귀들이 멀리 사라지는 모습을 지켜보더니 이 새들이야말로 클리브랜드 발생학연구소 연구 동료들과 벌이는 학문적 경쟁에서 자기에게 도움을 줄 것이라고, 언뜻 들어 기분 나쁠만큼 차분한 어조로 말했다. 그의 동료들은 드날리가 특히 겨울철에 죤같은 곤충학자가 탐사하러 가기에는 적합치 못한 곳임을 들며 그의 부질없는 계획을 강 건너 불구경하듯 재미있어 했는데 그 이유인즉 어쩌다 제 집을 잃은 벌레 한 마리조차 채집할 수 없으리란 것이다. 이번 북쪽나라 탐사에서 노획품을 가지고 돌아가 친구들을 깜짝 놀라게 해주려고 죤은 소독용 알콜에 담가 낸 소세지 덩이로 까마귀를 꾀어낼 궁리를 하였다. 새들이 술기운에 퍼덕이며 비척거릴 때 덮쳐서 깃털새에 기생하는 곤충을 몇 마리 잡게 되면 도로 놔준다는 것이다.

이제 존은 자신의 기발한 착상에 스스로 도취되어 '매킨리 국립공원 서식 까마귀의 먹이 획득 습성'이라는 제목의 학술 논문을 쓰게 된다면 이러한 까마귀 포획 방법으로 학문에 한결 쉽게 이바지하는 바가 클 것이라고 단언하였다. 그는 이 새들이 무엇보다도 소세지를 좋아하며 간혹 냉동건조 소고기도 먹고, 치즈나 으깬 감자편, 혹은 젤리를 넣은 비닐봉지를 찢는 행동에 대단한 흥미를 느낀다고 쓸 수 있을 것이다. 존이 논문에서 내세우고자 하는 중요한 가설은 드날리산 부근에 서식하는 까마귀들이 텔킷트나 쪽에서 산으로 다가오는 은빛 비행기를 발견할 때마다 이레 가량만 기다리면 마음씨 고운 사람들이 빙하지대를 따라 가며 널찍한 곳에 먹을 것을 잘 차려 두고 간다는 사실을 안다는 점이라 하겠다.

까마귀들에겐 안되었지만 식량상자를 얼음벽돌 밑에 모두 묻어놓고, 고도 2,290미터의 얼음집으로 이번이 마지막으로 파는 다리품이 되기를 바라며 하산하였다. 고운 얼음알갱이로 된 안개막과 옅은 구름너울이 세찬 바람뒤 끝에 남아 지는 해가 파스텔화의 노란색과 오렌지빛으로 은은히 퍼졌다. 존이 비탈길을 깡총깡총 뛰어내리다시피 하며 헨델의 곡조를 흥얼거렸다. 스키로 카힐트나 산록을 지쳐내리는 시로와 데이브, 죠지는 고함과 요들로 자못 요란스러웠다.

해적이 탤킷트나의 비행장에서 날씨가 개기를 기다리는 중이었다. 내일 아침이면 우리와 합류할 수 있을 것이다. 그렉과 함께 캠프에 다다를 무렵, 날이 추워지기 시작했다. 거의 깜깜하게 되었는데 파린이 추락했던 지점 근처에서 그렉은 잠시 멈춰섰다.

"아트," 그렉이 나를 똑바로 쳐다보았다. "파린이 아니고 자네가 죽었더라면 나는 등반을 계속할 수 없었을 걸세. 그를 자네만큼은 모르니까."

순간, 그렉에 대해 언짢던 마음이 사라져 버렸다. 그 일 때문에 그렉에게 반감을 품었던 죤의 추락은 아득히 먼 옛일로 뒷걸음쳐 갔다.

"그래, 사람을 안다는 것이 이런 차이를 빚는군." 내가 입을 열었다.

"사실 우리들 가운데 그 누구도 파린을 제대로 아는 사람은 없어. 그렇지 않은가?"

이튿날 아침, 무지개가 해를 에워싸고 얼음입자가 모여 생긴 환일(幻日)▲이 포래커산 위에 드높이 걸려 프리즘처럼 햇빛을 굴절시켜 한 조각 구름에 붉은빛과 초록빛으로 비춰보였다. 하루가 조용히 시작되었다. 그러나 10시쯤 되어서 카힐트나 기슭의 정적은 비행기 폭음으로 깨뜨려지고 잠시 뒤에는

▲ 환일(sun dog) : 권층운 같은 구름이 태양 비슷하게 햇무리의 둘레에 둥근 모양으로 나타나는 현상. 흰빛으로, 또는 빛의 굴절각에 따라 분광된 몇 가지 빛깔로 연하게 나타나기도 함.

빙하 아래 먼 데까지 메아리지는 잇단 고함과 너털웃음이 들려왔다.
"여어이! 좋았어, 친구들, 출발!"
쉘던이 우리의 해적을 데려다 준 것이다.

죠지의 아내가 보낸 튀김통닭과 깡통맥주를 던져주고 각자 가족들에게서 온 편지뭉치를 내려 놓으며 해적은 자신이 바깥 세상에서 겪은 고충을 곧바로 털어놓았다. 그가 탤킷트나에 닿은 지 한두 시간이나 지났을까, 신문기자들이 밀어닥쳤다. 그렇지만 해적은 쉘던의 도움으로 어렵사리 시신을 비행기 격납고로 빼돌려 등산장비 더미 밑에 감추었다. 해적은 전설적인 프랑스 등산인 모리스 에르족에게 즉시 전보를 쳐서, 파린의 모친에게 아들의 죽음을 신문기사로 접하기 전에 전해 줄 것을 부탁하였다. 이야기가 새어나가지 않도록 하려고 처음에 해적은 등반대원 가운데 한 사람과 싸운 까닭에 산을 떠났다고 취재기자들을 속였다. 사실을 털어놓았을 때 그들은 다소 대중의 흥미를 부추기는 면이 있지만 그런대로 정확하게 보도하였다. 나는 해적이 신문에서 오려낸 기사를 흘긋 보았을 뿐인데 그 내용은 마치 내가 생판 모르는 사람들과 사건을 다룬 듯했고 우리가 겪은 일과는 큰 줄거리만이 겨우 비슷할 뿐이었다.

해적은 사체 처리를 두고 외교적 문제에 맞닥치게 되었다. 프랑스 영사관측에서는 시신이 본국으로 돌아가려면 먼저 사망자의 여권이 있어야 한다는데 여권이 나타나지 않았다. 한 사람이 송장을 드날리산 가까이에 묻을 것을 의견내었지만 어느 종교의 성직자에게 장례식을 맡겨야 할런지 정할 도리가 없었으니 파린이 구교도인지, 개신교도인지, 혹은 그밖에 어떤 종교의 신도인지 몰랐기 때문이다. 시체 매장에 얽힌 복잡한 절차 때문에 자칫하면 겨울이 다 가도록 광중을 얻지 못한 채 송장을 동여매어 두게 될지도 몰랐다. 다행스럽게도 죠지의 아내인 페기부인이 제반문제를 도맡아 준 덕택에 해적은 산으로 되돌아 올 수 있었다.

모두들 편지를 읽고 튀김닭을 먹는 가운데에 정오가 되었다. 하늘은 구름 한점 없이 맑았다. 3,110미터 높이의 캠프장소로 올라가는 일에 가로막고 나설 것이 도무지 없다는 사실을 너나없이 불현듯 깨달은 성싶었다. 해적이 안달복달하여 발을 구르며 이리저리 돌아다니는 동안, 다른 대원들이 장구를 함께 꾸렸다. 나는 이런 와중에 생체학 검사기구를 꾸려서 한데 밀쳐두어야 할런지 망설이고 섰다. 더 높은 고도로 이동하기 전에 해야 할 일이 한 가지 남았기 때문인데, 다름아니라 데이브의 혈액 표본을 어떻게 해서든 뽑아내야 했다. 다른 사람들의 팔에서 채혈할 때에는 데이브 혼자 떨어진 곳에서 몹시 바빠 보였다. 요새 서로의 감정상태로 미루어 보건대 데이브더러 피를 제공하라는 청은 결코 위험스럽기까지야 않겠지만 부질없는 일이 될 게 뻔하였다. 그러나 데이브가 주사바늘에 팔뚝을 내어놓게 설득시키자면 용기를 내어 천연스레 말을 걸어야 했다. 추위와 산소가 희박한 공기에서 생명을 지키려고 신체 내부에서 더 많은 적혈구를 만들어 내기 때문에 드날리를 향해 출발한 때보다 그의 혈액이 더욱 검붉게 보일 것임을 일러 줄 생각이었다. 나는 데이브의 핏줄을 흐르는 피에 든 정확한 붉은 피톨수를 알고자 하는 학문을 그에게 소개하는 데 필요한 어조를 나지막이 한번 연구해 두었다. 일변 미립이 난 솜씨로 지혈대, 주사기, 주사바늘을 다루면서, 일변 미더운 목소리로…"자, 조금도 아프지 않다네." 데이브는 얼음집에 있었다.

"데이브…"

"아냐, 아트, 비켜! 주사기 들고 설쳐대는 자네 꼴 보느니 차라리 내 손으로 피를 뽑겠어."

나는 데이브에게 주사기가 전혀 위험하지 않음을 보이려고 꺼내 들며 애써 웃음을 띠었다. 하지만 말을 채 꺼내기도 전에 데이브는 벌떡 일어섰다.

"안 돼, 안 돼, 안 돼!" 데이브는 된불 맞은 짐승처럼 얼음집밖으로 뛰쳐나갔고 그 바람에 드나드는 목의 보꾹에서 비주룩이 나온 얼음벽돌에 머리를 호되게 부딪고 말았다.

"데이브, 잠깐!" 나는 빙하 아래켠으로 내닫는 데이브를 목청껏 불렀다.

"내게 좋은 생각이 있어."

"자네의 고명하신 생각은 이젠 고만두시지! 내 피는 단념하라구!"

"자네가 내 혈액을 좀 뽑아줬으면 하는데. 이 주사기를 쓰면 돼."

데이브는 의심쩍은 눈초리로 나를 한참 보더니 조심스런 걸음으로 얼음집에 되돌아왔다. 나부터 걱정이 되어서 데이브에게 주사 바늘을 대정맥에 올바른 각도로 댄 다음, 단번에 꽂아 가볍게 피스톤을 잡아당기는 법을 찬찬히 일러주었다.

그가 주사바늘을 내 팔뚝 가까이 들였을 때 누가 더 떨었는지 모르겠다. 나는 태연한 척 웃는 얼굴을 짓느라고 발가락을 꽉 옴키었다. 결정적인 순간에 나는 몸을 움찔 했고 데이브는 저도 모르게 나 대신 짤막한 신음소리를 냈다.

일 분 뒤, 5cc의 혈액이 주사기 대롱에 담기자 데이브는 겸연쩍게 나를 보았다.

"자, 아트, 이제 내 차례같군."

해적이 돌아와서 우리는 사기가 올랐다. 새로이 출발하는 듯했다. 게다가 쉘던이 3,110미터 고지에 떨어뜨려 주고 간 물자덕택에 곧 전진기지를 옮길 수 있었다. 해적이 다시 합류한 뒤 서른 여섯 시간만에 카힐트나재 바로 아래에 건설한 작은 얼음집 마을에 우리 모두 편안히 들어앉게 되었다. '눈집두럭'이라고 죤이 이름지은 우리 마을은 두 채의 널찍널찍한 —길이와 너비가 각각 2.5미터가량—침방, 식량과 장비를 두는 긴 연결 통로, 그리고 식당으로 쓰는 널따란 방으로 이뤄졌는데, 이 식당은 그 한가운데를 파낸 통로에 두 발을 놓고 우리 일곱이 눈식탁의자에 곧추앉기에 넉넉했다.

데이브가 가운데 얼음집의 꼭대기에 1미터 정도로 갸름하고 편편하게 눈을 다져 올려 붙이니 구조물이 전체적으로 자그마한 그리스 정교식 교회당 같은 모습을 띠었다. 이 안에 촛불을 켜놓고 옷가지에다 사진기, 오줌병, 침낭, 파카, 간식거리, 문고본, 생체측정기기 따위가 널브러진 가운데 데이브가 일기를 쓰느라 여념이 없었다. 요가의 가부좌 자세로 분홍색 칫솔을 한쪽 입에 문 데이브는 우리의 얼음 예배당을 지키는 기인(奇人) 성자처럼 보였다. 이날 그의 일기:

새벽에 맑음, 해질녘도 맑음. 오늘은 유쾌하고 가벼운 기분에 노래도 부르며 전혀 거리낌이 없었다. 아트가 사진찍는 걸 도와야 하겠다. 눈보라와 바람에 휘몰려 얼어붙은 눈을 찍으려고 조금 지체한들 어떻겠나.

내가 이번 등반길에서 두번째로 무거운 짐(30kg)을 날랐지만 한나절이 후딱 지나갔다. 마음이 홀가분하니까 이렇게 즐거운가 보다. 시시때때로 절로 노랫가락이 흘러나와 참 흥겨웠다. 대원들에게 모두 가벼운 칭찬을 건넸더니 스스로 기분이 좋아진게 아닌가! 틀림없이 부정적이던 내 성격이 한결 좋은 면으로 바뀐 듯싶다.

3,110미터 고지에서 하루의 최저 기온이 평균 영하 29℃를 나타냈는데, 이는 2,290미터의 카힐트나 힐튼 호텔에서 기록한 평균 기온보다 거의 8도나 낮은 셈이다. 연이은 맑은 날씨와 더불어 '겨울철 기온역전' 현상 때문이었다. 해발 고도가 약 300미터인 드날리 기슭 언저리에서 가장 한랭한 공기가 골짜기와 분지에 자리잡고 해발 2,440미터 정도까지는 기온이 점차로 상승하는데, 대개 이 지점이 따뜻한 공기층의 맨 윗부분이 된다. 기온역전 현상이 끝나는 이곳을 지나면 높이 오를수록 차차 기온이 떨어진다.

예전에 나는 겨울철에 먼발치로 알래스카산맥을 바라보다가 따뜻한 공기층과 차가운 공기층이 기온역전으로 섞이며 사막에서나 봄직한 신기루를 빚어내는 광경을 자주 목격했다. 큰 산 전체가 모양을 바꾸며 그때마다 환영으로 나타난 봉우리들이 마치 줄이은 산맥처럼 대신하여 모습을 드러내었다. 산기슭에 발달한 낮은 언덕들이 일정한 높이로 대습곡 운동을 하듯 상승하여 마치 거대한 협곡의 절벽처럼 보였다. 실상 높이로는 돌아볼 것이 없는 봉우리들이 공중으로 수천 미터씩 허상을 뻗치어 흡사 마뉴먼트 밸리▲에서 가느스름한 탑과 뾰족탑을 보는 듯했다. 이전에 없던 산줄기들이 나타났다가는 산을 에워싼 기류의 변화로 금새 사라져 버리곤 하였다.

두말 할 나위 없이 기온역전에 따른 이러한 신기루 때문에 겨울의 드날리가 신비를 더하게 되었고 결국 정월부터 이 산에 이끌려 온 것이다. 그런데 이제 막상 드날리에 와 보니 신기루를 하나도 볼 수 없어 적이 실망하였다. 기온역전 현상에 대한 분명한 증거를 보려면 산과 상당한 거리를 둔 곳에 있어야 하기 때문이다. 대신 우리가 하는 거의 모든 일에 의외로 낮은 기온이 행사하는 영향을 통해서 기온역전을 미세하게나마 알아차릴 수 있었다. 시린 손을 녹이기 위해 자주 일손이 멈추어졌기 때문에 등산화끈을 꿰거나 밧줄을 매는 데에도 시간이 꽤 걸렸다. 밤에는 식당 얼음집에서 발이 곱아지지 않도록 번갈아 통로를 오락가락하였다. 눈과 얼음을 물로 녹이는

▲ 마뉴먼트 밸리(Monument Valley) 미국 애리조나주의 북동부에서 유타주의 남동부에 걸친 지역으로 붉은 사암질의 독립 암석기둥, 홍예문이 장관을 이룸.

데 시간이 더 걸렸고 아무리 뜨거운 음료나 죽그릇도 몇 초 지나지 않아 온기를 잃고 말았다. 점심 끼니를 제대로 때우려면 돌처럼 굳은 배합 캔디, 소세지, 치즈를 몸에 품고 다녀야 했다. 가벼운 바람만 일어도 코의 동상을 방지하려고 모직 얼굴 마개를 사용하게 되었다. 나는 영화카메라를 조작할 때면 반드시 나일론 장갑을 꼈지만 손가락 끝이 희어지기 일쑤였다. 바로 동상의 징후였다.

잇달아 며칠 날씨가 갠 틈을 타서 우리는 짐을 바람받이까지 옮긴 다음 그 너머로 다음 번 전진 기지가 될 4,390미터 고지에 다다를 작정이었다. 길이 점점 가팔라지고 강풍이 휩쓰는 산비탈마다 만년빙이 드러나 우리는 설피를 벗고 신발에 사갈을 비끄러매었다. 그러자 발이 한결 가벼웠다. 동철끝이 굳은 빙설에 박히며 발걸음을 떼느라 발을 들어올릴 때마다 종아리 근육이 뻗치며 기분좋게 가벼운 통증을 자아냈다.

눈집 두럭에서 백 미터 위로 오르니 골짜기에 해들기를 가리는 산등성 마루에서 쪼개어져 굴러내린 어마어마한 얼음 바위가 어지럽게 흩어진 우묵한 곳에 이르렀다. 바람도 잔 어스름에 대부분 사람 키를 넘고 수천 톤에 이를 만한 얼음덩이가 들어선 분지는 죤이 말한대로 '이 세상 것이 아닌 적막'에 잠겼다.

짐을 지고 긴 시간 지루히 터벅터벅 걷노라니 나는 이곳이 '침묵의 계곡'이란 생각이 들었고, 얼음덩이들이 마치 이스터 섬의 거대 석상들처럼 우리를 지켜보는 듯한 환상에 사로잡혔다. 여러 세기에 걸쳐 왕바람에 시달린 얼음조각의 얼굴들은 그들이 지켜 선 분지를 가로질러 지나는 우리를 대견스레 여기는 성싶었다. 그러나 어떤 얼음굴들은 험악하였다. 꺼리어 거리를 두고 찌푸린 표정 뒤에는 우리에게 닥칠 운명에 대해 불가사의한 예지(豫知)를 지닌 것만 같았다.

몇몇 크레바스가, 거개 감추어진 채로 분지의 이곳저곳에 널렸다. 주의를 결코 게을리하지 않았으나 꼭 한번 말썽거리가 되었다. 데이브가 걸려들어 허리춤께까지 빠졌으나 스스로 재빨리 빠져나오는 데 성공하였다.

"멋져, 데이브," 내가 환호를 보냈다.

"하지만 사진기가 미처 준비되지 않았군. 도로 들어가 다시 뵈일 수 없겠나?"

"아트," 데이브가 웃는 낯으로 대꾸했다.

"어떻게 저 아래에서와는 달리 우리 사이가 좋아졌지?"

"파린의 기억을 떠올리는 그놈의 크레바스때문에 신경이 곤두섰던 게지."

"흠…그랬겠지."

침묵의 계곡을 지나 고도로 180미터, 거리로 쳐서 400미터 가량 오르자, 해가 잘 들고 전망이 좋아 등산로의 이쪽 방면에서는 쉬어가기 안성마춤인 너르게 둔덕진 곳이 나왔다. 이 자그마한 대지(臺地)에 발디디려고, 추락할까 걱정될 정도는 아니지만 꽤 경사진 빙벽 위를 살금살금 기다시피 하여 가파른 얼음길을 더듬어 오른 것이다. 이 턱진 자리는 창공에 낸 벽감과도 같았다. 북쪽으로 1,200미터 아래 굽이진 피터즈 빙하가 굽어보이고, 침엽수림이 듬성듬성한 타이가지대와 불모의 툰드라지대를 지나 지평선까지 시야에 가로막힘이 없었다. 서쪽으로는 480킬로미터 넘게 떨어진 태평양 연안에 점점이 흩어진 에스키모 촌락 외에는 거의 인적이 없는 수백 만 헥타르의 삼림이 들어 찬 커스커큄강▲ 유역이 질펀히 퍼졌다. 발 아래로는 분지의 얼음덩어리들 사이를 꿰어 온 우리 발자취가 실낱같은 선으로 나 있었다. 위로는 눈으로 채워진 수많은 협곡들이 큰바람받이 아래쪽 작은 고원으로 내리달려 와 닿았다.

20, 30킬로그램이 나가는 짐을 지고 표고 3,400미터, 3,700미터, 4,000미터의 고지를 지나면서 모두들 해발고도 상승에 따른 신체의 변화를 느끼게 되었다. 호흡이 힘들고, 자주 쉬어야 했으며, 걸음걸이도 더디었다. 죤이 자신의 작업 성과가 마음에 걸리는지 자기 탓에 일이 지연된다는 생각이 들때마다 너스레떤다는 생각이 가도록 미안해 하며 갈비뼈와 등이 여전히 욱신거리는데도 다른 사람만큼 무리하게 등짐을 졌다. 저녁 무렵이면 죤은 예외없이 기진하였다.

3,700미터 고지로 향하는 길에 그렉이 죤과 한 조를 이룬 적이 있었는데, 나중에 데이브더러 죤이 정말 늑장을 부리더라고 했다.

"그래서 두어 번 핀잔을 주었지. 그랬더니 한결 낫겠지."

"그 친구가 엄살떤다는 말인가?" 데이브가 반문했다.

"그럼, 자기 말하는 것보다 훨씬 더 힘을 발휘할 수 있는

▲ Kuskokwim강 : 남서 알래스카에서 발원하여 남서쪽으로 흘러, 베링해에 맞닿은 협만인 Kuskokwim 만으로 유입. 길이 885km.

친구인 걸 내가 알지."

"도대체 최선을 다하지 않는 것은 무슨 속셈인고?" 이렇게 말하며 데이브는 돌아섰다.

시로도 나와 함께 곁에서 수작하는 것을 다 들었지만 아무 말이 없었다. 시로가 죤뿐 아니라, 갈수록 걸음이 불안한 죠지를 염려함을 나는 잘 알고 있었다. 그렇지만 시로가 누구더러 등행을 재촉하여 큰소리 내거나, 하다 못해 누구 걸음이 늦다고 걱정하듯이라도 입떼는 것을 본 적이 없다. 시로는 부드럽게 기분을 북돋우는 방법을 썼다.

그는 항상 선두에 서서 모두 무리없이 뒤따를 수 있도록 이끌어갔다. 이와 대조적으로 그렉은 어찌해서든지 빨리만 가려고 죤을 내몰다시피 하며 스스로도 서둘렀다.

아침마다 제일 먼저 기상하는 해적은 우리가 어디 채찍으로 족쳐야 산을 오를 지쳐 빠진 노새떼나 되는 듯이 고함질이 일쑤였다. 주먹을 내두르며 호통치는 품이 그토록 우스꽝스럽지만 않았던들 대원들은 그의 닥달에 짜증을 내었을 것이다.

"이런, 망할 놈의 짐승들!"

해적이 빙벽을 탈 때 시로가 유심히 지켜보는 모습이 내 눈에 한두 번 띈 것이 아니다. 해적이 사갈 사용에 익숙치 못한 점을 안 시로는 항상 불의의 추락 사고에 대비하였다. 해적 자신도 까맣게 모르도록 전혀 내색하지 않고 보살피는 시로가 우러러보였다.

길 나서면 시로가 우리를 돌보았고, 캠프에 머물 때면 죠지가 어미 닭 노릇을 하였다. 매일 적어도 두어 번씩은 대원 모두에게 돌아가며 두통이 있느냐, 잠은 잘 잤느냐, 식욕과 소화 상태는 정상이냐고 묻는 일이 일과였다. 누구라도 불편을 호소할라치면 그 사람의 병이 자신의 잘못이나 되는 듯 근심 어린 얼굴로 구급낭으로 쓰는 크고 허름한 즈크천 가방을 이리저리 뒤져 약을 꺼내 주었다.

우리 가운데 데이브에게 표고 상승에 따른 영향이 가장 특이하게 나타났다. 그의 걸음이 빨라지기 시작했는데 산을 타는 속도가 높아질수록 뒤쳐지는 대원들에게 성깔을 부리는 정도도 심해졌다. 표고 3,000미터 아래에서는 해적과 나 둘만이 데이브와 보조를 맞출 수 있었지만 해적마저도 조금씩 뒤쳐지기 시작하였고 나는 나대로 사진기와 삼각대를 만지느라 걸핏하면 멈춰서는 통에 데이브에게 위안을 줄 사람이 없었다.

우리가 눈집두럭에서 마지막 밤을 보낸 2월 13일 저녁밥때 못미쳐 데이브는 나를 따로 불러내어 대원들에 대한 불평을 털어 놓았다. 한참이나 에둘러서 말하길 등행 속도가 너무 늦는게 아니냐 했다.

내가 깊이 잠든 뒤 데이브는 일기를 적었다:

오늘 3,750미터 고지에 닿았을 때 딱하게도 죤이 얼음판에 쓰러졌다. 크레바스에 추락했던 탓에 이토록 기진맥진하는지, 아니면 애초에 그럴만한 까닭이 있는 것인지? 다만 높이 올라가서 죤의 허약함 때문에 우리 모두 곤경에 빠지는 일이 없기를 바랄 뿐이다. 날씨와 강설 상태가 좋다면 문제될 것은 없다. 형편이 여의찮을 때 파린이 곁에 있다면 좋겠지만 그가 가고 없는 지금 누가? 아트의 투지면 충분하다. 죠지는 걸음이 중간 정도이고 굳세다. 해적은 겨우 3,750미터에서도 가진 기력을 채 발휘하지 못한다. 그렉의 속도는 중간쯤 되지만 전력을 기울어야 할 때나 위급한 찰나에는 어떨런지 모르겠다. 시로는 대단히 주의깊은 사람이지만 꽤 늦다. 생각컨대 자기 입으로 말하는 것보다 훨씬 더 설사에 시달리는가 보다.

시간이 지나면 알게 되겠지. 속도가 안전을 지키는 제일 요건인 상황에 놓이게 된다면 – 그런 경우가 빈번한데 – 우리는 모두 꼼짝달싹 못하게 될 게 뻔하다.

2월 14일 아침, 우리는 제일 먼저 성발렌틴축일 인사를 나누었다. 그리고 나서 들뜬 기분으로 서둘러 개인장비를 챙겼다. 다음번 캠프로 이동이다!

침묵의 계곡을 거쳐 빙벽을 오르자니 작은 비행기 몇 대가 하늘에서 맴도는 모습이 언뜻 눈에 띈다. 아마 우리 위치를 확인하고 등산길을 파악하려는 듯하다. 죠지의 눈에 그 가운데 한 대가 자기 동무의 것으로 보인다고 하자, 그렉이 우리더러 걸음을 멈추라고 하였다. 그렉은 댓 걸음을 갈짓자로 내려가▲ 눈이 새로 내려 평평한 곳에 이르더니 발자국으로 커다란 심장 모양을 그려 내었다. 그는 상공의 비행기를 올려다 보며 소리쳤다.

"자, 훈제 칠면조 투하!"

칠면조는 떨어지지 않았다. 그러나 그렉은 풀 죽지 않고 지

▲ 트래버스(traverse) : 급한 경사면을 비스듬히 내려가는 갈짓자형 걸음걸이.

나가는 비행기마다 대고

"훈제 칠면조 투하!"를 인사치레인 양 외쳤다.

네 시에 해발 3,750미터의 고원 지대에 둔 저장물자 움막에 이르렀는데, 여기에서 밤을 묵기로 정했다. 이튿날 아침 일찍 나서면 얼음집을 짓기에 족한 해를 남기고 4,390미터 높이의 야영지에 대어 갈 수 있으리란 작정이 섰기 때문이다. 다시금 몹시 지친 존 그리고 그렉과 내가 천막을 치고 캠프 주위를 정돈하였고, 나머지 대원들은 이날 저녁 갈 수 있는 데까지 짐을 날랐다. 이들은 해질녘이 되면 곧바로 땅굴을 파 짐을 묻고 어둡기 전에 캠프로 하산하기로 약속을 정하였다.

그런데 그 저녁에는 해가 두 번 졌다. 우리가 선 곳은 전망이 좋아서 해가 포래커산의 남쪽 등성이를 넘어 수분간 감추이더니 북쪽 등성마루 위로 솟아올랐다가는 한 시간 뒤에 다시 커스커큄강의 모래톱 너머로 져 버렸다.

"죤," 내가 웃음지으며 말했다.

"이거, 우리가 마치 어린 왕자의 떠돌이별에 표류되어 온 것 같지 않아." 나는 그 광경을 사진에 담았다.

해가 재차 저물 무렵, 비탈길 위로 시로가 이끄는 행렬이 큰 바람받이 너머로 자취를 감췄다. 이들은 땅거미가 깔리기 시작할 때나 되어서 느릿느릿 야영지로 되돌아왔다.

나는 저녁밥을 먹으며 다들 큰 바람받이 너머로 많이 올라가지는 못했음을 눈치챘다. 데이브는 별반 말이 없었지만 내뱉는 두엇 말마디 속에는 걱정이 어려 있었다.

"봐, 이 봉우리는 올라서야지!"

"높은 산 위에선 어정거리면 안 돼!"

죠지가 여느 때와는 달리 조용하였다. 하지만 무슨 어려운 문제를 두고 속시원히 토의한 것도 아니고, 시로와 해적은 제각기 과묵하고 요란스런 모습대로 였다. 그러니 나로선 그 위에서 무슨 일이 있었는지 도무지 알 길이 없었다.

어쨌든 그 날은 등반 일정에서도 가장 흥겨운 밤으로 무르익었다. 뜨거운 수프를 마시고 표면에 얼음 결정이 겯기 전에 급히 죽을 떠 넘기는 맛에 차가운 저녁 바람이 도리어 다스웠다. 데이브가 오줌 누러 밖에 나갔다가 기온을 재고 들어와 모두를 놀래켰다.

"와우! 영하 사십일 도야!" 천막바깥으로 데이브가 껑충껑충 뛰어 돌아다니는 모습이 눈에 들어왔다.

"휘유우! 어이, 얼빠진 나으리들, 영하 사십일 도올시다!"

우리는 환호성을 올리며 엉터리 노래를 목청껏 불러제꼈다. 영하 41도, 이 어찌 성발렌틴 축일에 기릴 만한 사건이 아닌가. 격앙된 감정은 수그러들 줄 몰랐다. 심지어 제일 몸집이 작은 시로가 죠지와 레슬링을 할 정도였다. 바로 이것을 찾아 우리가 드날리에 왔다! 마침내 본격적인 추위에 들어서게 된 것이다.

"좋았어, 아트." 그렉이 내 등을 두드렸다. "이제 비로소 참다운 등산이 시작되는 거라구."

종당 흥분은 가라앉고 다들 침낭 속에 자리를 잡고 잠을 청했다. 내 곁에서 죠지가 발가락을 꼼지락거려 발을 덥히는 것을 알 수 있었다. 데이브는 이 밤도 역시 늦도록 자지 않고서 촛불을 밝혀 일기를 썼다.

2월 14일:

오늘 오후 시로는 4,330미터 고지까지 가자고 마침내는 열혈한이 되었다. 우리는 거북이 걸음으로 출발하였다. 나는 터벅터벅 걷는 데에 신물이 날 지경이다. 앞일을 생각해서 신체를 고지 환경에 적응시키려면 여기서 좀더 기운을 돋우어야 할 것 같다.

시로, 죠지, 레이, 나 이렇게 넷이 큰바람받이까지 올라갔다. 나는 코가 새하얗게 되어 수술용 마스크를 반으로 접어 썼더니 입으로 숨쉬기에 거북함이 없어 좋았다. 20도에서 30도에 이르는 경사도인 굳은 눈길을 사갈으로 딛고 오르는 맛도 괜찮았다. 그러나 너무 단단히 얼어붙어서 동철 끝이 먹혀들지 않을 때도 더러 있었다.

내 앞에 선 죠지는 두 번 곱드러지고, 두 번 더 비실거렸다. 나는 불의의 사태에 대비하여 피켈 자루를 꽉 움켜쥐었다. 시로가 잡은 눈 앞에 뻔한 길은 산허리를 따라서 크레바스 지대위로 났고 넓은 분지로 에돌아 들어갔다. 그런데도 죠지는 느닷없이 크레바스 지대로 내려가잔다. 그의 말인즉슨, "여름에 여길 왔는데 다리가 눈 속에 푹푹 빠지더라구. 이곳을 찾는 사람이 백이면 아흔아홉이 저 아랫길을 이용하는데, 어때, 우리 내기할까?"

"죠지," 내가 지나치다 싶을 만큼 격한 말투로 쏘아붙쳤다. "아흔아홉 사람이 어디로 가든 상관할 게 뭐요? 저 아래에는 크레바스가 있고 빤히 뵈는 이 길로 가면 분지가 나올 게 틀림없는 사실이잖소."

그러자 죠지는 문제의 핵심을 찔렀다.

"데이빗, 우리가 모두 특등 등반가가 아니라네. 모두가 능준히 가파른 얼음비탈로 무거운 짐을 나를 수 없어."

나는 암말 않고 섰다가 곧 말을 이어 크레바스지대 쪽으로 내려가 짐을 묻어두자고 발언하였다. 시로가 계속 가자고 했지만 모두들 내 생각을 따랐다. 몸도 지치고 마음도 언짢은데 등행을 그대로 고집하다간 화를 부르기 십상이다. 내 속은 이번 등반에 대하여 한편으론 두렵고 한편으론 앙앙한 마음이 가득했다.

4,120미터 고도에서 경사각 25도로 얼어붙은 눈길도 다루어 내지 못한다면 죠지는 표고 5,490미터지점의 빙벽에서 도대체 어쩔 셈인가? 까닥하면 사고를 당할 것만 같다.

캠프에 돌아와서 여간해서는 부려먹기 어려운 등과 화로에 애닯게 불붙이느라고 온통 정신이 팔렸다. 저녁을 먹으며 내내 죠지와 농을 치다 보니 앙앙하던 마음이 멀리 달아나버렸다. 등따습고 배부르니 안전과 등반 기술을 걱정삼던 생각이 일종의 무관심으로 바뀌었다.

"젠장맞을, 무얼 걱정해, 다 잘 되겠지."

정말 그랬으면 좋겠다. 그럼, 그래야지!

뒤설레는 밤! 꽤 낮은 온도 —— 영하 42°!

5,240미터 고소 등반

나는 침낭 속에서 늑장을 부렸다.

천막 안이 영하 39℃였다. 대원들의 몸이 천막을 스칠 때마다 —— 움직이려면 달리 어쩔 도리가 없었다 —— 얼음 알갱이가 쏟아져 내렸다. 입은 옷이 너무 차가와서 손가락을 대면 통증을 느낄 정도였다. 데이브가 밤새 뒤척여 몇 번이나 잠을 깨웠다. 그렇지만 이제 그도 불평을 한다.

"제길, 한잠도 못잤어…밤새 얼어붙는 것 같았지 뭐야."

내 곁에 누운 죠지는 그야말로 거대한 침낭뭉치였는데 이따금 팔다리를 뻗거나 잠결 소리를 냈을 뿐이다. 다른 천막에서도 뒤척이는 기척이나 간간이 잠꼬대하는 소리가 났다. 화로를 작동시킨다는 것은 유쾌한 일이 못되었다. 맨손에 휘발유를 묻히고, 성냥을 긋고, 팔락거리는 불꽃이 꺼지는 것을 지켜보고, 연소 구멍을 소제하고, 공기를 압착한 뒤, 다시 성냥을 그어대기, 데이브가 취사도구를 챙겨들고, 허텅지거리를 몇 마디 시부렁거리느라 수염이 더부룩한 입가를 실룩이며 눈을 녹여 차와 죽을 끓일 물을 얻으려고 시원찮은 화로를 구슬리는 모습을 보고서 나는 한걱정을 놓았다.

스토브 두 대가 기세좋게 불꽃을 올리자, 데이브의 투덜거림은 즉흥적인 반주를 곁들인 비틀즈의 가락으로 바뀌었다. 저쪽 텐트에서도 툴툴거리던 소리가 점차로 러시아 민요가락과 고전음악의 콧노래로 바뀌었다. 나는 '붉은강 골짜기'▲와 "구르는 굴렁풀"▲을 부르기 시작했다. 누군가 동물과 새소리 입내를 한바탕 엮어냈다. 새 날을 맞아 짹짹거리고 지저귀는 이 특이한 무리가 어찌하여 앞서 분별력을 잃었는지 알 길이 없었다.

"어이쿠," 데이브의 목소리다.

"누구 좀 나와 봐."

해적과 시로가 우리를 천막에서 몰아내어 바람 속에 내세웠는데 풍속 때문에 기온이 영하 46도 가까이 내려갔다. 큰바람받이를 향해 무겁고 더딘 걸음에 얼음길을 밟아 오르자니 노래부를 숨 같은 것은 남을 턱이 없었다. 몹시 건조하고 냉랭한 공기를 너무 깊이 들이마셨을 때마다 허파가 화끈화끈 타는 듯하여 가쁜 숨이나 심호흡은 애써 피해야만 되었다. 큰바람받이 아랫녘 눈 위에 그 중 큰 것은 무게가 2킬로그램 남짓 나갈 작은 바윗덩이들이 흩어져 있음을 보고 모두들 처음에는

▲ 'Red River Valley', 원제목은 "In the Bright Mohawk Valley." 나장조, 4/4박자, 소몰이 목동 노래로 미국 New York 주에서 1890년대에 유행하였음. 민요가 상업적으로 성공하여 인기를 얻는 경우는 왕왕 있으나, 유행가요가 널리 애창되어 민요로 자리잡는 예는 극히 드문데, 이 노래가 이러한 예외적인 경우에 해당함. 이 노래는 민요가수들에 의해 비교적 짧은 기간에 개작되고 다듬어져서 본격적인 서부의 민요로 정착되었음.

▲ "Tumbling Tumbleweeds", 미국 민요의 하나. 굴렁풀(tumbleweed)은 키가 0.9m에서 1.5~2m까지 자라는 한해살이 비름 속에 드는 식물을 일컫는 일반적인 이름(특히, Amaranthus graecizans)인데, 가을이 되면 밑둥에서 부러진 메마른 줄기 전체가 바람에 불려 굴러다닌다.

자못 의아하게 여겼다. 이 암석들이 굴러내려올만한 데가 도무지 눈에 띄질 않았기 때문이다. 암석들이 수백 미터나 떨어진 측벽산릉에서 바람에 불려 날아온 것이 분명하였으므로 이는 바람이 때때로 빠른 흐름으로 바람받이의 목을 꿰고 갈 때 발휘하는 위력에 대한 인상적인 증거로 충분하였다. 그래서 우리는 가벼운 바람만 불어내리니 다행이다 싶었다.

바람받이의 그늘로 기어오르는 우리에게도 산마루를 달구는 햇볕이 곧바로 내리쬐리라는 생각이 들었다. 숙영지를 떠나 한 시간 남짓 되었을 때 우리 일행은 햇볕 속에 들게 되었다. 무기력한 기분이 말끔히 가신 우리는 앞서 다녀간 등반대들이 묻어둔 식량을 찾아 바람받이의 암석 노두 사이를 허기진 다람쥐처럼 분주히 쏘다녔다. 데이브는 가장 맛난 것-통아몬드를 노획하였는데 우리들은 그가 혼자서 맛을 즐기도록 해 주었다.

바람받이 너머로 오르니 바람도 자고 27킬로그램이 넘는 등짐이 너무 더워서 데이브, 해적, 그리고 나는 결국 파카를 벗어젖혔다. 다음번 숙영지를 둘 해발 4,390미터 지점인 서벽산릉의 빙벽 아래 분지까지는 2.5킬로미터 정도되는 완만한 기울기의 오름길이었다. 데이브와 해적이 서로 농을 하였다. 남녘으로 뵈는 헌터산, 포래커산의 광경과, 눈 앞의 분지에서 암맥을 비죽비죽 드러낸 채 산봉우리 끝을 향해 휘돌아오른 빙벽의 장관에 그렉은 입을 다물 줄 몰랐다.

"저길 오를 수 있으면 참말 좋겠는데."

밧줄로 함께 이어져 행렬의 뒤에 선 그렉, 존, 그리고 나를 앞질러 시로와 죠지가 열심히 올라간다. 길이 가파르지 않았지만 죤에게는 벅찰 따름이었다. 그는 50미터나 100미터쯤 걷고서 매번 쉬어야 했다. 우리가 앞장서 걸으면 그는 걸음새가 너무 불안정하여 이따금 길을 벗어나면서 한 자씩이나 발이 빠져 헤쳐나가는 데 훨씬 더 힘이 드는 부드러운 눈밭으로 발을 들여놓기 일쑤였다. 새 숙영지까지 겨우 몇 백 미터 남겨놓고 죤은 자기 짐을 벗어던져 그 위에 털썩 주저앉았다.

"그렉, 미안하오." 죤은 숨을 가쁘게 몰아쉬면서도 말을 또렷이 하려고 애썼다.

"나는 이제⋯더이상⋯갈 수 없소."

"그게 무슨 말이오?" 그렉이 말했다.

"여기에 누울 수는 없잖소."

"글쎄," 죤이 대답했다.

"잠시⋯쉬고⋯짐을 여기 두면⋯해내겠는데."

죤의 굳은 표정에는 피로와 수치심이 역력하였다. 짐을 놔둘 수 있겠느냐고 한 것은 낙오를 뼈아프게 시인한 셈이었다. 일행을 지체시키지 않으려고 자존심을 내버린 것이 쉬운 일이 아니었음을 나는 잘 안다. 그의 눈시울은 거무죽죽하게 처졌고, 그렉과 내 호흡이 정상 속도로 회복된 지 오래 지나서도 그의 숨은 여전히 고르지 못했다. 우리들 대부분에게 상쾌했던 오후로 기억될 시간이 죤에게는 시련의 오후였다는 점은, 이를 두고 죤이 일기에 '등고의 참담함'으로 적었듯이 공평치 못한 것 같다.

몇 분 지나면 죤이 회복되겠지 싶어 그렉과 함께 기다리노라니 며칠 전에 죤이 한 말이 생각났다. 죤은 깊은 생각에 잠긴 듯한 어조로 고지의 숙영지까지 물자를 등 짐져 나르는 노역을 되레 고맙게 말했었다. 오르막길을 기어오를 때, 한 걸음 한 걸음이 힘들여 걷는 걸음이고 두 다리와 등에 전해오는 근육의 당김 외에는 달리 마음 쓸 겨를이 없건마는 감각이 돌연 또렷해지며 자신이 처한 상황을 새롭고 한결 생기 발랄한 집중력으로써 자각하게 된다는 말도 그는 종종하였다. 죤의 말로는 이러한 느낌이 드는 상태가 대개 잠깐 동안에 그치고 만다고 하였다. 아마도 그는 일상적인 정신의 틀을 부수려고 신체적인 노력에 마음을 집중시켜서 다만 몇 초 동안만이나마, 규정짓고 구성하려는 방침이나 얼개없이 곧바로 지각하여 직관을 얻는 데까지 이름을 염두에 두고 말한 성싶다. 죤은 이를 또 다르게 표현한 적도 있다.

"이는 내 예상과는 사뭇 다른 때에 찾아온다. 내가 단조로운 터벅걸음의 흐름결에 온전히 빠져서 짐 나르는 노새 모양으로 나 자신이나 주변에 대해 마음두지 않을 때에 종종 지각이 신비롭게 맑아진다고 밖에는 달리 형용할 길 없는 상태에 느닷없이 이른다."

이제 짐꾸러미 위에 주저앉은 죤은 우리들 발목을 붙잡아 둔 것이 그저 미안쩍을 뿐이었다. 대원들이 5,240미터 캠프에 이른 다음, 등정을 시도하는 동안 자기는 다음번 캠프에서 기다리겠노라 했다. 그의 말이 끝나기가 무섭게 그렉과 내가 그런 생각을 품다니 어리석다고 대꾸했지만 나는 속으로 죤이 과연 이 해발 4,270미터의 분지를 지나서 더 올라갈 수 있을

남서쪽

(1) 4,390 고소캠프 (2) 5,240 ⌐

5,240미터 고소 등반

〈전경
리 재(눈굴을 파고 피신한 지점) (4) 정상

지 걱정이었다.

우리는 존이 누운 곳에서 당분간 쉬도록 하고 시로와 내가 한 시간 뒤에 되돌아와서 이곳과 캠프 사이에 가로놓인 크레바스지대를 동반해주기로 정했다. 내가 그렉과 함께 숙영지로 걸음을 옮기면서 보니, 존은 포래커산 쪽을 멍하니 바라보고 있다.

서측벽산릉의 마루까지 치달리는 얼음벽 아래에 놓인 이 분지에서 숙영하기로 정한 것은 눈이 내리면 발생할 그 어떠한 눈사태의 위험에서도 안전하리라는 판단이 섰기 때문이다. 어둡기 전에 얼음집을 두 채 지으려 했지만 부분적으로 강풍을 받지 않은 분지에 덮힌 눈은 단단한 얼음집 벽돌을 만들기에는 너무 물러서 예상보다 작업시간이 오래 걸렸다. 우리는 알맞은 굳기의 눈을 구하려고 표면에서 두 자를 파들어 갈 수밖에 없었다. 나중에 존을 캠프에 데리고 온 뒤에는 나와 함께 존이 눈벽돌을 떠냈다. 그렉과 해적은 떠낸 벽돌을 20여 미터 떨어져서 시로, 죠지, 데이브가 눈집을 짓는 곳까지 날랐다. 7시 무렵 헬멧에 달린 앞등 빛으로 눈집 한채 짓기를 끝막음하였지만 피곤하고 시장기가 몹시 들어 두 번째 얼음집은 다음 날 아침에 지붕을 덮어 끝마무리짓기로 정했다.

우리가 날씨를 좀더 꼼꼼히 읽을 수도 있었을 것이다. 일몰 후, 포래커산 상공에 기름한 구름이 나타났는데, 높이 걸린 엷은 구름층이 기우는 저녁 햇살에 여간해서는 식별하기 어려웠다. 전날밤 3,810미터 지점에서 기온이 영하 40도를 기록했는데, 지금은 4,390미터 지점에서 영하 29도에 불과하다. 급작스런 온도의 상승은 다가오는 폭풍에 대한 분명한 조짐이었다. 아침 무렵에 남풍이 거세게 불어왔다. 두 번째 이글루 지붕에 끝마무리 손을 대기 전에 눈이 내리기 시작했다.

사흘 동안 폭풍설이 엄청난 눈으로 분지를 내리두들겨서 시계는 줄곧 15미터 미만으로 묶였다. 폭풍 때문에 빙벽 등반을 개시하지 못했지만 바람받이 근처에 묻어둔 식량을 날라올 수는 있었다. 30노트에서 10노트 사이로 세차게 부는 바람이 우리에게 위협적이라기보다는 되레 자극제가 되기도 하였다. 쉐터와 파카로 몸을 둥치고 양털 마스크와 보안경으로 얼굴을 감춘 채 우리는 몸을 느긋하게 바람 쪽으로 기울여 버드나무 표시대를 따라 발걸음을 옮겼다. 나는 바람이 우리 의복에, 일행을 함께 엮은 밧줄에 거칠게 후려닥치는 느낌이 좋았다. 나는 돌연 휘몰아치는 강풍에 몸의 균형을 잃고 휘몰린 눈더미에 나자빠지지 않으려고 발걸음을 잽싸게 옮기는 수법을 썼다.

맞바람을 받으며 산을 오르는 도중에, 이런 폭풍 속에서 등산하는 육체적인 어려움이 저 아래에서 우리가 부딪쳤던 무형의 곤란에 대해 위안거리가 되어 준다는 생각이 문득 들었다. 이 폭풍설은 우리가 어림치고 겨루어 볼만한 것이나, 아래쪽 가힐트나에서는 감춰진 크레바스 때문에 곤두선 신경, 사고, 게다가 등산 속행에 회의마저 겹쳐 마음이 어수선해지고 서로 반감을 품기까지 했다.

바람이 더 세게 불었거나 기온이 5도만 더 떨어졌어도 우리는 눈집에 들어앉아 폭풍이 자기를 기다렸을 것이다. 그러나 실상, 우리는 아침마다 휘날리는 눈보라속으로 걸음을 옮기며 활기를 얻었고 저녁이면 피로감을 흐뭇이 느끼며 눈집으로 열지어 되돌아왔다. 강설과 구름으로 산꼭대기와 5,240미터 고지에 이르는 길은 가리웠지만 벌써부터 정상 등척에 마음들이 들떴다. 우리의 등행길도 머잖아 아마 며칠안으로 끝날 성싶었다.

2월 17일자 그렉의 일기:

내일 5,240미터 고지에 짐을 부리게 되면 다음날인 일요일에(날씨가 좋으면) 우리 모두 정상에 오를 수 있으리라 낙관한다오. 그러니까 월요일이면 정상을 딛게 되지. 데이브는 쾌조를 보이고, 해적과 아트 역시 좋은 상태요…25일이면 등반을 끝마쳐서 초하루에는 집에 가 있을 테지. 어때, 멋지지!

그러나 다음날, 강풍이 기세를 돋궈 우리는 꼬박 스물 네시간 동안 빙벽등반을 다시 미뤘다. 19일 아침, 눈보라가 그치고 마침내 구름이 흩어지기 시작했다. 하늘이 맑게 개고 높이 300미터의 시퍼런 얼음벽이 햇빛을 반사하는데 그렉은 캠프를 휘젓고 다니며 출발을 재촉했다. 그는 가파른 빙벽에 발디딜데를 쪼아낼 자기 피켈을 손아귀에 움켜쥐고 어루만져 보였다. 존과 해적이 등짐에 장비를 채워넣고 사갈을 단단히 조여맨 뒤, 그렉이 앞장서 캠프를 떠나 빙벽을 향할 때 이들은 와자그르하며 '죤 헨리'▲를 우렁차게 합창하였다.

▲ 'John Henry' : 미국 흑인민요 가운데　　　　　　　아트와 데이브 ▶

45분쯤 뒤에 내가 제 2진을 이끌고 비탈을 오르니 그렉이 우리한테 직선거리로 300미터 떨어진 윗 부분에 형성된 꼴▲까지 잇는 등반로에 가로놓인 베르크슈룬트(경사면이나 수직벽의 틈새, 사춤)를 지닌 수직 빙벽에 달라붙어 맹렬한 기세로 투명한 얼음에 디딤턱을 쪼아내는 모습이 눈에 띄었다. 그렉이 그토록 신바람이 난 적도 없었다. 가파른 빙벽에서 그는 이미 득의의 경지에 든 사람이었다. 사갈 앞 부분에 튀어나온 몇 안 되는 동철을 얼음에 박은 채, 그렉은 안정되고 자신있게, 여유 넘치는 자세로 몸을 가누었다. 그는 힘세고도 부드러운 율동으로 피켈을 휘둘렀는데 자쿠날이나 부리가 퍼런 얼음을 찍을 때마다 얼음 조각이 산산이 날았다.

그런데, 나는 사춤에 닿기 전에 겨우 10미터밖에 떨어지지 않은 곳에 걸쳐진 눈다리를 발견하였다. 그것은 사춤을 넘어서 비탈에 이르는 수월하고 안전한 접근로로 보였다. 나는 조심스럽게 눈다리를 디뎌보고 피켈 자루로 두께와 강도를 살펴보고 난 뒤, 그 위로 기어올랐다. 그렉이 여전히 힘들여 오르는, 얼음벽에서도 깎아지른 부분을 나는 2분만에 가볍게 통과하였다. 그리고 사춤을 가로질러 내 밧줄 짝인 죠지의 밧줄을 확보시켜 주었다. 10분 안에 데이브와 시로가, 내가 눈다리 위로 개척한 길을 따라 빙벽의 아랫단에서 합류하여 그렉이 가파른 얼음벽을 마저 끝내기까지 기다렸다. 데이브가 꼭 집

명작으로 손꼽힘. 실존 인물인 John Henry는 철도 기관사로서 체사피크만 －오하이오 구간의 철로상에 있는 Big Bend 터널에서 일하다 숨진 것으로 보임.

▲ 꼴(col) : 산등성마루, 고갯마루에 말안장 모양으로 우묵하게 생긴 지형인데 빙식에 의하여 팬 것임. 권곡, Kar라고도 함.

어 누구에게랄 것 없이 뇌까렸다.

"그렉이 오늘은 대관절 어디에다 머리를 떼어 두고서 산을 오르는지 모르겠어."

시로가 중얼거렸다.

"정말 이상하군."

수분 후에 그렉의 텁석부리 얼굴이 사춤의 윗단 너머로 불쑥 나타났다. 머리칼은 헝클어지고 땀방울이 이마에 송송 돋았다. 그는 성난 표정이었다. 한참 힘을 쓰느라 거칠어진 숨소리로, 자기가 방금 지나온 비탈 대신에 편한 길을 찾아낸 내게 치하하는 말을 퉁명스레 내뱉았다. 그리곤 시선을 돌려 윗길을 살폈다. 나머지 우리들은 묵묵히 섰다. 데이브가 눈썹을 찌푸렸다. 내게는 긴장을 풀 말이 떠오르지 않았다.

그렉은 자신이 어리석은 잘못을 저질렀고, 눈다리를 이용할 수 있다는 데 생각이 전혀 미치지 못한 것이 굳이 수직벽을 기어오르려는 자신의 욕심 때문임을 우리 모두 익히 알아차린 점을 깨달았다. 그것은 값비싼 댓가를 치르는 잘못이 될 수도 있었다.

"어이, 그렉." 시로가 거침없이 말문을 열었다.

"저 위로는 빙벽이 꽤 가파른데. 자네가 앞장 서서 이끄는 게 좋겠네."

"자, 갑시다. 용감한 지도자여!" 해적이 큰 소리로 외쳤는데, 그도 존과 마찬가지로 그렉과 한 조를 이루었지만 수직빙벽을 기어오르는 대신에 눈다리를 종종걸음으로 건너오고 있었다. 그는 한 마디 덧붙였다.

"우릴 위로 데려가 주오…아하!"

모두들 웃음을 터뜨렸고 그렉까지도 계면쩍은 웃음으로 낄낄거렸다.

그렉이 과거 등반대가 붙박아 두고 간 세 가닥의 낡은 밧줄을 살펴보았다. 그렉이 판단하건대 그 가운데 두 줄은 미덥지 못하였으나, 남은 한 줄은 잡아채고 흔들어 본 뒤에 손잡이 줄로 써도 안전하다는 판정이 났다. 다소 과장된 조심성을 보이며 사갈, 두 다리, 두 팔, 그리고 피켈을 부산히 움직여 그렉이 얼음벽을 오르기 시작했다. 그는 가끔 등반을 멈추고, 고정밧줄을 산에 기어이 봉인시켜 두려는 얇은 얼음켜에서 홱 당겨 떼어내야 했다. 한두 해가 지나면 밧줄은 거죽 밑으로 한 치쯤 묻혀 얼어붙을 것이다. 우리가 따라 오르도록 그렉이 디딤턱을 찍어내어 주었다. 그가 내리찍는 동작은 일정했다. 딛고 올라서서 발 디딜 데를 찍어내고, 다시 딛어 오르고, 또다시 디딤턱을 찍어냈다. 그의 빙벽 공격은 대단히 원기 왕성하고 단호한 결의에 차 있어서 자기 실수를 만회하려는 셈이 아닌가 싶었다. 아마 수치심과 홧증을 얼음벽에다 분풀이하는 듯했다. 어쨌든 그가 만든 디딤턱은 훌륭했다. 나붓하고 적절히 놓여져 어려움 없이 좇을 수 있었다.

그러나 죠지와 죤은 등행을 계속하고픈 마음이 없었다. 등반 속도가 느렸기 때문이다. 둘은 시간이 늦었다고 하였다. 두 사람은 짐을 붙박이 밧줄이 드리운 끝쪽에 내려두고 숙영지로 되돌아갔다.

'해적' 레이 쥬네 ▶

남은 사람들은 그렉 뒤에서 떨어지지 않았다. 권곡 아래 30미터 되는 데에서 붙박이 밧줄이 끝나자, 그는 주저 없이 서측벽 산릉의 꼭대기 밑에 얼음, 눈, 흩어진 암석으로 펼쳐진 마지막 너덜겅을 앞장서서 나아갔다. 그렉이 열심을 내었지만 이날 아침 출발할 때만큼 활기차진 못했다.

마침내 빙벽이 끝나서 우리는 우묵한 산등성마루에 발을 내딛게 되었다. 편안한 바위에 걸터앉아 쉬는데 기온이 영하 36℃를 기록했다. 움직이지 않으니 추위가 엄습하였다. 데이브의 말로는 바로 이 장소에 3년 전에 왔을 때보다 5도나 더 낮은 온도라고 했다. 원래 계획은 다음번 숙영지인 5,240미터 고지까지 줄곧 짐을 지고 가는 것이었지만, 식량 상자를 내려두고 이날의 일정을 마감하자는 그렉의 제안에 반대할 사람은 아무도 없었다.

우리는 식량을 바위 사이에 밀어넣고 나뒹구는 돌을 몇 개 들어다 눌러 놓았다. 우리는 고정 밧줄이 있는 데까지 30미터를 되짚어 왔고, 그 밧줄을 써서 몸을 가누며 사춤이 발달한 곳까지 하강하였다. 길게 잘 잡은 걸음나비로 두 걸음에 '쉬 그런드'(우리는 사춤을 이렇게 불렀다)를 건너서 분지를 향해 서둘러 내려갔다. 죠지와 죤이 수프와 엄청나게 많은 다랑어 죽을 끓여놓고 우리를 맞았다. 우리는 이튿날 아침 일찍 출발할 요량으로 9시 이전에 잠자리에 들었다.

새로운 바람이 시작되었거나, 혹은 앞날 불다가 자던 바람이 다시 이는 것이겠지만, 어쨌든 우리가 눈을 떴을 때 눈보라가 사납게 몰아치고 있었다. 등반을 방해하는 날씨를 탓하며 투덜대는 소리를 귓결에 들었지만 어쩔 수 없이 쉬게 된 것에 크게 실망한 사람이 과연 있을까 싶었다.

둘 사이는 여전히 긴장이 풀리지 않은 채로 마음이 켕겨 있었지만 한 이글루에서 강풍이 누그러지길 기다리는 동안 데이브와 나는 미개척지에 정주할 꿈을 서로 조심스레 펼쳐보기 시작했다. 우리는 보트나 비행기로만 겨우 이를 수 있고 가문비나무 처녀림에서 통나무집을 지을 튼실한 아름드리 나무를 베어낼 수 있는 곳을 눈 앞에 떠올려 보았다. 거기에는 곰과 큰사슴, 또 바닷새도 있어야 한다고 생각했다. 데이브는 집에 뗏장 지붕을 올려서 거기에 꽃을 심겠다고 했다.

데이브는 아침에 일어나 빙하를 스쳐온 선선한 바람을 맞고 싶고, 곰이 먹이를 찾아 언덕 기슭을 어슬렁거리는 모습도 보고 싶고, 파고가 10미터 가까이나 되는 밀물이 빙하 협만으로 밀려들어오는 광경이 보고 싶다고 했다. 나는 데이브의 말에 감명을 받았다. 그는 사람들을 피한다든가 인간 세상을 등진다든가 하는 말은 아니하였다. 단지, 소박하고 검약하게 살 천연의 미개척지를 찾아 나서겠다는 바람이었다.

나는 오랫동안 몽상에 잠겼다. 숲이 빽빽히 우거진 지방을 헤쳐간 일을 기억 속에 몇 시간이고 더듬었다. 지금까지 살아오면서 보았던 온갖 물줄기들을 되살려내어 보기도 했는데, 대개 무더운 여름날 햇살 아래 반짝이던 물의 흐름이 그중 기억에 남았다. 산딸기와 이끼, 양치식물을 떠올렸다. 여태까지 보아온 갖가지 고산식물 군락의 꽃밭을 머리속에 그리느라고 한참을 보냈다.

나중에 알게 된 사실이지만, 데이브는 일기장에 이렇게 적어 놓았다.

'아트의 기분이 꽤 좋은 듯하다. 우린 요즘 들어 사이가 괜찮아졌다. 아트는 내내 백일몽에 잠겨서 몇 시간씩이나 줄곧 허공을 멍하니 바라보고 앉았다.'

강풍이 몰아치는 동안 시로는 책을 읽었는데, 숲 속에서 눌러살기로 작정한 부부가 불이 나서 가재도구와 함께 오두막집이 깡그리 타버린 뒤에도 원시적인 생활을 포기하지 않으려고 애쓰는 가운데 겪는 온갖 신산고초를 그린 내용이었다. 시로가 책을 읽으며 혼자 중얼거리는 소리가 이따금 들렸다. 한번은 왜 그러느냐고 물었다. 그러자 쑥스런 낯으로 입을 연다.
"예, 저도 사키와 함께 이런 생활을 해봤으면 해서요."
우리가 등반을 마치고 하산할 무렵이면 그의 여권 사증은 시효가 끝나 곧장 일본으로 돌아가게 되리란 사실을 나는 알고 있었다.

다른 얼음집에서 생리학적 검사를 하는 중에, 대원 모두가 드날리재에 오르는 것만으로도 자기는 만족스럽게 여기겠다는 그렉의 말을 듣게 되었다.
"정상은 어찌하고요?" 하고 내가 대꾸했다. 그의 말인즉슨, 물론 등정을 시도할 터이지만 일단 5,240미터 고지에 캠프를 설치하기만 해도 대단한 성과가 되리라는 것이었다. 나는 그

그렉 블룸버그 ▶

렉과 단둘이서 이야기를 나누고 싶었지만 정상을 향한 패기는 어찌되었느냐고 다그치려 그를 강풍이 휘모는 밖으로 끌어내고 싶진 않았다. 이 문제는 당분간 덮어두기로 됐고 나는 혼자 그렉의 속요량을 짚어보았다. 파린의 죽음때문에 여전히 마음이 굳었을까? 아마도 등반에 대한 열의가 식어가는 중이겠지. 아니면, 정상에 채 못미쳐서 부득이 하산할 수밖에 없을 경우를 생각하여 대비책을 마련하는지도 모르겠다.

죤은 아래쪽 캠프에 있을 때보다 눈에 띄게 조용한 모습이었다. 그는 아직도 등이 아팠지만 자신도 정상에 도전해 보겠다는 희망을 밝혔다. 강풍 덕택에 재차 환경에 적응할 시간을 번 셈이라면서 4,390미터 고지에서 하루하루 지낼수록 몸이 튼튼해짐을 느낄 수 있다고 했다.

해적은 거의 종교적인 독실함이라 해도 좋을 만한 정성으로 매일 오후 5시에 서로 주파수를 미리 맞춰둔 휴대용 무전기를 들고 앵커리지와 교신하러 그렉, 죤과 함께 쓰는 얼음집을 빠져나갔다. 지금 머무는 전진기지 아래에서는 누구와도 교신을 할 수 없었으나 이 분지에서는 앵커리지와 직접 무선연락이 닿아 해적이 그곳의 신문사 친구들에게 일기예보를 전해들을 수 있게 되었다. 그런데 내 생각에 해적이 원하는 것이 전적으로 일기예보뿐이라면 굳이 기상국을 불러낼 필요가 없을 게 아닌가 싶었다. 죠지도 해적이 그곳 지방 신문들에 대서 특필거리를 던져주려는 속셈이 아닌가 걱정하였다. 세상에 떠들썩하니 알려지는 것은, 스스로 좋아서 산중에 호젓이 지내는 이유에 어긋날 뿐이라고 죠지가 말하는 것을 나도 누차 들어온 터였다. 이제 그가 입을 떼었다.

"모든 것에서 벗어나고 싶소. 온갖 속박과 사람들이 뒤집어 쓰고 살아가는 갖가지 허식에서 말이오. 우리가 하는 일을 세상에 떠벌릴 필요 없소. 그저 오릅시다."

해적 한 사람만이 유독 무선통신에 신경을 썼던 까닭에 그가 이글루로 돌아와 우리의 등반과 관련된 임무를 전담하여 본격적인 활동에 들어가려는 사람들과 주고 받았다는 말을 우리에게 전했을 때 모두들 믿기지 않아 뜨악한 표정을 지었다. 어느 누구도 해적의 무선 호출에 맞장구를 치지 않았지만 해적이 그 일에 너무 열심이었으므로 차마 말릴 수가 없었다. 하늘에서 날씨 변화의 징후를 읽을 수 있었기 때문에 무선으로 수신한 일기예보를 각별히 중요하게 여기지 않았다. 그렇지만 해적이 전해준 21일 저녁의 기상예보에 모두들 흥분을 감추지 못하였다. 맑은 날씨가 사흘쯤 계속된다는 것이다.

이튿날, 예보대로 환하게 동이 트자 그렉, 해적, 존, 죠지가 9시경에 캠프를 떠나 5,240미터 표고에 정한 다음번 전진기지를 향한 850미터 고도의 등정(登程)에 올랐다. 산꼭대기에 오른 뒤에, 혹은 사정이 여의치 않을 경우 등정(登頂) 시도라도 해본 뒤에 돌아올 계획을 세웠기 때문에 식량, 휘발유, 스토브 두 대, 눈삽, 얼음툐, 4인용 천막, 백 개가 넘는 버드나무 가지, 여벌 쉐터, 각자의 침낭 등속을 챙겼다. 뒤에 남은 우리 셋은 그들의 행운을 빌었다. 날씨가 줄곧 맑으면 이튿날에 산정을 밟게 되리라는 예상이었다. 그들은 떠났고, 곧 멀리 빙벽에 조그만 점들로밖에 보이지 않았다. 존을 보고 우리는 놀랐다. 불과 며칠 전까지만 해도 기동조차 못할 것 같았는데 빙벽을 기어오르고 있었다.

 신중한 시로의 사려에 따라 그를 포함하여 데이브와 나, 세 사람이 이날 떠나지 않았다. 시로가 인내심을 강조하며, 오래 지속될지도 모를 폭풍설에 대비하여 5,240미터 고지에 충분한 물자를 확보해 두려면 3,810미터의 임시 저장소에 내려가서 식량을 더 올려다놓아야 한다고 그렉과 대원들에게 역설하였기 때문이다. 그래서 데이브와 내가 자진하여 시로와 함께 하룻동안 뒤에 남기로 했다. 우리가 이처럼 대기하는 희생이 등정대의 성공을 보장하는 뒷받침이 된다는 생각으로 마음을 달랬지만 큰바람받이 아래로 식량을 가지러 무거운 발걸음을 옮기는 세 사람에게는 산을 오르고 있는 네 사람이 좀 부러웠다. 등반대를 둘로 나누었다고 당장에 닥칠 위험같은 것은 없었다. 그러나 서로 연락을 취할 통신 장비도 없이 둘로 나뉜 일행이 다시금 합치기 전까지는 아주 마음이 놓일 수는 없을 게 뻔한 노릇이었다.

 그날 저녁 늦게서야, 한 나절 해를 뒤로 하고 얼음집 앞에 짐을 부렸다. 그리고 쉴 참을 미처 찾기도 전에 우리들의 시선은 통료들을 찾아 5,240미터 표고에 이르는 길을 더듬었다. 짐작했던 대로 그들의 모습은 보이지 않았다. 잠시 뒤에 우리는 남비에서 솟은 김이 얼음집 벽을 감돌아 뭉게뭉게 피어오르는 속에 콜맨 남포가 발하는 노란 불빛을 에워싸고 침낭을 깔고 쭈그려 앉았다.

존 에드워즈 ▶

"물론 꼭대기에 먼저 오를 기회가 저들에게 주어졌다고 하겠지만 천만에 말씀이오." 시로가 데이브와 나를 찬찬히 보며 말문을 열었다.

"하지만 산정에서 한둔할 요량으로 가뿐히 챙겨서 곧장 급작히 내달으면 우리에게도 승산이 있습니다." 데이브가 하마터면 수프를 엎지를 뻔하였다. 둘이 영문을 몰라서 시로를 망연히 바라보았다. 겨울철에 드날리 꼭대기에서 노숙이라니, 도무지 제 정신으로 하는 소리같지 않았다. 시로가 히죽 웃으며 말을 이었다.

"가히 모험적이지요. 어떻습니까?" 데이브가 침낭에 털퍼덕 주저앉으며 휘유 한숨을 내쉬었다.

지체없이, 산꼭대기에서 베풀 한밤의 연회를 위해 음식을 꾸리기 시작했다. 오트밀, 수프, 말린 감자, 분유, 말린 무화과, 치즈, 건육, 소세지, 그리고 아껴먹는 로건빵과 그렉의 아내와 할머니가 구워주신 할머니 과일빵등을 넉넉히 나눠쌌다. 눈과 한풍을 막을 보호막삼아 낙하산을 한 장 꾸려넣었다. 어느때건 강풍이 몰아치면 얼음에 굴을 파고 들어앉을 심산이었다. 그중 믿을만한 스토브에 휘발유를 채워 넣고 여분으로 5리터를 더 가져가기로 했다. 시로가 침낭을 끌고가기 귀찮은지 잘 때 내 오리털바지를 껴입어도 좋은가 물었다.

나는 선선히 승낙했다.

"아무렴. 그리고도 추우면 데이브 침낭속에 비집고 들어가면 되잖나."

따져보면 볼수록 산정에서 하룻밤을 난다는 것이 편하고 안전하게 여겨지기만 했다. 서둘러 하산할 필요없이 그저 침낭에 들어가(시로는 제외하고) 이튿날 여명까지 기다리면 되니까. 그러나 무어니 무어니 해도 가슴 두근거리며 기다려지는 점은 해돋이 때에 다름아닌 북 아메리카 대륙의 상상봉에서 잠을 깬다는 생각, 혹 잠을 이루지 못했어도 누웠던 자리에서 일어나 그러한 해돋이를 맞는다는 생각, 바로 그 때문이었다.

우리는 털끝만큼도 의심없이 자신만만하게 성공을 확신하였다. 그리고 먼저 올라간 네 명의 대원들이 다음날의 정상 공격을 기다려 5,240미터 고지에 머물러 있으리라고만 여겼다. 우리의 짐작은 빗나갔다. 그렉, 죤, 해적과 죠지는 예정한 고원지대의 최종 전진기지를 확보하지 못하였다. 빙벽을 오르는 데 의외로 시간을 많이 잡아먹어서 해적을 빼놓고는 모두들 지쳤던 것이다. 게다가 그렉의 오른발에 탈이 생겨서 계획했던 5,240미터 고지 대신에 표고 5,030미터에 캠프를 설치하기로 정하였다. 그렉은 오른쪽 발이 곱아서 엄지발가락을 주무르고 양말을 덧신었는데도 온기가 돌아오지 않았다. 캠프를 고갯마루에 정하였다. 뜨거운 음식을 들고 언 발을 죤의 배에 대고 한 시간 너머 있자니 그제서야 겨우 엄지발가락에 쏘는 듯한 통증과 함께, 온기가 되살아났다.

그렉의 생삭에 자기 발이 언 것은 꽉 끼는 등산화를 신어서 빙벽을 오를 때 발의 피돌기를 억누른 까닭밖에 없었다. 그런데 일이 사납게 되려고 그랬던지, 어이없게도 애초에 그는 빙벽에서 몸을 가누는 데에 지장이 있겠다 싶어서 발에 넉넉한 등산화를 두고 꼭맞는 것으로 골랐다지 뭔가.

이 산자락에 발을 내디딘지도 그럭저럭 네 이레째로 접어드는 그날밤(2월 22일), 그렉은 일기장에 자신의 흉중을 털어놓았다.

오, 여보! 정상에 기어코 오르겠다는 용기가 내게서 사라지지 않기를 참으로 바라마지 않는 심정이오. 오늘밤은 좀 침울한 기분이 듭니다. 하긴 다른 날들도 내게는 썩 좋지 못하였지만 말이오. 지금 내게 소원이 있다면 이 일이 어서 끝나는 것밖에 없소. 우릴 도와 날씨가 순조로우면 등정을 마치고 한 이레 뒤에는 산발치에 내려설 수 있을 게요. 나로서는 더 좋은 일이 없을 성싶소…모레쯤엔, 그렇게 큰 어려움은 없을 듯하지만, 그럴만한 이유도 있고 하니 꼭 그렇게만 되리라고 기대하지는 않는 편이 차라리 나을지도 모르겠소…너무 많이 쓴 것 같군. 아마 이렇게 해서라도 용기를 북돋워보자는 속내인가 보오.

시로, 데이브와 함께 마침내 한 가닥 밧줄에 몸을 연결하여 묶은 때가 이튿날 오후 2시였다. 기지 바로 위쪽으로 난 부드러운 눈길이 사갈을 댄 우리들 발 밑으로 금새 지나갔다. 150미터를 오른 뒤 뒤돌아서서 우리가 드날리에 세운 해발 고도 최고위의 눈집두럭이 이룬 희미한 윤곽으로 봉곳한 둔덕을 내려다 보았다. 우리가 선 자리에서 바로 위로는 서측벽산릉 등반로에서 가장 긴 가파른 빙벽이 솟구친 모습이 눈에 들어왔

다. 바람과 눈사태가 휩쓸고 간 견고하고 푸르스름한 빙벽 표면에는 눈이 한 점도 남아있지 않았다. 그보다 훨씬 더 위켠으로, 부감독탑▲ 가까이 혹은 정상에 이르는 바로 마지막 빙벽과 산마루 위 어딘가에서 다른 네 사람이 산정을 향해 천천히 전진하는 모습을 그려보았다.

짐작이 또다시 빗나가고 말았다. 우리가 앞서간 사람들이 박아둔 마지막 붙박이줄을 타고 올라 고갯마루에 닿아 낙하산으로 천막을 칠 때에 다른 네 사람은 겨우 고도 210미터 위인 지점에 머물러 있었음을 나중에 알게 되었다. 그들은 표고가 5,240미터인 더기 서쪽 언저리에 천막을 치고 죄다 웅크리고 들어앉아 있었다.

2월 23일자 그렉의 일기:

위쪽이 대단히 험준하고 가팔라보이는구료. 우리가 아뭏든지 꼭 해낼 수 있기를 빌 따름이오. 나는 오늘 발이 몹시도 시렸었소. 죤이 고맙게도 녹여 주었소. 밖은 영하 45.5℃이고 천막 안의 배낭이랑 모든 짐가지가 젖어버렸소. 어쨌든 짜임새 있게 행동을 잘하면 여기에서는 기껏해야 하룻밤 더 머물게 될 것 같소. 내 오른발 발가락들에 감각이 무뎌졌소. 하지만 별탈 없겠지…이번 등반도 내일이면 틀림없이 결판이 날 거라고 기대를 잔뜩 걸고 있는 참이라오.

▲ Archdeacon's Tower : 부감독(archdeacon)은 영국 성공회 및 미국 성공회에서 교회 관리직의 하나.

5,030미터 고지에 덮어씌운 낙하산 아래 옹송그려 모여 추위에 떨며 밤을 지새운 시로, 데이브, 그리고 내게는 아침을 기다리는 시간이 지리하기 이를 데 없었다. 데이브는 일정한 시간 간격을 두진 않았으나 자주 발에 여러가지 양말을 바꿔 신어보며 혈액순환을 가로막지 않으면서도 최대한 방한 효과를 낼 수 있는 방안을 궁리하였다. 간밤의 잠자리에 대해 시로가 한 마디 말도 없었지만 늘 생기 넘치던 얼굴이 하룻밤 사이에 부석부석하고 까칠해졌다. 내가 침낭 속에서도 추위에 시달린 판에 시로는 침낭조차 없이 도대체 무슨 잠을 어떤 재주로 청할 수 있었을까.

그러나 시로가 잠을 못 잔 것보다도 그의 기침이 못내 걱정스러웠다. 지난밤에도 여러 번 들은 그 메마르고 갈라진 소리는, 이태 전에 시로와 함께 드날리를 등반할 적에도 들었던 기억이 났다. 그 당시 발작적인 기침이 몹시 심하여 시로는 등정을 포기하고 중도에서 기지캠프로 돌아갈 뻔하였다.

아침마다 의례건으로 삼는 하품과 기지개, 그리고 나일론 낙하산에 들러붙은 얼음켜에 대한 구시렁거림으로 한바탕 분잡을 떤 뒤에 사탕, 치즈, 살라미 순대로 간단히 아침을 먹었다. 드디어 정상 도전의 날이 밝은 것이다. 5,240미터 고원대지까지 이르는 데에 한 시간도 채 걸리지 않으리란 예측들이었다. 거기서 네 사람을 만나 한 삼십 분쯤 이야기를 나누다가 출발하여 드날리재, 부감독탑을 거쳐 정상에 오르고 바로 드날리 상상봉에서 한둔하는 것으로 일정을 잡아보았다. 하지만 낙하산 천막 밑을 들추고 기어나와 막상 외기를 쐬고 나니 조금 전에 자신만만 했던 마음이 삽시간에 움추러 들었다. 가볍게 부는 바람인데도 싸늘한 냉기에 얼굴이 얼얼하여 무엇으로든지 가리지 않고는 견디기 힘들었다. 데이브가 한란계를 꺼내어 보니 영하 42도였다. 추위에 손이 곱고 경련을 일으키기 전에 겨우 잠깐씩 손을 내놓고 끈을 묶자니 사갈을 신는 데 줄잡아 20분은 걸렸지 싶다. 발에 피돌기가 잘되게 하려고 조그만 원을 그리며 쿵쾅거려 봤지만 얼어붙은 발가락에서 냉기를 가셔낼 수는 없었다.

앞서 계획했던 대로 일찍 출발하지도 못한 데다 막상 등반을 시작하고 보니 등성이를 오르는 속도가 예상보다 훨씬 더 디었다. 전날 운반했던 바로 그 짐을 짊어졌건만 더 무겁게 느껴졌다. 우리는 2, 3분 간격으로 쉴 참을 찾았다. 그런데 첩첩이 포개진 산마루는 여전히 우리들 위에 솟구친 채 키를 낮추지 않았다. 폭 좁은 얼음다리를 건너 좀더 가파른 빙벽에 이르렀는데 이 빙벽은 30미터쯤 치달아 화강암 탑으로 우뚝 솟았다. 이 거대한 돌탑까지 한 걸음 한 걸음 거리를 줄여나간 끝에 나는 유난히 피곤함을 느꼈다. 계속 숨이 차고 두 다리의 힘이 온통 빠져 달아나간 듯했다. 고도의 영향이 이처럼 심하게 나타나는 까닭이 무엇일까? 로건산▲이나 멕시코의 화산들을 등반했을 때, 지금보다 더 높은 고도에서도 이처럼 힘들지 않았는데.

▲ Mt. Logan(6050m). 캐나다의 유콘 준주(準州) 서남지방에 있는 산. 캐나다의 엘리아스산맥 및 해안산맥군, 그리고 캐나다와 최고봉이자 북미의 제2봉.

아트 데이비슨 ▶

아시아인들이 알래스카를 거쳐 최초로 이 땅에 들어오기 전부터 산등성이를 할퀸 강풍을 견뎌온 이 산이 품은 불요불굴의 기개를 기리는 기념비같은 거대한 암괴가 머리 위에서 우리를 굽어보았다. 다행스럽게도 이 탑을 기어오르지 않고도 아래로 비껴서 왼쪽으로 돌아가면 빙하가 남긴 호박돌들이 흩어져 있는 얼어붙은 너덜겅으로 발을 내딛을 수 있었다. 우리는 3미터쯤 나아가선 멈춰섰다. 옆에 선 표석(漂石) 자리까지 6미터를 오르고 다시 멈췄다. 그리고는 3미터를 확보하고 또 쉬었다. 현기증이 그리 심하지는 않았으나 가벼운 귀울림 증세가 나타났고 갑자기 머리가 가붓해진 느낌이 들었다. 붉은 턱수염에 보안경을 끼고, 오리털을 넣은 후드를 뒤집어 쓴 내 머리가 마치 곡마단의 선전 풍선처럼 알래스카 산맥 위를 둥둥 떠다니는 모습을 상상해 보곤 속으로 쿡쿡거렸다.

내 다리와 머리의 상태로서는 그날 저녁에 산정을 향한다는 것이 힘들겠다는 생각이 들기 시작했다. 마침내, 표석이 널린 비탈을 다 올라갔을 때 데이브가 배낭을 벗어던지며 바위 위에 퍼질러 앉았다. 데이브는 보안경과 마스크를 벗었다.

"기분이 어때?" 내가 물었다.

데이브는 강렬한 햇빛에 눈을 실낱같이 뜨고서는, 뇌가 제자리에서 떨어져 나와 두개골에 부딪쳐 덜거덕거리기나 하듯 머리가 아프다고 투덜댔다.

"그리고 말이지, 몸뚱아리는 저 꼭대기에서 3년 전에도 그랬듯이 꼭 물 먹은 풀솜 한가지야."

시로가 기침을 두어 번 하고 나서 숨을 깊이 들이쉬더니 처연한 느낌이 드는 목소리로 얼른 말했다.

"그래요. 아마 이번에는 꼭대기에서 한둔을 감행하기에 알맞은 때가 아닌듯 싶군요."

풀없이 체념어린 고개짓을 주억거려 데이브와 내가 시로의 의견에 동의를 표하였다. 당분간 정상은 도달할 수 없는 곳으로 멀어지고, 우리가 오를 수 있는 한 가장 높은 공중에서 잠을 자보겠다는 찬란한 소망은 물거품이 되고 말았다. 그렇지만 정상에 오르기를 단념했다고 해서 부끄러움을 느끼지는 않았다. 당장 그 상태로 등정을 무리하게 시도한다면 어리석은 짓밖에 될 수 없었기 때문이다.

우리는 데이브가 이 주머니 저 주머니에서 끄집어 낸 갖가지 단단한 사탕과 바스러진 과자붙이를 게걸스레 먹어치웠다. 그리고는 시로를 선두로 하여, 동료들 넷이 있는 5,240미터의 고원대지와 우리 사이를 가로막고 누운 능선에서 마지막 남은 부분을 오르기 시작했다. 우리는 그들이 이미 등정(登頂)을 마쳤을 거라는 생각으로 서운한 마음을 달랬다. 천천히, 그러나 빼어난 기량을 보이며 시로가 줄곧 능선의 등줄기로만 길을 잡아 나아갔다.

가끔씩 동철이 바위를 긁었지만 대개는 단단히 굳은 눈이나 얼음바닥에 자국을 박았다. 산 아랫쪽에서보다 능선에 밋밋한 맛이 났지만 우리들 걸음새가 더 빨라진 것도 아니었다. 고원대지까지만 가기로 작정했으니 맥이 빠질 법도 했다.

능선이 15~20미터 거리만큼 갑자기 가팔라졌다. 이 마지막 남은 부분을 딛고 오르면 비교적 평탄한 고원대지가 펼쳐있을 것이다. 우리는 잠시 휴식을 가진 뒤에 얼음과 암석 부스러기가 얼어붙은 암벽에 몸을 꺾어 기어올랐다. 고갯마루에서 고원대지까지 오르는 데에 3시간 가까이 소요되었는데 이는 당초 이 구획에 할당한 시간의 곱절이 넘는 셈이었다. 이제 서로들 썩 가까운 거리에서 기어오르던 세 사람은 거의 동시에 암벽의 턱을 넘겨다 보았다. 고원이 눈 앞에 툭 트였고, 30미터도 채 떨어지지 않은 빙설 위에 눈익은 천막이 보였다. 누군가 천막 주위를 안절부절 못하며 서성거렸다. 우리 모습이 눈에 띄자 팔을 크게 흔들고는 우리 쪽으로 걸어왔다.

해적이었다.

우리는 해적이 주르르 달려와서 전날 정상에 도달하였다는 소식을 왁자하니 떠들 줄 알았다. 그런데 해적은 얼어붙은 바람받이 벌을 묵묵히 총총걸음으로 건너오며 예의 으르딱딱거리며 지절대는 허텅지거리 반 토막도 없었다.

"꼭대기엔 모두 올라갔던가?" 데이브가 외쳤다.

우리 셋은 일제히 함성을 지르며 환호작약하여 한꺼번에 축하의 포옹으로 해적을 휩쓸려는 참이었다. 그러나 정작 해적이 꾹 다물었던 입을 열어 몇 마디 내뱉자 모두들 제자리에 못박힌 듯하였다.

"아니, 엄두도 못 냈는걸."

셋은 그만 어이가 없어 멍하니 섰다. 아무려니 해적과 그렉이야 등정에 나섰을 테지 싶었으니까. 날씨가 맑았던 지난 이틀 동안 누구라도 등정에 나섰어야 하지 않은가.

우리더러 천막 쪽으로 가자고 손짓하며 해적이 들려주는 얘기로 추위와 높은 고도에서 비롯된 장애 탓에 어쩔 수 없이 고갯마루에서 첫날밤을 지낸 사실을 알았다. 죤은 고원대지에 근근이 대어올 때에 한걸음 한걸음이 고역이었고, 그렉과 죠지도 이 높이까지 오르느라고 기진맥진해버렸다는 것이다.

데이브가 천막 입구를 잡아맨 줄을 끌렀다. 다들 비치적거리며 들어갔다. 아직 침낭 속에 들어있던 그렉, 죤, 죠지가 우리를 보고 반가와했다. 그렇지만 수인사를 나누고들 나자 그들로서는 여전히 쾌활한 낯빛을 지키기가 난감한 눈치였다. 초췌한 얼굴들을 보니 오랫동안 병을 앓다가 이제 겨우 회복기에 들어선 환자의 형색이었다. 그 가운데 죤은 내가 전번에 본 뒤로 대엿 해는 족히 늙어 뵈었다.

시로나 데이브, 나 또한 산정에서 한둔할 계획을 세웠다는 말은 입밖에 꺼내지도 않았다. 그것은 잊혀졌고, 두 번 다시 쳐들어 말할 내용이 아니었다.

죠지가 누구라도 정상에 올랐더라면 좋았을 텐데 하는 말을 이렇다 할 느낌없이 듣고들 앉아 있었다. 그러자 죤이 자기는 이레 안으로 클리브랜드에 돌아가야 하기 때문에 2, 3일 이내에 등정을 시도해야 할 거라는 말을 하였다.

그렉의 마음이 흔들렸다. 금방 정상 정복의 각오로 투지를 불태우다가도 어느새

"뭘, 여기까지 온 것만 하여도 운이 좋았던 세지" 하였다.

누군가 찻주전자를 불에 올려 놓았다. 그 큰 주전자에 들어앉은 얼음덩이가 녹아 물이 되는 데에 20분쯤 걸렸고, 이 물이 일회용 차 봉지에서 차 맛을 우려낼 만큼 데워지기까지는

10분이 더 걸렸다. 그때 불쑥, 짐짓 태연한 척하며 그렉이 자기 발에 동상이 걸린 것 같다고 했다.

우리는 그렉의 오른발을 살펴보았다. 엄지발가락이 엷은 보랏빛을 띠었다. 죠지의 소견으로는 살갗만 동상을 입었으므로 수분을 충분히 섭취하고 등산화 끈을 너무 세게 졸라매지 않도록 조심한다면 손상된 조직 때문에 정상 시등(試登)을 못할 만큼 심각한 상태가 아니라 했다.

아무튼 동상임에 틀림없었다. 이것은 고작 시작에 불과할 뿐이 아닐까 하는 생각을 떨쳐버릴 수 없었다. 그렉이 발에 입은 동상이 악화될지도 몰랐다. 그 다음엔 누가? 이러한 가벼운 동상은 바로 요전에 떠나 온 기지에서도 발생한 바가 있지만, 틀림없이 더 춥고 바람도 더 세찰 저 위쪽에서는 무슨 일이 벌어질까? 막상 이처럼 높이 올라와 보니 추위가 마치 무슨 생물체처럼 우리 주위를 에워싸고서 기회를 틈타 우리 몸 속으로 슬쩍 잠입하려든다는 느낌이 일순간 섬뜩하게 다가왔다.

우리도 고산지대의 등반에 뒤따르는 재난 가운데 한 가지인 동상에 대한 기사나 기록을 읽은 적이 있다. 그러나 그것이 실상은 대화에서 무심결에 한두어 마디 내던져보고 그만두는 이야깃거리에 불과하였다. 그랬던 것이 이제 변색한 그렉의 발을 보니 비로소 동상이 현실적인 대상으로 탈바꿈하였다.

아직 우리가 찻주전자를 말끔히 마셔 비워내기 전에 시로가 온화하면서도, 우리가 이 때문에 그에게 통솔자의 역할을 내심 바라마지 않은 바, 과단성 있는 태도로, 지체없이 지금 것보다 더 나은 기지를 만들어야 한다고 말을 꺼냈다.

"이 천막은 바람을 고스란히 다 받잖습니까?

저 아래에 지은 그 훌륭하고 따뜻한 이글루를 까맣게 잊어 버렸단 말입니까?"

그런데 고원지대의 표면이 이글루를 지을 눈벽돌을 잘라내 기에는 너무 꽁꽁 얼어붙었으므로 시로가 얼음동굴을 파자는 제안을 내었다.

시로는 누굴 기다릴 것도 없이 앞장서서 식량, 취사도구, 그밖에 팔다리에 걸친 거추장스런 장구를 모두 벗어 내던지고 굴파기에 알맞은 장소를 물색하러 천막 밖으로 기어나갔다. 잠깐 새에 눈처마를 한 곳 골라내어 굴을 파고들기 시작했다. 눈과 얼음이 바람에 몰려 빚어진 이 눈처마는 마치 뭍을 향해 머리를 치켜세우고 달리는 파도 같은 모습을 차렸다. 거센 파도처럼 몰아치던 폭풍설이 강추위에 꼭 뒤잡이를 당해 900미터 가까이 되는 가파른 빙벽 벼랑 위에 걸려버린 것이다. 시로가 눈처마 밑둥에서 비죽이 튀어나온 2미터 남짓한 바위 기둥 언저리에서부터 두어 자 파내었다.

발작적인 기침으로 몹시 괴로와하는 시로를 쉬게 해주려고 해적과 데이브가 나섰다. 4, 5분이 지나서야 가까스로 기침이 멎어 제대로 숨을 쉬게 된 시로는 배낭에 기대어 누웠다. 이마를 일그러뜨린 그런 표정을 그한테서 본적이 없었다. 그가 감정 자제를 잘하였지만 자신의 고통에 대해 분노에 찬 모습을 언뜻 엿본듯 싶다. 데이브나 해적처럼 엄장있고 힘이 세지 못한 것이 못내 한스런 눈치였다. 그는 힘든 일에서도 다른 사람에게 뒤질세라 항상 기를 쓰고 덤볐다.

데이브와 해적이 기다란 팔로 피켈과 삽을 휘둘러 코니스를 파고들었다. 한 사람은 붉고, 또 한 사람은 검은 턱수염에 입김이 얼어붙었다. 둘은 가끔 얼음바닥 위에 네 활개를 펴고 드러누워 숨을 헐떡였다. 때때로 시로나 죠지가 데이브와 해적을 잠깐씩 교대해 주었다. 육중한 근육질인 팔과 어깨를 가진 파린이 거들었으면 굴파기가 얼마나 빨리 끝났을까 하는 생각에 골똘한 내 모습을 문득 발견하였다. 그리고 보니 거의 보름이 다 되도록 아무도 그의 이름을 입에 올리지 않았다.

죠지와 죤이 굴 어귀에서 작업을 했는데 굴 모양이 제대로 잡히지 않아 산악인의 얼음굴이라기보다는 별나게 생긴 거대한 뒤쥐 구멍 같았다. 둘은 흩어진 눈과 얼음조각을 삽으로 푸거나 발로 차서 동굴 어귀에서 서쪽으로 1미터 가량 내던졌는데, 이 얼음부스러기들은 고원대지 가장자리에서 벼랑을 쓸고 내려가 우리가 기어올라 온 바로 그 분지까지 900미터를 추락한 셈이다. 우리 역시 표고 4,390미터 지점의 이글루로 곤두박질치고 싶지 않으면 새 집을 들고나는 데 각별한 주의를 기울여야만 했다.

나는 새 집 짓기에 일손을 거드는 대신, 그렉과 더불어 몇 가지 생체실험을 하고 카메라를 정비하느라고 육체노동의 대열에는 끼지 않았다. 수염이 더부룩한 입가를 실룩이며 불만인 데이브를 빼고는 모두들 내가 천막 안에서 오후 나절을 보내는 까닭을 헤아려주었다. 물론 생체반응검사도 필요했지만, 실상 나의 연충으론 기운이 너무 없어서 별반 도움도 못 줄 것 같았고 몸이 아픈 것을 다른 사람들에게 눈치채이고 싶지 않았다.

검사를 마친 뒤, 그렉과 함께 등반전략을 구상하느라고 한 시간 남짓 보냈다. 정상에 오를 기회를 엿보는 데 며칠이나 기다려야 할까? 존은 곧 하산해야겠지만 우리에겐 어쨌든 닷새치의 식량이 있고, 만약 강풍이 밀어닥쳐 꼼짝 못할 때를 대비한 닷새치의 비상식량도 마련되었다. 결국 체력을 안돈하며 정상 공격에 나설 가장 좋은 날씨를 기다려볼 수 있는 날짜는 가장 길게 잡아 엿새라는 결론에 이르렀다.

어둡기 전 한 시간이 채 못되어 그렉과 나는 다른 대원들이 동굴 완성을 알리는 외침을 들었다. 새로운 처소로 향하는 30미터 남짓한 걸음 도중에 나는 두 번씩이나 멈춰 쉬어야만 했다. 길은 대체로 평지여서 굴까지 건너가는 걸음이 그토록 고될 까닭이 없었다. 몸에 뭔가 탈이 난 게다. 바위에 기대누워 숨을 헐떡이는 모습을 존이 발견하였다. 그가 어떠냐고 물었다. 나는 여기서 보니 풍경이 가히 환상적이니 어떠니 중얼거리며 현기증을 얼버무려 감췄다.

굴 안으로 들어가 침낭에 몸을 파묻으니 기분이 한결 나아져서 저녁 준비를 거들만하였다. 밤에 자고나면 거뜬해지겠거니 싶었다. 따끈한 수프에 얼고 지쳤던 몸들이 녹았다. 안락한 맛을 누리기에는 좀 추운 날씨(-46℃)였지만 고작 하루치 행보를 남겨두고 잠자리에 든다 생각하니 그래도 꽤 기분이 좋았다.

홀로 남다

　나도 잠을 설쳤지만 옆에서 밤새 잠덧으로 뒤척거려 다들 설핏설핏 여윈잠을 자고 있음을 알았다. 문득 남비가 달그랑거리는 소리에 깨어보니 시로가 아침 준비를 막 시작하였다.
　기지는 여느 때보다도 조용한 가운데 잠에서 깼다. 으례 그렇듯이 여기저기서 하품소리가 들리고 날씨 이야기가 오간 뒤에 제각기 오트밀 그릇 앞에 묵묵히 앉았다. 간밤에 인체에 끼친 고도의 영향이 심각했다. 누구 하나 단잠을 이루지 못하였다. 모두들 기운이 빠져서 농이나 한담을 나눌만한 여유가 없었다.
　맨처음 굴 밖으로 나간 사람이 정상에 도전하기에는 너무 바람이 세다고 소리쳤다. 우리에게 가장 두려운 기상요소는 바람이었으니 간들바람이 한 시간 안에 모진 된바람으로 돌변하기 일쑤였다. 거대한 공기층이 드날리 위로 밀어닥치면 재와 우묵진 잿마루▲ 좁은 목마다 시속 240킬로미터 이상으로 보고되는 바람이 항상 빠져나가게 마련이다. 위로 겨우 300미터만 오르면 우리가 밟아가는 등반로 오른편으로 드날리 산에서 가장 악명높은 바람목인 드날리재가 버티어 섰기 때문에

▲ 꼴(col) : 산등성이에 말안장 모양으로 우묵하게 들어간 부분.

우리는 전진기지에서 섣불리 나서지 않도록 신중에 신중을 더하였다. 겨울철 고산지대에서는 풍속 80킬로미터에 불과한 바람이 등반대를 동사시켜 버리기에 충분하니, 이유인즉 영하 46℃의 기온에서 시속 80킬로미터의 바람이 냉각효과를 가속화하여 실제 기온을 영하 73℃ 이하로 끌어내리기 때문이다. 우리들 가운데 누구 한 사람 그러한 처지에 놓여본 적이 없었지만, 이 전진기지를 떠나서 강풍을 만난다면 얼음장 밑으로 파고들어가 꼼짝하지 않고 바람이 자길 기다리는 도리밖에 없을 거라고들 생각했다.

그날 아침에 설사 바람이 잠잠했더라도 등정에 나설만한 사람이 과연 한 명이라도 있었을까 싶다. 모두들 지쳐버렸다. 변을 보러 굴 바깥으로 나가기 전까지는 진종일 침낭 속에 자리잡고 누워 바람이 멎은 아침이 오기를 마냥 기다리는 것밖에 도무지 할일이라곤 없었다. 굴 어귀를 덮어둔 낙하산의 한 쪽 귀퉁이를 들추고 기어나오면서도 당장에 내게 무슨 일이 닥칠지 꿈에도 몰랐다. 겨우 몸을 일으켜 세우자마자 눈처마가 발 밑으로 휘우뚱 내려앉으며 마치 하늘이 맞물린 대지에서 벗어나 훨쩍 떨어져나가는 듯 아찔하였다. 벼랑가로 넘어지지 않으려고 바위기둥에 몸을 기대고 몇 번이고 숨을 깊이 모아 쉬었다. 어지럼증이 가시기 시작했다.

어지럼증이 말끔히 가셨다는 느낌이 들 때까지 꼼짝않고 앉았다가 비타민제를 꺼내어 삼켜보았다. 그러나 알약이 메마른 식도의 중간쯤에서 걸리고 말았다. 몇 초 지나지 않아 눈 위에 아침 먹은 것을 다 토해내고 말았다. 머리가 지끈거리고 이마에 식은 땀이 배었다. 뒤따라 잇단 구역질을 한 차례 겪고나자 몸이 척 늘어져 배로 기어서 굴로 들어갈 궁리나 할 수밖에 없었다.

이런 마당에 무슨 논의가 필요하겠는가. 달리 선택의 여지가 없었다. 해적과 죠지만 남기로 하고 모두 하산준비를 서둘렀다. 4390고지에서라면 내가 회복될 가망이 클 것이라는 판단이 섰기 때문이다. 모두들 나를 에워싸고 분주한 가운데 누군가 말하길 한두 시간 안에 출발하지 못한다면 나를 운반해 내려가야 될지도 모른다고 하였다. 험준한 산등성이 바위들을 지나면 다시 얼음벽을 타야 하는데 동료들에게 짐이 되어 내려간다는 생각을 하니 몸서리가 났다. 도중에 내가 의식을 잃더라도 네 사람이면 충분하리라고 그렉이 판단하였다. 아무튼 해적과 죠지가 이 전진기지에 남아서, 다른 사람들이 이곳으로 되돌아오지 못하는 일이 생길지라도 적어도 둘이 등정(登頂)을 시도할 계획이었다. 일이 잘 풀리면 이틀 뒤에 다시 합류할 수도 있을테지만 장담하기는 어려운 노릇이었다.

머릿속은 윙윙거리고 맥이 풀려 그저 쉬며 대원들이 철수준비하는 모습을 지켜보았다. 어쩌면 내게는 정상 도전의 기회가 오지 않을지도 모른다고 생각하니 몹시 언짢았다. 근심 걱정이 외곬으로 달리자, 급기야 헬기 공수로 산을 떠나는 내 모습을 눈 앞에 떠올리기에 이르렀다. 가장 견디기 어려운 괴로움은 내 병, 내 허약 탓에 동료들이 부득불 하산을 강요당하는 형국에 놓인 점이었다.

침울한 내 기분을 돌리려고 죤과 데이브가, 자기들도 4390

고지에서 쉼으로써 체력보충에 안성마춤이 될 것이라는 말을 했다. 시로도 내 배낭을 꾸려주면서 4390 고지에서 하룻밤만 자고나면 지금 걸린 고산병쯤이야 거뜬히 낫는 법이라고 날 안심시켰다. 게다가 죠지도, 내가 폐수종▲ 같은 심각한 병에 걸린 것이 아니라고 보기 때문에 며칠 쉬고 나면 능히 정상도 전에 나설만할 거라는 소견을 덧붙였다.

시로가 내게 눈을 찡긋해 보였다.

"모레면 여기에 다시 와 있을 텐데요. 다 잘 될거요."

"그럼요."

대꾸는 그렇게 했지만 정작 속마음은 달랐다. 나를 안심시키느라고 하는 말들에 다 손사래를 치고 싶으면서도, 한편으로는 그들에게 위안을 받고 싶기도 했다.

서로들 밧줄로 몸을 엮었다. 시로, 데이브가 나와 한 팀이 되었다. 내가 앞장을 섰다. 내가 미끄러지면 둘이 뒤에서 추락을 막아줄 수 있으니까. 전날 오를 때보다 훨씬 더딘 걸음으로 얼어붙은 바윗등을 밟아내려갔다. 시야에서 능선이 기우뚱한다 싶을 때마다 얼른 바위에 몸을 붙이거나 피켈에 의지하여 어지럼증이 사라지길 기다렸다.

하산길에서 가장 힘드는 부분은 산등성이였다. 우리는 사갈 신은 발을 얼음에서 바위로, 그리고 푸석눈 위로 조심조심 내딛으며 천천히 내려갔다. 나는 다리가 휘청거렸다. 나는 오로

▲ pulmonary edema : 폐포 속에 많은 장액이 괴어 팽창하는 질환. 거품이 섞인 가래가 나오고, 호흡이 곤란하게 됨. 심장쇠약에 따른 폐의 울혈이 원인이 되는 일이 많음.

지 몸의 균형과 다음번 발 디딜자리에만 정신을 모았다. 눈구름다리를 엉금엉금 기어내렸는데 이제 보니 도저히 발 붙일 데가 못되는 협착한 비계널장 같았다. 그만 거꾸러뜨릴 기세인 세찬 바람에 욕지거리가 절로 나왔다.

건너기 까다로운 곳 서너 군데에서 데이브더러 먼저 안정된 자세를 확보하고 내 몸을 지탱해달라는 부탁을 하였다. 내 발길에 그가 주의깊은 시선으로 내내 뒤따름을 느낄 수 있었다. 그의 아귀 센 손과 강한 팔이 밧줄을 붙잡고 있다는 사실에 자못 마음이 놓였다.

권곡에 이르러 잠시 숨돌리고는 서둘러 고정삭에 달라붙어 하행을 계속하였다. 산등성마루를 지나 백여 미터 내려갔을까, 문득 이젠 바람이 몸의 중심잡기에 위협적인 힘이 되지 못함을 깨달았다. 공기밀도가 이미 적잖이 높아졌다. 기운을 좀 차릴 것 같았다. 내가 한결 기운을 되차린 것은 실상 심리적인 안도감덕분일지도 몰랐다. 가파른 산릉을 벗어나고보니 홀가분하기 이를 데 없었다. 백여 미터마다 쉴참을 가졌지만 밧줄을 이용한 하행길은 능선을 탈때에 비하여 훨씬 빨랐다. 곧 밧줄에서 몸을 떼고 이글루를 향해 평지 걸음을 옮겼다. 시로가 나를 침낭에 밀어넣어 주었다. 데이브는 뜨겁게 탄 분유를 계속 권했다. 나는 치즈와 살라미 소세지를 조금씩 뜯어먹었다. 그리고는 저녁이 차려지기 전에, 몸을 일으켜 앉아 다시 올라갈 때를 걱정할 겨를도 없이 그냥 잠들어버렸다. 이튿날 한낮이 다 되어 웃음소리에 눈을 뜨기까지 한 번도 깨지않고 깊은 잠에 빠졌다. 웬 소란이냐고 투덜거렸더니 그렉이 처음

들어갔던 일자리에 얽힌 일화를 다른 사람이 되들려주었다. 비누공장에서 일할 때인데 어쩌다 실수로 2,000리터 들이 샴푸 통을 한길에서 넘어뜨려 엄청난 거품과 비누방울이 지어내는 구름 때문에 교통이 한동안 마비되었다는 것이다.

다시금 웃을 만큼 기력이 돌아온 것은 말할 것도 없거니와 밤새 새 몸을 얻은 기분이었다. 머리가 개운해졌고 전날 그 위에서보다 머리회전도 빨라진 것이 분명했다. 온몸의 근육기능이 호전된 듯, 신선한 공기를 마시러 이글루 밖으로 나서자 분지를 가로질러 달려갔다오고 싶은 충동이 불끈 일었다. 아침밥을 걸게 먹고 나니 움직이고 싶어서 좀이 쑤셨다. 급작스레 걸렸던 고산병에서 그토록 회복이 빠르니 그 누구보다도 우선 스스로 믿어지지 않았다.

내가 잠에서 깨어나기전에 그날 하루를 고산지 적응에 필요한 시간으로 배정하여 한가롭게 보내기로 다들 의견을 모아두었다. 책도 읽고 이런저런 이야기를 나누다보니, 함께 5,240미터 고지에서 지내다 내려오면서 우리들 사이에 다스운 정감이 새로이 솟아났음을 깨달았다. 전진기지에 단둘이 남은 해적과 죠지에 대해서도 모두들 애정어린 마음을 품고 있었다. 죤이 말하길 우리가 이 산에 들어온지도 달포가 다되어가는데 둘 다 밥짓는 모습을 본적이 없다고 했다. 그러자 그렉이 그 말을 마주 받아서 그럼 둘 가운데에서 누가 먼저 나서서 스토브와 남비를 건드릴지, 아니면 날은 저물어만 가는데 배를 곯리며 둘 다 죽치고 앉았을지 내기를 하자는 거였다.

밤이 찾아왔다가 물러갔다. 이튿날 그렉과 죤이 5,240미터 고지를 향해 서둘러 길을 떠날 무렵은 아침나절이 거즘 다 지난 때였다. 시로와 데이브, 나는 비교적 공기가 덜 희박한 이 분지지대에 좀더 남아 한가롭게 지내게 되어 즐거웠다. 우리는 오후 세시쯤 뒤따라갈 작정이었다. 그 무렵에 떠나면 오후 6시 이후에 뜰 보름달빛 아래 산등성이를 밟아갈 수 있기 때문이었다. 우리 셋이 떠날 시각에는 죤과 그렉이 권곡 너머로 모습을 감추고 없었다. 우리는 서로 6미터가 넘지 않는 좁은 간격으로 밧줄을 연결하여 산을 오르는 도중 이야기를 나눌 수 있도록 하였다. 제법 여유를 부리며 기지를 나서는데 데이브가 걸음을 딱 멈추고 손을 둥그렇게 모아 귓바퀴에 갖다 대었다. 데이브는 즉시로 5,240미터 고원대지 언덕의 바위를 가리켰다. 양미간을 찡그리며 바라보니 해적으로 여겨지는 조그만 주황색 점이 가물가물하였다. 뭐라고 외치는지 알아들을 수 없는 모기소리가 들릴락말락하였다. 시로가 얼굴을 돌리며 말했다.

"그래, 틀림없어요, 뭐라고 하는지. '좋아, 친구들, 출발!' 그 소린걸요." 시로가 해적의 말본새를 나직나직이 흉내내는 걸 듣고 데이브와 나는 웃음을 터뜨렸다. 추측컨대 전날 바람이 꽤 셌으니까 죠지와 해적이 등정을 이루지는 못했을 테고, 또 오늘 아침 일찍 출발하였다손치더라도 벌써 돌아왔을리가 없었다.

저녁해를 역광으로 하여 붙박이줄에 다가가는 우리 일행의 모습을 사진에 담았다. 셋이 모두 고정삭에 매달렸을 때에는 해거름도 지나고 달이 뜨기 직전의 어둠이 잠시 산중을 차지해버렸다. 포래커산의 준봉들이 은빛으로 환하게 빛날 때까지 우리는 이렇다 할 얘기없이 지칫거리며 기다렸다. 굳이 산등성마루나 전진기지에 빨리 닿겠다는 욕심없이 느긋이 달구경을 즐기며 비로소 서서히 오르기 시작했다.

 달빛이 포래커산 능선위로 쏟아지고 이어서 크로슨, 헌터, 그리고 카힐트나 주봉군(主峯群) 위로 퍼질 때에는 우리 걸음새도 빨라졌다. 한결같이 기분이 고조되어 처음같이 서서히 나아가기란 쉽지 않았다. 아직 우리 눈앞에는 드러나지 않은 달의 반사광으로 금새 얼음벽 맨꼭대기의 암괴까지도 하얗게 빛났다. 마음이 몸을 앞서가느라, 빙벽에 갖다대는 규칙적인 발붙임새나 오력을 다하는 허파의 기능이 미치는 한계 이상으로 급박히 오르는 게 아닌가 싶기도 했다. 눈을 들어보니 얼음 덮인 바위의 모양이 허공을 배경으로 또렷이 윤곽을 드러냈는데 마치 만월을 반겨맞는 듯하였다. 우리는 밧줄로 연결되어 한 몸이 되었다. 일정한 흐름새를 타는 시로의 걸음새에 맞춰 한 몸처럼 움직였다. 벼랑을 꽤 높이 타올라갔을때, 빙벽에 쪼아낸 디딤턱에 잠시 머물러 그처럼 훌륭한 전망 속에 일찍이 대해 보지 못했던 풍광을 즐겼다. 드날리산의 남쪽 허리 뒤에서 둥근 보름달이 얼굴을 내밀더니 얼음과 바위로 이룬 빙하곡들이 내리뻗친 모습과 첩첩이 겹친 산줄기를 차례로 비추어보였다.

 재에 이르렀더니 산등성마루에 비죽비죽 튀어나온 바위에 달빛이 어른어른 비추이는 모습이 유난히 마음을 잡아끌었다. 북녘으로는 낮게 드리운 은빛 구름이 끝간 데 없이 멀리 퍼졌는데 한가운데로 불쑥 솟구친 두 산봉우리가 달빛을 받아 마치 해면 위로 치솟는 한 쌍의 고래를 방불케 하였다. 나지막이 깔린 운해(雲海)는 남녘으로 뭉게뭉게 흘러나가 수평선에 이르렀다. 권곡에 모여 쉬는데, 낮에는 드러내지 않고 간직한 매혹적인 아름다움을 엿뵈는 변화무쌍한 얼음과 바위의 조화에서 모두들 시선이 떠날 줄 몰랐다.

"우와, 이것만으로도 여태껏 고생이 아깝지 않다." 적막을 깨고 데이브가 신음소리내듯 중얼거렸다.

"좀 춥군. 그만 가봐야지요." 시로가 빙긋이 웃으며 말했다. 데이브가 한란계를 꺼내어 눈금을 읽었다. 마이너스 39℃.

그는 포래커산 쪽으로 다정스런 눈길을 주었다.

"그럽시다."

여길 떠나 길을 다시 잇는 것에 선뜻 마음이 내키지 않아서, 산등성이 그림자를 밟고 오르자면 앞등이 필요한데 우리에겐 두 개뿐이니 아무래도 내가 여기서 자고 아침에 5,240미터 고지에서 합류하면 오히려 안전하지 않겠느냐고 하였다. 틀림없이 괜한 핑계를 댄다고들 생각했을 테지만 어쨌든 샐녘까지 나혼자 남도록 해주었다. 데이브나 시로가 나를 잘 알기 때문에 내가 잠시 혼자 있고 싶어함을 눈치채었다.

검은 두 사람 형체가 산그림자 속으로 스며드는 것을 지켜보았다. 퍼뜩퍼뜩 비치는 전조등 불빛을 받아 시커먼 바위들이 잠시 하얗게 반짝였다. 그들이 시야에서 사라진 뒤에도 동철이 얼음에 박히며 빠각거리는 소리를 들었다. 간간이 희미하게 말소리도 들렸다.

"왼쪽으로,"

"흔들이 바위야, 데이브."

곧 정적이 찾아들었고 나는 느긋한 마음으로 몸을 돌이켜 다시 커스커큄강이 흐르는 쪽으로 멀리 굽어보았다.

얼음안개와 구름으로 이룬 바다 한가운데 솟아오른 흰 고래 두 마리는 여전히 무지개다리가 되어 걸려있었다. 마치 여러 은빛 강들이 칠흙같은 바다로 열린 강 하구에서 제각기 몸을 풀듯이, 눈에 덮인 드날리 대산괴의 긴 산줄기들이 안개 속으로 흘러들었다. 나는 구름바다 밑에 깨어있을 작은 동물들을 눈 앞에 그려보았다. 풋눈 내리듯 사풋사풋 소리죽여 움직이는 뇌조▲와 산토끼는 하얀 몸 빛으로 쌓인 눈갈기 사이에 몸을 감추고, 먹이를 찾아 쏘다니는 여우와 코요테▲의 기척을 살피겠지. 거기엔 툰드라 지대를 굽이쳐 돌아오느라 반쯤은 숨이 막힌 물줄기들이, 이루 헤아릴 수 없이 깊은 어둠 속에서도 물살에 감응하는 어족, 살기▲들과 함께 흐르겠지. 자신

▲ 뇌조(雷鳥) : 북반구에 사는 들꿩과의 새. 날개길이 17~19cm이고 꽁지는 짧으며 발톱사이까지 깃털이 나 있음. 보호색을 띠어 겨울에는 순백색, 또는 주로 백색이고 여름철에는 대개 회색, 적갈색으로 다양한 줄무늬, 얼룩무늬를 나타냄.

▲ 코요테(coyote) : 멕시칸 스페인어로서, 이는 다시 멕시코 남부와 중앙아메리카에 걸쳐 살던 인디언부족 Nahuatl의 말로 coyotl이라는 이름에서 유래함. 미국산 늑대와 계통상 매우 기까운 북미 서부 원산의 개과 동물. 서식 분포가 북쪽으로 알래스카, 동쪽으로는 뉴욕주 지방까지 이르렀음. 초원늑대(prairie wolf)라고도 부름.

▲ 살기(grayling) : 살기과의 민물고기. 은어와 비슷하나 좀더 유선형이고, 몸빛이 은백색으로 숲 속 맑은 물에 살며, 등지느러미는 부채꼴이고 아가미 근처와 옆줄 밑으로 갈색반점이 곱게 박혀있음. 몸길이 약 20cm. 세계적으로 이름이 난 미려한 민물어종으로 여기서는 특히 북극살기(arctic grayling)를 일컬음.

도 모르는 사이에 흰올빼미▲처럼 천천히, 길게

"휴-,우-"하고 소리를 내는 내 모습을 문득 발견하였다. 메아리를 기다렸으나 내 목소리는 고요한 대기 속으로 자취도 없이 묻혀 버렸다. 파린도 이 밤을 즐기겠지. 몇 시간 뒤에는 달도 기울테고, 며칠안으로, 정상에 오르건 못 오르건 배낭을 챙겨서 이 산에서 뜰 것이다. 다시 한번 소리를 질렀는데 이번에는 늑대 울음같았다. 그리고 나서 어딘가 꺼림칙하였으나 고개를 들어 달을 쳐다보며 목청껏 울부짖었다.

바로 그때 피켈을 쥔 손이 떨리는 것을 알아차리고 퍼뜩 이게 무슨 행동인가 싶었다. 제발 들은 사람이 아무도 없기를 바랐다. 달 보고 울부짖기야 늑대가 코요테의 습성이지 어디 산(山) 사람이 할 짓인가.

나는 잠자리 삼을 만한 곳을 찾아보았다.

우리가 탔던 얼음벼랑 언덕에서 1미터나 떨어졌을까 싶은, 조붓하지만 그런 대로 평평한 눈바닥 위에 침낭을 펴기로 했다. 등성마루에 널린 돌을 여남은 개 주워모아다 침낭과 450미터 높이의 낭떠러지 사이에 간살지르듯 늘어놓았다. 만약 잠결에 옆으로 미끄러지거나 뒹굴거나 하면 이 주먹만한 돌들에 부딪혀 잠에서 깨어나리라는 궁리가 틔었던 게다. 깃털속에 아늑하게 몸을 웅크리고 파묻힌 채 벼랑가에서 고작 한 팔

▲ 흰올빼미(snowy owl, arctic owl) : 동물 지리구상 전북구(全北區)에 속함. 북극권의 툰드라지대에서 번식하며 먹이가 부족할 때에(특히 겨울) 불규칙적으로 남쪽으로 이동함. 주행성이며 귀깃(ear tufts)은 가지지 않음. 깃털은 더러 거의 순백에 가까울 경우도 있으나 대개 날개 일부와 꽁지 끝에 암갈색 반점이 나 있음.

길이나 됨직한 사이를 두고 누우니 기분이 별스럽게도 좋았다. 몸가까운 위험에서 자신이 안전하다는 확신이 설 때 오는, 만족감과 안도감이 뒤섞인 각별한 감정에 잠겨 스르르 잠이 들었다.

산등성이를 따라 내리부는 거센 산바람이 갈수록 한기를 더하여 침낭 속으로 파고드는 통에 잠이 달아났다. 침낭에서 얼굴을 내밀어 부유스름한 먼동을 바라다보았다. 하늘은 맑았으나 바람이 너무 세차니 정상으로 향하기는 틀렸구나 싶었다. 다시 시간 가웃은 착실히 졸다가 침낭에서 자신을 살살 구슬려내듯하여 옷가지를 꿰고는 23킬로그램쯤 되는 식량과 개인장비를 짊어지고 고원대지로 향했다. 무거운 등짐때문에 한 걸음에 이 초 쉬는 꼴로 터벅걸음을 떼어놓아 산등성이마루 가까이 선 바위 기둥을 돌아드는 데 두 시간이 넘게 걸렸다. 눈앞에 바짝 다가든, 드날리재로 치달리는 얼음벼랑 윗부분에서, 검은 점을 둘 발견하였다. 어느새 바람이 잤다. 점들이 움직였다. 다른 사람들은 정상 도전에 이미 나선 게 틀림없었다.

결국 혼자 뒤에 남은 셈이었다. 나를 남겨두고 떠나기 전에 그들 나름대로 오랜 시간을 기다렸을 것이다. 함께 가지 못한 것은 전적으로 내 불찰이었다. 내 걸음이 빨라졌다. 그러나 몇 걸음 떼지 않아서, 서두르다가 지레 지치면 뒤미칠 기회마저 놓쳐버릴지도 모른다는 생각이 들었다.

20분쯤 지나 기지에 닿아보니 얼음벼랑에 붙어있던 두 사람은 드날리재의 둔덕 너머로 모습을 감춘 뒤였다. 눈 굴 속에는 아무도 없었다. 과연 단독 등정의 모험을 감행할 것인지 결정해야만 되었다. 분별있는 생각으로는 무모한 일이라 하겠지만 그렇다고 할날 남은 때를 굴 속에 혼자 오도카니 앉았단 말인가? 그렇지 않아도 이미 세워놓은 각오 때문에 마음이 그리로 기울어져 있던 차에, 잘 모르긴 해도 대뇌에 미친 고도의 영향탓에 논리적인 사고가 흐트러진 성싶다. 왜냐하면 어찌된 영문인지 5분도 아니되어, 기지에서 죽치는 것과 동료들을 당장 뒤쫓아가는 것 사이에는 꽤 안전한 타협선이 놓였다고 스스로 납득이 갔기 때문이다. 혼자 등정길에 오르되 발디딤새가 손톱만치라도 미덥지 않다거나 크레바스가 앞 길에 감춰져 있을 것 같은 의심이 드는 즉시, 미련없이 발걸음을 되돌리겠다는 심산이었다.

지체하지 말고 출발해야 함에도 불구하고 신진대사에 필요한 수분 섭취를 위해 물을 끓이려고 굴로 기어 들어가 소중한 시간을 몇 분씩 써가며 스토브에 불을 지폈다. 다행스럽게도 쉽게 점화가 되었다. 물이 데워지기 전에 마시고 싶은 것을 꾹 참았다. 찬물을 마셔서 몸 속의 열량으로 온도를 높이는 것은 낭비라는 생각이 들었기 때문이다. 소세지, 로건빵, 그리고 할머니 과일빵도 조금 먹어두었다. 주머니마다 조리하지 않고도 바로 먹을 수 있는 식료품을 이것저것 가득 채우고나서 바삐 굴에서 기어나왔다. 한둔에 필요한 최소한의 장비를 배낭에 집어넣고 분지를 가로질러 얼음벼랑 쪽으로 발걸음을 옮겼다.

도중에 조금이라도 미심쩍은 데가 있으면 곧장 되돌아와야 한다고 마음 속으로 거듭거듭 다짐하였다. 얼어붙은 길이 가팔라졌다. 동료들이 단단한 바닥에 어렵사리 꽂아놓은 버드나무 작대기 여남은 개로 표시된 구불구불한 길이 군데군데 크레바스 사이로 나 있었다. 두 다리는 건재했고 정신을 집중하게 되니 감각이 팽팽하게 당겨짐을 느꼈다. 어설픈 디딤새로 몸의 균형을 잃거나 전날 같은 구토증이 재발해도 지금은 붙잡아줄 사람이 전혀 없다는 점을 끊임없이 자신에게 일깨웠다. 반드시 동료 대원들을 따라잡겠다는 마음을 굳혔다. 나도 정상에 올라야지.

힘 자라는 대로 오름길을 재촉하였지만 빙벽 꼭대기에 가까와질수록 경사가 급해져 쉬는 참이 잦아졌다. 재에 이르는 벼랑 언덕에서 겨우 30미터쯤 남겨둔 지점에서 잠시 숨돌릴 때, 대원들이 오늘은 산정에 이르지 못했으면 좋겠다는 생각을 하고 있었다. 자신이 부끄러웠다. 정녕코 이런 욕지기 나는 이기심을 품고 산에 오를 수 있단 말인가? 차마 시인하고 싶지는 않지만, 그 당시로서는 나만 정상에 오르지 못하여 체면이 깎일까 두려운 마음에 내몰려 등행을 계속하는 꼴이었다. 불과 몇 시간 전만 하여도 등정의 성패는 까마득히 잊은 채 달돋이를 즐길만큼 사심없는 심정이었는데…….

얼음벽을 찍어낸 발붙임에 선 채로 몇 시간이 흘렀는지 모르겠다. 굳이 올라갈 마음도 없거니와 내려가기도 귀찮았다. 다른 사람들은 자존심 때문에 과연 어떤 식으로 마음을 썩히는지 자못 궁금했다. 해적은 때때로 지독히도 공명심에 사로잡힌 모습을 드러냈다. 죠지가 지적하기를 늘상 서슴지 않았다시피 해적은 이목을 먹고 사는 사람 같았다. 그렇지만 그가 산에 오르는 목적은 아무렇거나 사람들의 찬사를 바라서라기보다 행동과 모험을 향해 용솟음치는 욕구를 충족시키려는 데 있을 성싶었다. 죠지를 두고 말하자면, 비록 남들 앞에 나서길 늘 꺼렸지만 사람들에게 자신이 어떤 모습으로 비추일까 의식하는, 자존심이 센 사람임을 나는 안다. 데이브와 그렉이 종종 자신들의 능력 향상을 초들어 말하는 것으로 보아서 등반 성과에 따라 그들도 자존심이 오름을 짐작하기 어렵지 않았지만, 아무래도 두 사람 모두 등산에서 맛보는 엄청난 기쁨은 장담하건대, 남들에게 인정받기를 바라는 마음과는 절대로 무관하였을 것이다. 시로는 산악에 대해 깊은 외경심을 간직하였다. 그리고 그가 고산준령을 많이 올랐다 하여 사람들이 존중히 여긴다손치더라도 별반 마음쓸 사람 같지 않았다. 죤은 산악이 자아내는 분위기와 등반대의 동지애를 만끽하였으나 한편으론 자신에게 맡겨진 일몫에 대해 다소 과장된 의무감과 함께 몸무게가 근 20킬로그램이나 더 나가는 데이브같은 사람에 버금가는 힘을 보여주겠다는 무리한 요구를 스스로 강요하면서까지 등행에 열성을 다하였다. 아무렇든지 자존심이 우리들의 등반에 한 가지 동기로 작용한다고 크게 문제될 일이 있을까?

비록 이날 아침, 자존심에 부추김을 받아서 단독 등반에 나서긴 하였지만 실상 지난 달포 동안에 문득문득 머릿속에 자꾸만 떠오르던 또 다른 동기가 이 한겨울에 드날리를 등반하는 내 마음 속에 숨어 있었다. 폐기종으로 한쪽 허파의 일부분만 남은 우리 아버지께서는 만약 별로 높지 않은 산에 오르신다해도 차고 희박한 공기에 신체기능을 상실하실 것이다. 뇌일혈로 말미암아 반신불수가 되신 어머니께선 차도와 보도 사이의 연석을 딛고 오르시는 데도 이만저만 힘들어 하신 게 아니었다. 즉, 누구에게도 말하진 않았으나 북아메리카 대륙의 최고봉을 이 추위에 오르기로 작정한 것은, 부모님의 허약함이 이로써 보상될 수도 있으리라는 생각에서 비롯하였다. 부모님들께서 고통과 무력감에 시달리다 못하여 스스로 목숨을 끊으려고까지 하셨기 때문에, 또한 이 등반을 통하여 삶에 대한 강한 내 의지를 천명해야 할 필요성을 절실히 느꼈었다.

빙벽이 끝나는 곳 가까이에 찍어낸, 너비가 10센티미터에도 미치지 못하는 디딤턱에 여전히 몸을 의지한 채 이리저리 생각이 갈라지던 중에, 얼핏 보아 내 처지와는 아무런 연관도 있을 성싶지 않은 일이 이번 등반에 한 계기가 되었음을 문득 깨달았다. 그것은 내가 아껴 기르던 물고기였다. 그 놈의 라틴어 학명은 까먹었지만, 아무튼 그 녀석은 때때로 제가 사는 연못에서 펄떡 뛰어나와 연못가의 정원 바닥이나 나뭇가지 위에서 쉬는 습성을 지녔다. 그 고기에게 직접 대기를 호흡하고 싶어하는 이유를 깨달을 만한 지능이 있다고는 생각하지 않는다. 고기가 지닌 판단력의 범위를 넘어서는, 진화의 과정에서 갖춰진 본능에 의해 새로운 거처로 뛰어드는 것이 틀림없다. 추위와 어둠과 희박한 공기를 무릅쓰고 우리가 겨울철에 드날리 산꼭대기로 오르는 것도, 말하자면 우리가 미처 깨닫지 못하는 어떤 힘에 그저 따라 움직이느라 그런지도 모른다는 생각이 때때로 들었다.

분지에서 백여 길 높이가 되는 데에 좁은 언덕을 딛고 오래 서 있자니 발목과 종아리가 저려오기 시작했다. 조심스레, 앞서보다 더욱더 느린 속도로 얼음벽을 다시 기어올랐다. 몇 걸음을 떼고나니, 산란하던 마음이 평온을 되찾았다. 나는 편안한 마음으로 계속 빙벽을 탔다. 처음 이 빙벽을 타기 시작했을 때에 억누를 길 없던 격정이 물러나고 안분지족(安分知足)하는 홀가분한 마음이 자리를 잡았다. 그저 드날리재나 한번 보고, 올라가다가 산정에서 내려오는 동료들을 만나면 되었지. 혹 산정에 오를수 있다면야 멋진 일이지만 반드시 그래야 된다는 법은 없지. 오를 수 있는 데까지, 올라보는 게야.

 재에는 바람이 가볍게 불고 있었다. 악천후로 워낙 자자한 명성으로 미루어 짐작했던 바와는 달리 훨씬 괜찮은 곳이란 생각이 들었다. 재 위으로는 전체적으로 구름이 자욱했지만, 암석이 드러난 노두 사이사이로 눈과 얼음에 찍힌 대원들의 동철 자국을 좇아서 길을 찾아 나갔다. 높이 오를수록 시계가 좁아들었다. 몇 번인가, 되돌아갈까 하는 생각이 들었으나 길은 수월하게 계속되었다. 재를 지나 한 시간쯤 걸었을까, 안개구름에서 세 사람의 형체가 나타났다. 다른 세 명도 곧 모습을 드러내었다.

 나를 거기서 보고 그렉이 깜짝 놀랐다. 내 성미에 단독등반을 능히 하고도 남을 줄은 알았지만, 그렇게나 높이 올라왔을 줄은 몰랐다는 것이다. 그렉과 동료들의 얼굴에 실망한 기색이 역력했는데도 기어코 정상도전에 대하여 물어보았다. 표고 5,790미터 조금 지나서 길을 감춰버린 구름층에 휩싸여 걸음을 멈춰섰다는 데이브의 말을 듣고 가슴이 아팠다. 정상을 향해 무작정 길을 더듬어 간다는 것은 어리석기 이를 데 없는 짓이라, 뼛속까지 파고드는 추위속에서 안개가 걷히길 꼭 30분 기다렸다고 했다. 끝내 구름이 걷지 않으니 하산할 도리밖에 없었던 것이다. 이번 시도로 체력이 꽤 소모된 탓에 기운을 재충전하기 위해서라도 부득불 하루쯤은 모두들 쉬고 싶어하였다. 아무래도 재차 정상도전에 나설 채비를 하기 전에 폭풍이 들이닥칠 조짐이 엿뵈었으므로 어쩌면 이번이 우리에게는 정상도전의 마지막 기회였는지도 몰랐다.

죠지의 양어깨가 축 늘어져보였다. 그는 아무 말도 하지 않았다. 그는 온통 실의에 빠진 모습이었다. 그가 겪었던 일전의 어려움에 비추어볼 때 예까지 오른 것만 하여도 존경심이 절로 우러나왔지만, 그 사람 자신으로서는 결코 이것으로 만족할 수 없음이, 애당초 정상에 오르기를 목적 삼아 등반대의 일원이 되었기 때문이다. 그가 말문을 여는데 괴로움이 가득찬 목소리였다.

"자, 이로써 한번 시도해 본 셈이 아니오? 데이브라면 재차 올라볼 만한 힘이 남았겠지만, 나는 틀린 것 같소."

죤의 얼굴에는 실망감보다는 피곤한 기색이 완연히 나타났다. 대개 다른 사람들이 정상에 도달하기 위해 분투하는 것 이상으로, 죤이 이 높이에 오르기까지는 체력의 한계점까지 자신을 혹사하였던 탓이다. 나도 밧줄 한 끝에 몸을 연결하여 내려오면서 그에게 마땅히 돌아갈 몫인 성취감을 죤이 과연 맛보았는지 자못 궁금하였다.

드날리 재의 암괴에 다가서며 보니 재의 모습이 어딘가 낯설어 보였다. 암괴는 우리가 올라오면서 보았던 모습이 아니었다. 어찌 된 일인가 했더니, 구름이 엷어지며 암괴가 더욱 뚜렷이 부각되어서 암괴가 선 모양이 별다르게 뵌 탓이었다. 누군가 일행더러 뒤돌아 능선 위쪽을 보라고 외쳤다.

하늘이 개고 있었다. 5,790미터고지 윗녘으로 구름 한 점 없었다.

방금 10분 걸려 내려온 거리이지만 되짚어오르려면 한 시간 너머 걸리겠기에 이 저녁으로 다시 올라갈 수는 없었다. 두 시간 반만 있으면 밤이 다가올 터인데다가 누구 한 사람 한둔할 차비가 아니었다. 하행길을 재촉할 도리밖에 없었다. 5,790미터 고지를 지났을 때 더도 말고 15분만 더 기다렸더라면 나를 빼고는 전원이 정상에 닿았을 게 아닌가.

그렉과 죠지가 내 앞에서 동철을 찍으며 얼음벽을 밟아 내려갔다. 죤은 뒷줄에 있었다. 빙벽이 점차로 물매를 급하게 지어 내려갔다. 가장 가파른 곳에 이르자 죤이 밧줄을 확보해 주길 내게 요청하였다. 내 위치가 그에게 가장 가까왔기 때문에 내 몸을 먼저 붙박은 뒤에 그가 까다로운 지점을 밟아 내려가는 동안 의당 밧줄을 붙잡아주어야 옳았다. 그런데 내 몸을 안전하게 붙박기에 맞춤한 바위턱이나 평평한 장소가 눈에 띄질 않았다. 게다가 얼음마저 하도 단단하게 얼어붙어서 자귀날이 들어가지 않았다. 나는 죤에게 밧줄을 확보해줄 수 없으니 혼자 어떻게든 해보라고 하였다.

오가는 말을 다 들은 그렉과 죠지가 나더러 긴말 말고 죤에게 밧줄을 확보해 주라고 했다. 죤이 추락할 위험을 무릅쓰게 내버려둔다는 것은 용납할 수 없는 일이라고 죠지가 말했다. 그렉이 덧붙이길, 정 안되면 자귀날 끝을 얼음벽에 찍어박아 피켈 자루에 발을 버티어서라도 도와주어야 한다고 했다. 내가 언성을 높여, 아무 소용 없을거라고 내뱉았다. 도대체 자신이 무슨 행동을 하는지나 아느냐고 그렉이 대꾸하였다.

죤은 너무 지친 터라 이 지점에서 쉽사리 미끄러질런지도 몰랐다. 만약 그가 실족한다면 우리는 한꺼번에 낚아채여 추락하는 사태가 벌어지기 십상이었다. 죤의 밧줄 확보를 맡으라고 죠지가 고함쳤다. 나는 그의 말을 듣지 않았는데, 그렉이 제안한 방법이나마 왜 한번 시도해보려고 들지도 않는지 그 까닭을 구태여 밝히지 않았다. 나는 속으로, 죤이 자칫 밧줄에 의존하여 방심한다면 몸 가누기에도, 혹시 미끄러져 내릴 경우에 추락을 막으려는 노력에도 최선을 다하지 않을까봐 걱정이 되었다.

고개를 돌려서 죤을 올려다보니 다리가 후들거리면서도 얼음을 마주보고 하강을 시작했다. 잠시 뒤, 죤이 그곳을 벗어나자 다들 걸음이 빨라졌다. 재 둔덕 너머로 밧줄을 걸고, 다시 깎아지른 얼음벼랑을 타고 내렸다. 오래지 않아 우리 일행은 분지를 가로질렀고, 눈굴 어귀에 이르는 야트막한 오르막을 터벅터벅 걸었다. 다들 몸에서 밧줄을 풀었을 때 그렉이 차가운 시선을 내게 던졌다.

굴 안에서 제각기 자리잡느라고 악의없이 서로 밀치락달치락하며 법석을 떨 때쯤 하여 앞서 죤의 일은 까마득히 잊혀져

버렸다. 우리 일곱은 새로운 문제거리를 두고 머리를 모았다. 그것은 다름이 아니라 식량 문제였다. 우리가 다함께 두번째 정상도전을 기다린다면 사흘안으로 식량이 바닥나고 말 처지였다(비상식량은 제외하고). 그러니 우리 가운데 세 명만 남기로 한다면 당연히 식량 소비가 훨씬 절감되어, 이들이 넉넉잡아 이레의 여유를 가지고 정상에 오를 때를 기다릴 수 있을 것이다. 하지만 체력 좋은 사람만 셋이 남는다면 나머지 네 사람은 정상도전의 기회를 포기한 채 4,390미터지점의 이글루로 철수하는 길을 밟을 수밖에 없었다. 하행할 사람을 정한다면 누구로 정할지 밤이 이슥토록 논의를 하였다.

죤이 유일한 자원자로 나섰다. 자신은 체력이 가장 떨어지는 축에 들고 대학에 자기 자리로 돌아가봐야 하기 때문에, 한 사람만 더 있으면 둘이서 하산하여, 산꼭대기에 올라서기 들 전에 산발치에 내려설 수 있을 거라고 하였다. 죤의 제안도 일리가 있었으나, 그와 헤어진다는 데 대하여서도 그렇고, 또한 단둘이서 큰바람받이 부근이나 카힐트나 산기슭에 촘촘히 널린 크레바스 지대를 지나간다는 것을 다들 탐탁치 않게 여겼다.

시로가 죤더러 왜 한쪽 귀를 자꾸 비비며 만지작거리느냐고 물었다. 죤의 대답인즉, 전날 추위에 얼었는데 굴에 들어와 몸이 따뜻해진 뒤로 통증이 있다곤 하였다. 죠지가 우리 몇을 엉금엉금 타고넘어 죤의 귀를 세심히 살펴보았다. 죠지는 그렉의 앞등으로 죤의 옆 얼굴을 비추더니 잠시 후 표피동상이라는 진단을 내렸다.

죠지는 살갗이 까진 데이브의 콧등도 살펴보았다. 그저 바람에 까칠해진 살갗 거죽이 가풀져 일어난 것이라고 데이브가 우겼으나, 가볍기는 해도 역시 동상에 틀림없었다. 겸연쩍어진 데이브는 하릴없이 어깨를 으쓱해보이더니 한다는 말이, 평소에 코가 좀 길다고 생각해온 터라 코끝이 떨어져 나간다면 그거 괜찮은 일이라고 했다.

그렉의 얼음박힌 발은 더치지도 나아지지도 않았다. 엄지발가락의 자주빛 반점이 짐작했던 대로 거무스레한 빛을 띠었으나 변색된 부위가 전보다 퍼지지는 않았다. 그렉이 아픈 발가락 한 개 때문에 걸음이 더뎌지진 않을 거라고 하더니 말머리를 돌렸다.

이때 비로소 해적의 한쪽 엄지손가락이 가제와 반창고로 싸매진 것을 보았다. 어쩌다 다쳤는가고 물어보니 불퉁스레 대꾸했다.

"아, 별거 아니오." 죤의 얘기론 좀 깊이 찢어졌다고 했다.

해적만 빼고는 모두 수면제를 한 알씩 먹었다. 나도 수면제 없이 잠을 청할 수 있을 것 같았으나 내일이라도 정상에 오를지 모르는데 혹 선잠으로 충분한 휴식을 빼앗기지나 않을까 싶어 한 알 삼켜두었다. 정상공격에 적절한 때를 기다려서 몇 명이, 그리고 누가 이 전진기지에 남을 참인지 명토를 박지 못하였으니 마음이 찜찜하였다. 다음날 아침 날씨가 맑고 바람이 잔잔하다면, 마음 내키는 사람은 누구라도 나설 수 있을 테니까 아무런 문제가 없겠지. 그러나 날이 궂으면 등행을 포기해야 할 사람을 정하는 난제에 매듭을 지어야 했다. 죤 외에는 다들 재차 정상도전에 나설 거조를 단단히 차린 듯하였으므로 어쩔 도리없이 체력조건이 좋은 사람들만 뽑아내어 올려보내야 할 것 같았다.

나도 고산병이 발작하기 전에는 데이브나 해적에 못지 않게 튼실하였고 이제 다시 원기를 되찾았다. 더는 어지럼증이 일지 않았으나 동료들이, 또다시 구역질을 일으킬지도 모르니 하행하라고 종용하면 어쩌나 싶은 마음도 아주 없지 않아 걱정이다.

촛불을 끈 뒤에 조용히 누워 동료들의 숨소리가 깊어지는 것을 들으며 약효과가 나타나길 기다렸다. 이따금, 침낭 속에 머리를 파묻은 시로한테서 숨죽인 기침소리가 들려왔다.

어둠

 동틀녘에 눈을 뜬 시로가 누운 몸들을 타넘고 기어서 입구를 덮은 낙하산쪽으로 갔다. 얼른 날씨를 살펴보고는 침낭 속으로 다시 기어들며 누구든지 깬 사람은 들으라고, 날은 맑은데 바람이 세다고 나직한 목소리로 알렸다.

 침낭 속의 온기를 떠나서 옷가지 꿰기, 용변보기, 밥짓기 등 성가신 일들을 하고 싶지 않아 모두들 풋잠에 달라붙어 있었다. 곧 하산할 사람을 정해야 되는데도 당장에는 잠 속으로 다시 빠져들려고만 하였다. 침낭속으로 머리를 처박았지만 입구께에서 낙하산 펄럭대는 소리는 들렸다. 누군가 바깥으로 나가느라 들추어서 낙하산이 느슨하게 된 게 틀림없었다. 얼굴을 빼꼼이 내밀자 때마침 해적이 스토브에 쓸 휘발유를 가지고 굴 안으로 급히 되돌아오는 모습이 눈에 들어왔다.

 시로가 스토브에 연료를 채우고 펌프질을 할 수 있도록 자리를 내주려고 몸을 잔뜩 구부려서 굴 안쪽 벽에 등을 붙였다. 얼마간 만지작거린 뒤에 기법게 쉬쉬 소리를 내며 스토브가 불꽃을 피워올리기 시작했다. 시로가 얼음을 녹여, 건포도를 넣은 오트밀 죽을 끓였다.

 "바람이 잘 겁니다." 시로가 차분히 말했다.

"아침결에는 등정할 기회가 오겠지요."

아침을 먹었다. 느슨히 풀린 낙하산 자락이 바람에 펄럭거리는 소리에 모두 귀기울였다. 옷가지를 꿰고 나자 결국 용변을 보러 밖으로들 나갔다. 바깥에 나서보니 낙하산 자락이 내던 소리와는 달리 바람이 그렇게 세게 불지는 않았다. 어찌보면 누그러지는 듯도 했다. 기온은 영하 42°C였다. 구름 한 점 없었고, 이미 고원대지를 비추기 시작한 해가 기온을 몸으로 느낄 만큼 올려주지는 못하였으되 눈부신 햇살을 받으니 따스해진 느낌이 들었다.

"제기, 등정이다!"

해적이 입구 어귀에서 서성이며 안절부절하였다.

"드날리재까지는 갈 수 있잖겠소. 바람이 세면 게서 되돌아오는 거고, 잠잠하면 계속 가는 거지."

데이브가 대꾸했다.

눈굴 언저리에서 숨죽였던 바람이 이따금 일어나 단단히 얼어붙은 지면에 눈갈기를 흩날렸다. 시선들이 하나같이 저 위의 능선께로 가, 폭풍의 전조인 눈구름이 피어오르나 살피었다. 그러나 아무 조짐도 보이지 않았다.

자, 등정을 해보는 거다!

장비를 챙기느라 분주하면서 께느른하던 캠프가 돌연 활기로 가득 찼다. 죠지가 자기는 전날 등반으로 너무 지쳐서 올라갈 수 없겠단다. 죤 역시 기력이 회복되지 않았고 밤새 귀가 부어올라 산에 오를 처지가 아니었다. 그렉은 아직 마음을 정하지 못하였다. 데이브, 시로, 해적, 그리고 내가 서둘러 떠날 준비를 하였다.

 해적이 가능한 대로 단출하게 가자고 했으나 땅거미가 일찍 내리거나 불의의 사고로 한둔할 때를 대비하자는 시로의 주장에 눌려 침낭과 기포 자리, 스토브 한 대를 도중 일정한 곳까지 올려다놓기로 하였다. 해적은 무전기도 챙겨가자 하면서 — 산정에 올라 스위스에 계신 자기 아버지를 호출하려고 — 침낭과 기포 자리 한 장 더 넣어가기는 한사코 마다했다.

 그렉이 마침내 오르기로 마음을 굳혔다. 그는, 다들 침낭을 하나씩 끌고갈 노릇이냐면서, 만일 밤을 지내야 할 경우라면 자기와 해적은 제각기 다른 사람의 침낭 속에 끼어들면 될 거라고 했다.

 내 무비카메라와 필름은 나일론 가방에 넣어 굴에 두었다. 이 5,240미터의 고원대지에 닿은 뒤로 카메라가 얼어붙어 작동이 되지 않았다. 몇 번이나 카메라를 몸에 품어 녹여보았으나 촬영을 막 하려고 들면 번번이 다시 얼어붙어 버렸다. 이제 카메라를 따로 챙겨놓으니 의외로 마음이 홀가분해짐을 느꼈다. 촬영기를 작동시키느라 손가락 끝을 얼릴 까닭도 없을 뿐더러 우리가 등반하는 모습을 일일이 필름에 담으려고 애쓸 필요도 없어졌으니까. 더이상 렌즈를 통하여 관찰하지 않아도 되었다. 그냥 오를 따름이다.

 맨 처음으로 개인장구를 다 챙긴 시로가 폭풍으로 고립될 사태에 대비하여 닷새를 견딜만한 식량을 꾸렸다. 열 시가 되자 그렉을 제외한 전원이 길떠날 채비를 마쳤다. 해적과 데이브가 더 지체하다가 자칫하면 정상에 오를 기회를 놓쳐버릴지도 모르며 거의 틀림없이, 한둔없이 다녀오기 어려운 처지에 놓일 거라며 그렉을 보고 짜증을 내기 시작했다. 그렉은 늘보라는 그들의 말눈치에 버르르 결기를 내어, 그럼 당장에 출발하라며 누구든지 함께 몸을 묶을 사람 하나만 남아준다면 곧 뒤따르겠다고 하였다.

먼저 출발할 셋은 누구로 한다지? 누구라 할 것 없이 다들 첫 번째 밧줄, 즉 행보가 빠른 쪽에 들고 싶어했다.

시로가 늘 그러하듯이 아무런 티도 내지 않고 느긋한 말투로 입을 열었다.

"세 사람이 먼저 가시지요. 다들 체력이 좋으시니까. 제가 그렉과 함께 가겠습니다."

나는 데이브와 해적 뒤에 서서 허리통에 밧줄을 매고 여러 번 매듭을 지어 바짝 동였다. 셋은 짐을 걸머지고 피켈을 집어들었다. 얼음판에 반사되어오는 햇빛을 차단하려고 제각기 보안경을 썼는데 데이브가 쓴 것은 파린이 끼던 고산용 보안경이었다.

죤과 죠지가 우리 셋과 악수를 나누며 저마다 행운을 빌어주었다. 우리가 기운찬 걸음새로 거침없이 분지를 가로지를 때 두 사람은 손을 흔들었다. 얼음벽의 물매가 점점 싸져 발걸음을 늦추며 조심스레 디뎌 올랐다. 바람이 거의 죽었다. 보안경의 거무스름한 렌즈에 비친 하늘은 검푸르고 고요했다. 분지는 발 아래로 저 멀리 물러났다. 시로와 그렉이 새하얀 빙설에 개미처럼 꼬물거리는 모습이 보였다. 그 뒤로 카힐트나 주봉군, 포래커산, 크로슨산이 눈에 덮인 뾰족한 봉우리로 창공을 찌를 위세를 보이며 벌여 섰고, 편편히 드러누운 툰드라 펀더기 위에 북녘서 서녘으로 낮게 드리운 잿빛 조각구름이 둥둥 떠돌았다. 우리 머리 위로 깎아지른 듯이 치올라 드날리재에 이르고 발 아래로는 허공으로 뭉텅 허리가 끊겨 나간 얼음벽을 발 밑의 동철촉들이 움켜쥐듯 박혀들었다.

재 밑까지 남은 마지막 100미터 가까운 급사면을 매우 조심스럽게 비스듬히 가로질러 올랐다. 드디어 재에 닿아 평평한 빙설을 딛고 섰다. 우리와는 아직 400미터쯤 상거한 시로와 그렉을 기다리기로 했다. 데이브가 우리를 재의 남단으로 이끌어, 가져간 식량과 침낭등을 넣어 둘 마땅한 곳을 물색하였다. 바위들이 비죽비죽 솟아오른 곳 한 귀퉁이에서 맞춤한 구석자리를 발견해 놓고는 배낭위에 걸터앉아 두 사람을 기다리며 건포도와 땅콩을 꺼내 먹었다. 그러나 이내 얼음 바닥의 냉기가 배낭을 뚫고 궁둥이에 스며들었다. 발이 시리지 않도록 일어나서 제자리 걸음을 걷는데 마침 그렉과 시로가 고개 가장자리 위로 불쑥 나타났다. 둘은 우리가 쉬는 곳까지 완만한 비탈길을 느릿느릿 올라왔다. 데이브나 해적, 그리고 나는 한시 바삐 떠나고 싶어서 두 사람더러 비상용 장비를 어서 갖다두고 등행을 계속하자고 재촉하였다. 그러자 그렉이 머뭇거렸다. "글쎄," 하면서 저 아래 눈굴쪽으로 눈길을 주었다.

"체력은 달리지 않는데 오늘은 어째 마음이 내키지 않네."

그에게 뭐가 잘못되었는지 알 수 없었지만 왜 열의가 식어 버렸는지 납득이 가지 않았다. 요즘 들어 등정을 온전히 끝맺으려는 데 대하여 눈에 띄게 무관심을 드러내는 걸 보면, 오랫동안 간직해 온 등산에 대한 열정이 무슨 까닭에서건 잦아들고 있거나, 아니면 파린에 대한 기억으로 괴로움을 겪는지도 몰랐다. 그를 한쪽으로 잡아끌어 나직이 말했다.

"그렉, 이렁저렁 애쓰며 우리 둘이 예까지나 왔잖소. 정상까지도 함께 가야 합니다."

"아닐세. 자네와 데이브와 해적은 나보다 빨리 오를 수 있네. 게다가 여기엔 침낭이 세 개밖에 없잖은가. 자네들이 되돌아오기도 전에 날은 이미 어두워질 텐데. 각자 침낭이 하나씩 있어야 제법 안전하다고 할 수 있지. 나는 내일 해볼 참일세." 그리고는 다들 모인 곳으로 발길을 돌렸다.

그렉이 진정으로 내려가길 바라는지 알 도리가 없었다. 다섯이 다 가지 않는 편이 안전할 것이라는 그렉의 말이 옳다. 위난이 닥쳤을 때 올려온 식량에 매달린 사람 수가 지금보다 적으면 적은만큼 더 오래 버틸 수 있을 테니까. 그다지 신명이 나지 않는다는 투로 덤덤히 말함으로써 자신의 희생을 일견 대수롭지 않게 뵈도록 하려는 게 그렉의 깊은 연충인 듯싶었다. 아무튼 안전을 고려하여 누구 한 사람이 그렉과 동반하여 내려가야 했다. 이런 얼음벽에서 누가 위험을 무릅쓰며 혼자서 하강하도록 내버려 둘 위인은 우리 가운데 아무도 없었다. 해적 역시 침낭을 가져오지 않은 또 한명의 장본인이었기에 그렉과 함께 되돌아가는 게 좋겠다고 막 말을 꺼내려는 찰나에 시로가 앞질러 말문을 열었다.

"내일이면 저도 원기를 되찾을 겁니다. 날씨가 아마 계속 맑겠지요. 그렉과 함께, 어쩌면 죤과 죠지도 함께 올라올 겁니다."

 시로가 내려간다는 것은 온당치 못했다. 또 다들 그렇게 생각했다. 해적과 데이브가 겨끔내기로 시로와 그렉에게 등행을 계속할 것을 설득하려 들었으나 끝내는 우리 셋이 그 두 사람과 악수를 나누고 등을 다독거려 준 다음 이들을 뒤에 남겨두고 떠났다.

 데이브가 밧줄 중간 부분에 들어가고 해적은 나와 반대편 끝에 몸을 매었다. 둘이서 나더러 앞장서라고 하였다. 나중을 생각하여 힘을 비축하려고 우리의 등행 능력에 훨씬 못 미치는 꽤 느린 속도로 보조를 맞추었다. 매 걸음마다 숨을 한 번 돌릴 수 있을 만큼 사이가 떴다. 이런 식으로 40미터쯤 오른 뒤, 걸음을 멈추고 잠시 쉬었다. 올라온 길을 뒤돌아보니, 하산길에 해가 저물어 드날리재에서 부득이 머물 경우에는 강풍에 대해 훌륭한 바람막이 구실을 할 것으로 기대했던 얼음과 바위덩어리들 위로 그렉과 시로가 무릎을 구부리고 앉은 모습이 눈에 들어왔다. 한눈에 쓸 장비들이 유실(遺失)되지 않도록 하려고 침낭 등속과 시로가 망설이던 끝에 마음먹고 가져온 낙하산 위에 큰 돌들을 들어다 지질러 놓는 중이었다. 이튿날의 산정등행에 대한 말이 그렉과 시로 사이에 아주 예사롭게 오고 가는 것이 들렸다. 갑작스런 돌풍으로 악명이 떠르르한 드날리에서는 결코 하루 앞을 내다볼 수 없다는 사실을 잊지나 않았는지 모르겠다.

 내가 앞장서서 얼어붙은 비탈을 천천히 올라갔다. 흩어진 바윗돌들을 에돌아 바람에 다져진 눈이 도드라진 데를 밟으며 줄곧 등마루 줄기를 탔다. 다시 쉬려고, 걸음을 멈추었을 때에는 그렉과 시로가 시야에서 사라졌다.

아마 바위에 모습이 가리었거나, 이미 하산길에 섰을 성싶었다. 주위에서 얼음은 거칠고 매몰찬 느낌이 역력했다. 바람에 쓸린 눈더미에도 저 아래 카힐트나 산에서 보았던 섬세하고 우아한 멋이 없었다.

"걷는 속도가 어떻소?"

"좋아, 댓."

시간이 흐르며 차츰차츰 표고가 높아져갔다. 전날에 다달았던 지점에 이르렀는데 위쪽으로 하늘이 맑게 개었고 바람 한 점 없었다. 나는 등마루를 버리고 왼쪽으로 길을 꺾어 분지를 가로지를 작정을 하였다. 거의 눈높이로 비스듬히 비쳐드는 저녁 햇살 때문에 얼음바닥에서 굴곡을 제대로 분간해낼 수 없어서 나는 시선을 대개 발 앞으로 한두 자 가량 되는 곳에 떨구고 걸었다. 갑자기 발 앞에 크레바스가 입을 쩍 벌렸다. 우리 행렬도 딱 멈춰버렸다. 심장의 고동이 빠르게 느껴졌다. 자칫 잘못했더라면 허공에 발을 내딛을 뻔하였다.

크레바스는 분지의 길이대로 쭉 뻗어있었다. 이런 까닭에 사방으로 30, 40미터를 두루 살펴봤으나 쉽게 건널만한 곳을 찾아내지 못하였다. 할 수 없이, 처음 봤을 때 좀 위험하다 싶었던 데로 되돌아와서 건널 방도를 궁리해 보았다. 별로 두껍지 않은 얼음 경사로가 크레바스의 아랫 부분으로-바닥이 아니고-걸려 있었다. 이 경사로는 도중에서, 수평을 이룬 눈 구름다리로 이어졌는데, 이 구름다리가 그런대로 하중을 견뎌낼 만하게 보였지만 완전히 크레바스의 건너편에 가서 닿은 것은 아니었다. 큰걸음으로 하나쯤 모자라는 틈을 건너뛰어야 하겠는데 발 디딜 곳이 제대로 지탱해줄지 미지수였다.

데이브가 내게 밧줄을 확보해 주었다. 나는 체중을 발끝에 모으고서 가뜩이나 좁다란 외가닥 길에다가 협착한 가장자리에 동철촉이 될 수 있는 대로 많이 박히도록 신경을 쓰며 경사로를 조심스레 내려갔다. 곧 눈 구름다리에 올라섰는데, 건너편에서 발 붙일 데를 흘끗 살펴보고는, 등산화가 크레바스 건너편에 닿을 때, 얼음에 충격을 가하지 않도록 잔뜩 긴장을 하며 한쪽 다리를 들어 시커멓게 입을 벌린 허공 위로 휙 반원을 그렸다. 발을 내디딘 언덕이 힘을 받아내었다. 나는 냉큼 크레바스를 건너서 내달았다. 내가 무사하게 건넌 것을 보자 안심이 되었던지 데이브와 해적이 빠른 동작으로 성큼성큼 건너왔다.

크레바스를 건너느라 45분 가량 지체하였다. 이제 해는 산등성마루 뒤로 숨었고 북서쪽 하늘이 해거름에 연노랑빛 파스텔로 은은하게 물들었다. 우리는 서둘러 다시 산등성이로 길을 잡아 올라갔다. 그러나 곧 고도때문에 매걸음마다 호흡을 두 번씩 하는 걸로 속도를 정하지 않을 수 없었다. 그리고 서른 걸음마다 멈춰서서 숨을 열 다섯 번씩 들이쉬고 내쉰 후에야 다시금 발걸음을 떼어놓았다.

눈 앞에 부감독탑이 빼어난 자태로 하늘 높이 솟았다. 툰드라 지대위에 걸렸던 조각구름이 이제 산기슭으로 빽빽이 밀려들고 있었다. 남쪽과 서쪽으로 산맥의 발치에 또 다른 구름봉

우리가 형성되었다. 폭풍이 몰려와서도 드날리의 고지대는 날씨가 청명한 채로, 비교적 낮은 지대에서 힘을 소산시켜버리기 일쑤였던 터라 이걸 보고도 대수롭지 않게 생각했다.

다시 산등성이를 타고 힘겹게 걸음을 옮겼다. 저녁때가 다 가오건만 누구 하나 무어라 말 한 마디 없었다. 그렇지만 해가 진 뒤에도 등행을 계속할는지, 아니면 서둘러 눈굴로 되짚어가야 할는지 곧 방침을 세워야 함은 두말 할 나위 없었다. 우리는 일정한 속도를 유지하며 등행을 하였는데, 햇빛이 백광에서 노란빛으로 변했다가 해가 수평선 가까이 어스름 속으로 잠겨들며 다시 주황색으로 변하는 일 또한 일정한 속도로 진행되었다. 희박한 대기로 채워진 하늘이 더없이 공활하였다.

밟아가던 산줄기가 작은 줄기들이 테를 두른 분지로 퍼져나갔다. 부감독탑이 왼편에 우뚝 섰고, 바로 정상에 이르는 등줄기인 듯싶어 뵈는 더 높은 산줄기가 멀찌막이 보였다. 잠깐 쉬자고 해적이 외쳤다.

"봐, 다 와 가잖아!" 데이브의 말.

"맞아, 그런데 날이 어두워지는 걸." 내가 한 대꾸.

"이봐 아트, 시꺼먼 보안경 좀 벗어보시지."

해적이 껄껄댔다.

정말 보안경을 벗으니 하늘이 더 환해졌다. 그래도 포래커 산 위에 걸린 귤색 원반은 빛깔이 바뀌지 않았다. 걸음을 멈추지 않는다면 땅거미가 지기 전에 정상에 이를 수 있을 성싶었다. 데이브한테 의향을 물었더니, 하룻밤쯤 한둔한다고 해서 목숨이 달아날 것도 아니잖느냐고 하였다. 해적도 으르렁거리는 목소리로 동의하였다. 데이브더러 선두를 맡으면 좋겠다고 했다. 그러자 잘 해나가고 있으니 내가 자리를 지켜야 한다나. 그 말에 기분이 좋았다.

다시 걸음을 떼기 시작한 지 얼마 안 되어 나지막한 구릉지의 꼭대기에 다달았고, 작은 분지를 가로질러 또 다른 구릉에서 마루를 향해 올라갔다. 주위의 지세가 다양한 기복으로 가라앉았다 솟구쳐 올라 마치 호한한 대양의 물결이 일순간에 얼어붙은 듯하였다. 우리들은 제각기 얼음의 윤곽과 갖가지 형상을 눈여겨보길 게을리하지 않았다. 어둠속에서 길을 잃지 않고 내려오려면 이렇게 머리속에 길을 그려두어야 했다. 정작 앞등 불빛으로 식별하여 좇을 수 있는 길이라곤 눈과 얼음에 '점철'된 우리들의 동철 자국밖에 없었다.

산정으로 이어지는 등성이를 가린 얼음비탈을 더욱더 느리게 타박걸음으로 올랐다. 등성마루에 다달아보니 마지막 남은 산줄기로 곧장 치달리는 얼음벽과 우리 일행 사이에는 넓은 고원대지만 가로놓였다. 돌연 시야를 가리는 것이 모두 사라져버렸! 얼어붙은 봉우리가 날카롭고 또렷한 모습으로 눈앞에 다가왔다! 일말의 불안마저 깨끗이 사라졌다! 우린 정상에 오를 것이다! 산정을 바라볼 때에, 나의 등반 행로에 결코 없었던 일로서 눈물이 두 뺨에 주르르 흘러내렸다.

만면에 웃음을 가득 머금고 데이브가 내 곁으로 올라섰다. 데이브는 내 팔을 꽉 움켜잡고 들뜬 기분에 마구 흔들었다. 숨이 턱에 찬 해적도 옆에 와 서며, 구시렁거리다가 너털웃음을 터뜨리더니 가쁜 숨을 몰아쉬었다. 마음으로는 이미 다들 정상에 오른 셈이었다. 나는 행여 눈물이 얼어붙을세라 얼른 뺨을 훔쳐냈다.

"아트! 저 뾰족탑들 보이나?"

데이브가 양팔을 휘저으며 고함을 질렀다.

"와, 혼쵸 본쵸!▲"

지평선 서쪽 가장자리에는 성당첨탑 열주가 시커먼 형체에 요철 심한 톱니 모양으로 깔쭉깔쭉 늘어서 있었다. 여태껏 포래커가 남쪽으로 내뻗은 산맥에 가려 우리 눈에 띄지 않았던 게다. 그전 여름에 데이브와 함께 이 뾰족탑들을 기어올랐었다. 이 첨탑들은 요세미티▲에서 볼 수 있는 것과 같은, 밋밋하게 깎아지른 화강암 수직벽 봉우리들로서 키카트나 산맥▲ 곳곳에 널린 빙하지대에서 곧장 솟구쳐 올라왔다.

"어이 데이브, 키카트나 첨탑과 '병원침대'를 알아보겠는가?"

▲ 별다른 뜻이 없는 탄성.
▲ Yosemite National Park(요세미티 국립공원) : 미국 캘리포니아주의 중부, 시에라네바다산맥의 서사면 일대에 전개된 자연 공원으로 면적 3,061㎢(제주도의 약 1.68배), 1890년에 국립공원으로 지정되었다. 사람들이 가장 많이 모이는 곳은 공원 남서부의 머세드강 상류 빙식으로 생긴 거대한 엘캐피탠, 하프돔 등의 절벽과 브라이덜베일, 요세미티, 네바다 등의 폭포가 있다. 북부의 투올러미강 상류에는 투올러미 협곡에 웅대한 경관이 펼쳐 있다. 공원의 동쪽 경계는 시에라네바다산맥의 주맥이며 3,000m 급의 고산이 이어지고, 서쪽과 남쪽의 입구 일대에는 세쿼이어 거목들이 장관을 이룬다.

미국에서 손꼽히는 국립공원으로 샌프란시스코에 근접하여 찾는 사람이 연간 100만 명을 넘는다. 광대한 면적에도 자동차 도로는 몇 개밖에 없으며 전역을 관통하는 도로는 그나마 동서 횡단로 하나뿐이라는 사실이 주목할 만한 점이다.(「동아 원색세계대백과사전」(동아출판사, 1989, 제21권 598쪽)
▲ Kichatna Mountains

우리는 키카트나 산맥을 등반하여 산줄기에서 가장 높은 봉우리에 올라 키카트나 첨탑이라 이름 붙인 바 있다. 병원침대에도 오르려고 했으나 9월의 해가 짧아서 시간이 모자랐다. 데이브와 나는 이때 등반에서 둘만의 소중한 기억을 간직하였기 때문에 그후로 우리 둘의 우정이 순탄치 못했을 때에는 이 등반과 관련된 일은 일절 입에 담는 법이 없었다. 마지막 날 단둘이서 병원침대에 올랐었다. 태양이 이글거렸으나 곧 날씨가 역전되면서 산자락 아래쪽의 재와 마루에서 구름이 끓어오르듯 하더니 산봉우리마다 휘감고 돌아, 개나리색에 시커먼 그림자가 뒤섞여 첨탑 열주의 밋밋한 절벽 허리를 질러 지나갔다. 날씨가 호전되면 반드시 되돌아온다는 다짐과 함께 얼음과 바위벽에 고정시킨 밧줄을 남겨둔 채로 하강을 하였다. 그러나 그 밧줄을 결코 다시 탈 수 없었다. 암벽에 드리워진 붙박이 밧줄의 영상이 아직도 마음 속에 생생하게 남아서, 지금 새삼스레 아스라한 슬픔을 불러일으켰다.

 우리 셋은 치즈와 소세지를 먹었다. 데이브가 주머니에서 건포도·땅콩스낵▲ 봉지를 꺼냈다. 하늘에 번지는 낙조를 갖가지 빛깔과 잿빛 감도는 주황색으로 반사시키는 켜켜 구름에 반쯤 가리운 구릉과 산자락이 펼쳐놓은 광활함속에, 눈 앞에 보이는 모든 것이 뭔가 지상의 것을 벗어난 분위기를 자아내었다. 우리 셋만이 거주하는 이 세계에서 어마어마한 정적감, 외떨어짐, 광대무변함을 누리며 우리는 잠시 동화의 나라에 들어선 듯한 느낌마저 들었다. 반쯤 떠오르는 꿈이 마치 유년

▲ gorp : 건포도, 땅콩, 편도씨, 초콜릿, 엿 따위를 섞어 굳힌 열량 높은 군음식.

시절의 기억처럼 그저 어슴푸레하게 회상되듯이, 시야에 들어온 것들이 홀연 사라질까 두려워 주위의 형태와 빛깔이 주는 인상을 꼭 붙들려고 애썼다.

얼마간 쉬느라고 뻣뻣해진 두 다리를 쭉쭉 뻗으며 다시 걸음들을 떼었다. 나는 바람에 휩쓸린 눈더미가 온통 어지럽게 쌓인 고원대지를 빠른 걸음으로 질러 일행을 이끌어갔다. 이 눈더미들은 대단한 건축술을 보여주어, 우리들로서는 내심 불안스런 바람의 힘에 대한 여실한 증거였다.

일단 얼음벽에 몸을 싣자 등반의 진척도를 거의 알아차릴 수 없었다. 나는 매걸음마다 너덧 번씩 심호흡을 했고 열다섯 걸음을 걷고 나면 30초 가량 멈춰 쉬곤 하였다. 왼쪽으로 비스듬히 방향을 틀어 사츰을 몇 군데 피하였다. 해가 뉘엿뉘엿 지면서 동철이 박히는 발 밑의 얼음 빛깔이 연분홍빛에서 짐짓 보랏빛으로 옮아갔다.

정상까지는 거리가 너무 떨어졌기 때문에 우리는 당분간 등정(登頂)은 염두에 두지 않고 그저 빙벽 오르기나 착실히 해내야겠다는 심산이었다. 빙벽을 오르는 도중에도 줄곧 벼랑 끄트머리의 능선에 눈길을 주었다. 그런데 한발 한발 오르노라니 문득 빙벽이 끝나버렸다. 동료들이 벼랑 위로 오르길 기다렸다가 다 함께 십분 가까이 휴식을 가진 뒤에 다시 걸음을 옮겼다. 등성이는 빙벽에 비하면 훨씬 덜 가팔라서 한결 빠른 행보를 놓을 수 있었다. 하지만 꼭대기에 한시바삐 오르고 싶은 초조감에 피로가 덧들여져 더 낮은 고도에서 등반할 때에는 유지했던 안정된 보조를 제대로 지키지 못하였다. 해적이 좀더 쉬자고 했다. 해적이 그 무거운 무선통신 기재를 예까지 끌고온 걸 보면 아버지를 어지간히도 좋아하는구나 싶었다. 데이브가 내 옆구리를 쿡 찌르며 출발을 재촉하였다. 해가 지평선 너머로 완전히 가라앉은 뒤 거즘 한 시간이 다 되어가는데 저녁해의 희읍스름한 잔조를 받아 산등성이를 타고 있었던 터에 마땅히 틈을 내어 앞등을 안전모에 부착시켰어야 옳지 않았나 싶다.

산등성마루가 가까와질 무렵하여서, 서녘에 남은 푸르스름한 색조를 빼고는 하늘이 온통 캄캄해졌다. 조심해서 발디딜 데를 살펴야했다. 일곱, 여덟 걸음마다 멈춰 쉬었다. 뒤를 돌아보니 데이브와 해적이 검은 형체로서 얼음의 잿빛을 배경 삼아 마치 반그림자처럼 어른어른하였다. 모두들 말이 없었다. 다만 때때로 뒤에서 밧줄이 가볍게 당겨졌다.

능선이 끝나고 땅이 야틈하게 꺼진 곳에 이르렀다. 좌우로, 허공을 등지고 나지막이 기어오르는 산줄기들이 겨우 희미하게 보일 따름이었다. 선뜻 방향을 잡지 못하여 머뭇거리는데 데이브가 곁으로 다가서며 오른쪽이 맞다고 했다. 데이브에게 말하여 그를 앞장 세웠다. 우리 셋은 가까이 모여 밧줄을 단단히 사려쥐고 얼어붙은 산등성이를 기어올랐다. 이제 우리쪽에서 볼 때에 오른편과 정면으로 놓이게 된 드날리의 남사면에서 세찬 바람이 솟구쳐 불어왔다. 산등성이가 몹시 협착한 것은 아니었으나 어두워서 발 밑을 제대로 살필 수 없었으므로 칼날을 밟듯이 정신을 바짝 차렸다. 먼저 데이브가 얼음바닥에 비죽이 튀어나온 알루미늄 막대를 발견하고 걸음을 멈췄다. 나도 얼른 이것이 바로 정상 표지임을 깨닫지 못하였다. 우리는 서로서로 얼싸안았다. 목청껏 고함지르며 서로 어깨를 두드렸다. 우린 해냈다!

우리는 산꼭대기에서 바라보는 조망을 고대했었다. 그러나 사위가 어둠에 잠겨 있었다. 잠시 뒤에 데이브가 남녘에서 몇 점 푸르스름한 불빛이 희미하게 깜빡이는 것을 찾아냈다. 데이브는 한숨 짓듯 탄성을 내었다.

"우와! 칠흑같은 심해에서 인광을 발하는 플랑크톤이 점점이 떠있는 것 같군."

그토록 막막한 얼음길의 여정 끝에 시야에 들어오는 것이 고작 앵커리지의 불빛이라니, 참으로 온당치 않다는 생각을 떨쳐버릴 수가 없었다. 우리가 그곳을 떠나왔다는 사실이 좀처럼 믿어지지 않았다. 게다가 얼음에 박힌 알루미늄대가 자꾸 마음에 걸렸다. 이전에 누군가 이곳을 다녀갔대서가 아니라, 그 소행이 천박한 정복심을 드러낸 짓으로 여겨졌기 때문이었다.

나는 어둠에 묻힌 풍경의 장관을 어디 조각이나마 엿볼 수 있을까 하여 칠흑같은 하늘을 사방으로 살펴보았다. 그러나 그 많은 능선이며 빙하가 달리는 방향조차 짐작하기 어려웠고 또다시 내 시선은 빌어먹을 놈의 알루미늄대로 옮아가고 말았다. 나는 애써 그것을 의식에서 밀어내며 이 순간순간을 그저 즐기고자 했다. 그러나 고도 탓에 집중력이 약해짐을 느꼈다. 나는 알루미늄 원광이 광맥에서 어떻게 캐내어져 제련공정을 거치고 막대기 모양으로 만들어진 다음, 이 대륙의 최정상으로 운반되어 빙설이 엉킨 바닥에 박히게 되었는지 차례차례 머리속으로 좇아보았다. 이런 끝에 참 어처구니 없구나 하는 생각이 들었다. 구태여 따질 것도 없이 이 막대기는 다른 등반대가 안전장비 가운데 지니고 온 등반로 표시용 말뚝으로써 자기들이 거쳐간 표지로 정상에 남겨두고 간 것에 불과했다.

누가 여기에 말뚝을 박았을까 하고 해적이 물어왔다. 나는 어깨를 으쓱해보이고는 두 번 다시 그것을 생각하지 않기로 작정했다.

"봐, 별이 전혀 뵈지 않으니 희한하지 않아?"

해가 진 뒤로 상층 고도에 안개가 발생하였음에 틀림없었다. 똑바로 응시하지 말고 곁눈으로 비스듬히 바라보면 한결 밝게 보이는 신기한 시각현상을 알아냈다며 데이브가 다시 앵커리지의 불빛에 주의를 돌렸다. 비록 희읍스름하였지만 불빛들이 무리를 지어 마치 온기를 보내주는 듯하였다. 그 녹색 불빛에 아름다움마저 느꼈다. 며칠 뒤면 저 불빛들이 모인 곳으로, 아니면 저런 불빛들이 있는 페어뱅크스로 돌아가 있겠구나 하는 데까지 생각이 미치니 왜 그런지 싫었다. 그러나 다시 만날 사람들에 대해 따뜻한 마음이 절로 우러나오는 데는 어쩔 도리가 없었다.

"옳지, 저기 우리 아기씨네 현관 등불이 보이네그려!" 해적이 느닷없이 소리질렀다.

"바람이 20노트는 되겠는걸." 데이브가 어림잡아 말했다.

아래에서 치부는 바람에 냉기가 파카를 뚫고 스며들기 시작했다. 우리는 등성이를 따라 25킬로미터쯤 내려와 약간 우묵하게 팬 곳으로 물러나왔다. 지세가 다시 평탄하여 앞등을 부착하였다. 데이브가 시계를 들여다보았다: 7시 3분. 한란계의 붉은 기둥은 마이너스 50℃에 머물렀다. "자, 행동개시." 내가 먼저 입을 열었다.

해적이 무전기를 눈위에 내려놓고 다이얼들을 좌우로 돌려대고 무전기 본체를 뒤흔들어도 보고 덜컹덜컹 소리가 나도록 뒤치어 보았다가 허텅지거리를 낭자하니 해대었으나 혼탁한 공전음조차 알겨내지 못하였다. 기온이 너무 낮았기 때문이다.

데이브가 얼음바닥에 작은 구멍을 파고 여러 사람한테서 산정에 두고 오길 부탁받은 갖가지 기념품을 한데 묻었다. 우선 알래스카주의 문장(紋章)을, 그리고 이 정상에 처음으로 오른 등반가인 허드슨 스틱이 당시 부감독으로 재직했던 감독관구에서 부탁한 십자가를 툭 떨어뜨렸다. 그리고는 데이브가 놀랍게도 호주머니에서, 내 짐작으로는 벌써 없어진 지 오래되었거니 싶었던 물건을 끄집어내는 걸 보았다. 그가 파린이 쓰던 모자를 얼음구덩이에 집어넣을 때 어쩔 수 없이 떠오르는 영상들이 눈 앞에 퍼뜩였다. 데이브와 해적은 무슨 생각을 하였을까? 알 길이 없었다.

해적은 무전기를 만지작거리고, 데이브는 죤이 소속된 산악회에서 에베레스트 산 정상에도 지니고 다녀온 적이 있는 깃발을 찾느라고 배낭을 뒤적거리는데 내게는 점점 하산하고 싶은 마음이 강하게 일어났다. 그런 날 보고 해적이 마음 좀 느긋이 먹으라고 했다. 나 혼자서라도 내려가려는 어리석은 충동마저 일었다. 흡사 편집광 환자처럼 군다고 데이브가 핀잔을 주었을 때 문득 내가 겁을 집어먹었음을 깨달았다. 도대체 무엇으로? 요량컨대 필요 이상으로 여기에 오래 머물러서는 안될 것 같았다. 우리 앞에는 멀고도 험난한 하산길이 놓였기 때문이다.

결국 해적은 무전기에 대해 두 손을 들고 말았다. 앞등을 해적 쪽으로 비춰보았더니 자못 실망한 표정이 역력했다. 불현듯 그의 모습에서 여태껏 보아온 억센 우리 동무 해적이 아니라, 멀리 떠나온 집을 그리는 꼬마애를 보았다. 데이브가 몸을 폈다.

"어, 다 됐다. 아트, 우릴 인솔하게나."

나는 거리낌없이 등성이를 타내리기 시작했다. 우리들 등산모에 부착된 앞등 불빛은 사방 1미터 넓이쯤 비춰주었고 그 너머로는 칠흑같은 어둠뿐이었다. 짐작대로 등산로는 눈에 찍힌 우리 발자국으로밖에는 식별이 안되었다. 푸석눈 켜가 엷은 곳에 이르렀을 때마다 발자국을 찾느라고 걸음을 멈춰야만 했다. 정상은 잊어버리라고, 한숨 돌릴 생각은 아예 말라고 스스로 거듭거듭 다짐을 두었다. 이제 시작일 뿐이다, 이렇게 자신을 타일렀다. 어찌하든지 집중력을 총동원하고자 무진 애를 썼다.

벼랑가를 넘어 빙벽을 타내렸는데 올라갈 때, 동철이 박혀들었던 자리임을 보여주는 것이라곤 아주 작은 흔적들밖에 눈에 띄지 않았다. 내가 만약 이 흔적들을 놓쳐버렸다가는 오른쪽으로 빗나가게 되어, 워낙 가팔라서 도저히 오를 수 없는 얼음벽이 있는 곳으로 빠져들거나, 수많은 크레바스에 걸려들지도 몰랐다. 한 사람이라도 발을 비끗했다가는 다함께 어둠 속에 500미터 아래 분지로 굴러떨어지리라는 사실을 너나없이 잘 알고 있었다.

벼랑을 삼분의 일쯤 내려왔을까, 얼음벽을 계속 응시한 탓에 두 눈에 눈물이 흘렀다. 잠시 쉬면서 눈과 다리의 피로를 함께 풀었다. 우리를 둘러싼, 한 치의 틈도 보이지 않는 어둠을 지켜보노라니 거기에는 아무 것도 없다는 생각, 밤은 허허롭기만 하고 완벽한 흑암 속에 단지 우리가 켠 세 개의 앞등만이 이 밤을 지킬뿐이라는 생각이 갑자기 엄습하여 전신을 엎누르는 듯하였다.

더없이 조심하면서 하강을 계속하였다. 빙벽의 기울기가 적이 뜨면서 하강속도가 빨라졌다. 빙벽 발치에 내려섰어도 멈추지 않고 걸음을 재촉하여 고원대지를 가로질렀다. 내가 한 번 길을 잃어버렸다. 밧줄이 아니었더라면 어쩔뻔했을까 싶어 하나님께 감사를 드렸다. 제 길에서 아직 벗어나지 않은 데이브에게 연결된 밧줄 덕택에 뒷걸음쳐서 데이브에게로 갔다가 다시 길을 제대로 찾아내었다. 우리는 계속 나아갔다.

두 다리에 힘이 빠져 후들거렸다. 내 걸음이 너무 느리지 않느냐고 했더니 데이브와 해적은 자기들이 선두에 서더라도 더 빨리 가지는 못할 거라며 자신감을 심어주었다. 이제 몇 분씩 못가서 쉬어야 했다. 몇 번이고 길을 놓쳤는데 그때마다 데이브가 멈춰 선 곳으로 되돌아와 다시 길을 찾아내곤 하였다. 심지어 바로 눈 앞에 두고도 눈(雪)에 박아둔 표식을 알아보지 못하는 때도 많았다. 계속해서 극도로 긴장한데다가 피로가 덮쳐와 집중력이 떨어졌기 때문이다.

 아래쪽 분지를 가로질러 뻗은 크레바스 지대에 이르렀는데 낮에 건넜던 것보다 훨씬 빨리 횡단하여서 적잖이 놀랐다. 산줄기를 타내려 암괴가 비죽비죽 드러난 곳까지 왔다. 우리가 기억한대로 한둔 장비를 묻어둔 지점에 다 온 셈이다.

 잠시 뒤에 돌덩이로 지질러 둔 낙하산 천으로 덮인 침낭들을 다시 찾아내었다. 이제 얼음굴까지 먼 길을 걸어 내릴 것인가, 아니면 동틀 때까지 드날리재에서 잠을 청할 것인가? 데이브는 계속 가길 바랐다. 아주 녹초가 되어버린 해적은 날이 밝기까지 서너 시간만이라도 쉬었으면 좋겠다고 했다. 나도, 우리 모두 이렇게 지쳤는데 어둠속에서 가파른 빙벽에 모험을 걸 필요는 없다고 같은 뜻을 비쳤다. 데이브는 쉬지 말고 한달음에 기지까지 내려가자고 했으나 고갯마루에서 하룻밤 묵는 것이 가장 안전할 거라고 내가 설득하여 그의 마음을 돌려놓았다.

3월 1일 · 마이너스 148°

* 원주: 등반대는 드날리재와 5,240미터 고도의 기지로 갈라졌다. 통신수단이 없었으므로 제각기 상대편의 형편을 알 길이 막막했다. 이제부터 서술은 드날리재에 남은 데이브와 해적, 아트 쪽에 따르는 한편, 강풍으로 고립된 그렉, 시로, 죠지, 존 일행이 쓴 일기를 통해 그동안 일어난 일의 경과와 이들이 느꼈던 감정의 추이를 전한다.

5,240미터 – 그렉, 존, 시로, 죠지

그렉의 일기:

끔찍한 일이 일어났다. 우선 오늘 아침 이야기부터 시작해야겠다. 시로가 일찍 일어났다. 아직 바람이 좀 있었지만 어쨌든 한번 덤벼보기로 했다. 시로와, 죠지, 그리고 존과 내가 둘씩 짝을 지어 밧줄로 몸을 매고 출발하였다. 길을 나설 때부터 그다지 멀리 갈 수 없을 게 뻔하였다. 바람이 높이 사납게 울부짖었다. 300미터쯤 나갔을까, 존이 지쳐버려서 다른 사람들에게 알리러 나 혼자 걸음을 재촉하였다. 두 사람에게 닿자 죠지가 밧줄을 풀고 되돌아가 존과 함께 기지로 귀환하였고, 나는 시로와 함께 밧줄을 매었다. 우리 생각은 올라가서 다들 괜찮은지 한번 살펴보려는 거였다. 재에 다가가자 그 쪽 대원들이 왜 내려오지 않았는지 알고도 남을 만했다. 바람이 미친 듯이 휘몰아쳐댔다. 나는 고갯마루까지 오르려 했으나 바람때문에 발길을 돌렸다. 그래서 우리는 그들이 한둔하는 곳에서 바로 아래로 추측되는 지점까지 비스듬히 기어오르기로 했다. 시로가 앞장서서 두 차례 시도하였으나 바람이 워낙 세차서 여의치 못했다.

게다가 맞바람이어서 한 걸음이라도 조금 크게 떼었다가는 다시는 돌아오지 못할 길로 들어설 판국이었다. 시로가 다른 길을 더듬어 보았으나 결과는 마찬가지… 우리는 급히 물러나왔다. 시로가 헛걸음치고 왔을 때 한번은 그더러 뭐가 보이더냐고 물어보았었다.

"음, 침낭 세개. 모두들 침낭 속으로 들어간 게지."

둘이 기지로 막 돌아왔을 때 시로는 자기가 본 것이라곤 바위에 기대어 누운 채 바람이 펄럭거리는 침낭 한 개뿐이라고 했다.

시로가 짐작하기로는 바위가 바람을 등진 쪽에 세 사람이 있으리라는 것이다. 낙하산으로 바람을 가리고 아마 한 침낭 속에는 둘이 같이 들어가 누웠을 것이다. 어쨌든 분명한 사실은 그들이 한둔 장소까지 되돌아온 것과 이제 곤경에 놓였다는 점이다. 우리가 그들에게 닿을 수 있었다면—30미터도 채 되지 않는 거리였다—고개의 이쪽 면은 바람이 그렇게 심하게 불지 않는다고 일러줄 수 있었을 것이다. 한번 움직여보라고 말이라도 낼 수 있었을 텐데 말이다.

여러 모로 불리한 상황이다. 바람이 시속 160킬로미터로, 아니 그 이상으로 부는지도 모르겠고……저 위쪽으로는 백시현상이 보인다……지금으로서는 그저 이들이 이 어려움을 이겨내기를 기도할 따름이다. 제발 이겨내야 할 텐데.

나중에 시로가 실토하였다.

"침낭을 한 개밖에 보지 못했을 때 나는 이들이 틀림없이 숨졌다고 생각했다. 그러나 그렉에게는 세 개를 보았다고 말했다. 그렉은 격한 감정에 잘 휘말리는 사람이다. 그를 놀라게 하면 위험한 사태가 벌어질지도 모른다고 생각했다. 실성했을런지도 모른다."

드날리 재-아트, 데이브, 해적

바람에 잠이 깼다. 요란스럽게 펄럭대는 낙하산이 생가죽 채찍이나 소총소리처럼 날카롭고 모진 소음을 연달아 내었다. 바람은 우리가 사이사이에 비집고 들어 누운 바윗돌들을 맹렬히 난타해대 고막을 찢을 듯한 굉음이 일었다. 폭풍속에서 엇갈려 흐르는 공기의 역류들로 말미암아 바람의 음 높이가 신음소리에서 길게 끄는 흐느낌으로 오르내렸다. 등으로 전해오는 둔중하고도 뜨끔한 압박은 바람을 타고 엄습하는 한기였다.

나는 침낭에 드러누운 채 몸을 틀어 등 뒤에서 후려치는 낙하산에서 느즈러진 부분을 찾아 더듬대었다. 그것을 찾아 잡는 순간, 혹독한 냉기가 두 손을 꿰뚫고 지나갔다. 잠에 취해 침낭 바깥에 놓인 모든 물건과 함께 예외없이 나일론 천도 영하 40℃인 점을 깜빡 잊었던 것이다. 제멋대로 퍼덕이고 철썩대며 붙박아 두려는 내 노력에 한사코 어기대는 낙하산과 드잡이하는 동안 한기가 손가락마다 깊이 스며들었다. 가까스로 느즈러진 부분을 수습하여 몸 밑으로 넣어 몸무게로 눌러 놓기가 바쁘게 한 손은 겨드랑이에, 다른 손은 샅에 넣어 녹였다. 급습하는 한기에 숨이 턱에 닿았다.

팽팽하게 당겨진 낙하산은 소리를 덜 내었고 잠시 긴장을 풀고 쉴 수 있었다. 한기가 깊숙이 박혀들어 살 속에서부터 통증을 일으키던 손가락들이 콕콕 찌르는 느낌과 함께 천천히 감각을 되찾아갔다. 나는 몸 길이 전체로 데이브와 몸을 맞대어 조금이라도 따뜻해지려고 하였다. 그러나 데이브도 내게 다가들려고 침낭안에서 구물거리는 것이 느껴졌다. 나는 데이브에게 다가붙어서 한참 동안 가만히 누운채 다시 잠이 들기를 기다렸다. 생각을 머리에서 밀어버리면 바람과 추위가 사라지기라도 할 것처럼.

잠이 오지 않았다. 그리고 바람은 더욱 사나와지기만 했다. 데이브의 몸과 맞대이지 못한 등 부분을 따라 전해오는 한기를 애써 잊어보려 하였으나 허사였고 지독한 추위에 온몸이 부르르 떨렸을 때 등이 닿은 침낭 부분에 뭔가 잘못이 생겼나 싶어 몸을 뒤돌려 살펴보았다. 아찔하게도 침낭의 겉감과 안감인 나일론 홑껍데기 두 장 밖에 남아있지 않았다. 바람에 부등깃털이 몽땅 밀려내려가 버린 것이다. 바람을 막아내도록 고안된 낙하산 천을 어떻게 바람이 통과하여 침낭까지 파고들 수 있었는지 믿기 어려운 노릇이었다.

낙하산이 또 다시 펄럭거리기 시작했다.

"에이, 제기랄."

내 입에서 내뱉아 낸 소리. 낙하산 한 귀퉁이가 다시 풀려 나간 게다. 다시금 느즈러진 낙하산을 붙들어 맬 힘이 내겐 없다는 생각이 들어 침낭 안에 몸을 동그랗게 웅크린 채 간간이 떨며 뭔가 해결이 나겠지 하고 막연히 기다렸다. 그러나 정작 무슨 해결이 날런지는 알 수 없었다. 5, 6분쯤 지났다고 생각되었으나 실제로는 십여 초나 되었을까, 해적이 낙하산을 잡아매려고 애쓰는 기척이 들려왔다.

"아트"

해적의 목소리는 아득히, 그리고 귀설게 들렸다.

"이것 좀 도와줘."

그의 목소리를 듣고보니 실상 우리 셋은 누가 말문을 열기 전에 잠에서 깨어난 지 벌써 한 시간 이상 넘겼음을 새삼 깨닫게 되었다. 나는 침낭속에 몸을 파묻은 채 거짓된 것이긴 하나 그곳의 보호에서 한순간이라도 떨어지고 싶지 않았다. 해적을 도울 것인가, 좀더 누워 있을 것인가 망설이는 동안에 데이브가 두 손과 양무릎을 써서 낙하산과 씨름하는 것을 알 수 있었다. 낙하산이 잇달아 급하게 바람에 부풀어서 펄럭거리며 데이브의 머리와 등을 마구 내리쳐댔다. 데이브는 욕지거리를 해대며 낙하산을 홱 낚아채어 귀퉁이 한 부분을 자기 몸에 겨우 겨우 감아 잡았다. 그러나 그가 침낭속으로 들어가

자리를 잡자마자 다시 휙 빠져 달아났다.

"이봐, 우리 여길 빠져나가야 돼!"

데이브가 버럭 소리를 질렀다.

"어디로? 내려갈 순 없잖아!"

해적이 매달린 낙하산 한 귀퉁이를 함께 움켜잡으며 내가 말했다.

"새벽 바람이니까 곧 잠잠해질 거야."

"새벽 바람이라고?" 데이브가 마뜩찮은 눈초리로 나를 쳐다보았다.

"이 맹한 친구야, 지독스런 폭풍이잖아. 내가 바위 저쪽을 돌아보고 오겠네."

"우워어어……" 바람을 꿰뚫을 듯 노려보며 해적이 나직하게 외쳤다.

데이브는 침낭에서 완전히 빠져나오지 않고 몸통 중간께에서 침낭 아가리끈을 꼭 졸라매었다. 두 다리는 여전히 침낭 안에 둔 채 두 팔을 마음대로 흔들며 3미터 떨어진 고개턱으로 허정대고 갔다. 나는 마음이 오그라붙는 것만 같았다. 부여잡은 바위가 손아귀에서 미끄러져 벗어나기라도 하는 날엔 속절없이 바람에 휘날려갈 것이다. 저쪽에서는 도움을 청하여 소리친다해도 절대로 그 소리가 들릴리 없었다. 얼마나 멀리 갔을까? 우리에게 그의 힘이 필요할 때는 어디 바위 뒤에라도 모습이 감추어져 그를 찾아낼 수 없을지도 모른다. 내가 두려움을 느끼는 데에는 이와 같이 그 나름대로 논리적인 이유가 있기도 했지만 데이브가 우리 곁을 떠나는 것은 서로간에 신뢰를 깨뜨리는 일이었으므로 도무지 마뜩치가 않았다. 그의 행동은 함께 있어야 한다는 생존의 기본 원칙을 어기는 짓이었다.

"데이브." 내가 고함쳤다.

"기다려! 내 생각엔 여기가 오히려 안전해."

"좋다면 자네나 거기 있지!" 데이브가 대꾸했다.

"이 바람은 위험해, 그러니 나는 빠져나가야겠어!"

"어디로 가나?"

데이브에게는 이미 내 말이 들리지 않았다.

"거기도 바람받이야!"

그는 이미 마루터기를 넘어가 보이지 않았다. 내 방한장갑은 너무 투박하여 낙하산을 움켜잡을 수 없었으므로 두툼한 양털 양말을 두 손에 꼈는데 금새 손가락들이 곱아졌다. 그런데 해적은 맨손으로 낙하산을 붙잡은 것을 보고 깜짝 놀랐다. 해적을 보고 손에 뭐 좀 끼라고 소리치는데 손에 낀 양말 한 짝이 벗겨지려 했다. 얼른 끄집어 올리며 자세를 바꿨는데 깔고 앉았던 방풍파카를 바람이 냉큼 움키고 말았다. 파카 큰 주머니에는 생리학 검사용으로 내가 사용해 온 테이프 녹음기가 들어 있었으나 그 순간 내게는 주머니에 챙겨넣었던 과자 여섯 개를 잃을 것이 훨씬 더 큰 걱정거리였다. 언뜻 파카가 곁에 있었는데 일순간 15미터, 30미터 공중으로 휘몰려 올라가 드날리 산꼭대기 쪽으로 날아가는 모습이 눈에 들어왔다.

데이브가 가버려서 그가 맡았던 쪽의 낙하산이 느즈러져 바람에 펄펄 날았는데 까딱하면 낙하산 나일론 천 전체가 낚아채일지도 몰랐다. 우리는 낙하산을 우리 몸에 감아 붙잡아두려는 노력을 그만두었다. 바람에 날려가려는 것을 막으려고 매달리다 보니 양팔에 가해오는, 바람이 당기는 힘에 팔이 온통 몸에서 비틀려 뽑힐 것만 같았기 때문이다. 낙하산만이 우리에게 유일한 은신처였는데 말이다.

"두 손 다 못 쓰게 되었어!"

풀죽은 해적의 음성은 훌쩍거려 우는 소리 같았다. 초췌한 얼굴은 섬짓하도록 고통스러운 표정으로 일그러졌다. 텁수룩한 수염에 얼음이 하얗게 엉겨붙었다.

"두 손을 이리 넣게!" 해적의 머리가 내게서 불과 두어 뼘 거리에 있었지만 고함을 쳤다. 내 배에 와 닿은 해적의 손가락들은 마치 얼음덩어리 같았다.

"뻣뻣해졌어!"

"꼬물거려 봐!"

나는 낙하산을 더욱 단단히 거머쥐려고 손을 다시 뻗쳤다. 그러나 낙하산이 손아귀를 빠져나갔다. 나는 몸을 내던지다시피 했다. 해적이 자기 옆으로 철썩거리며 지나가는 것을 때마침 붙잡았다. 그는 아픔을 못 이겨서 몸을 움찔하였다.

"어, 빌어먹을!"

해적이 신음 소리를 냈다. 그가 손을 놓아버리자 낙하산이 하늘로 뒤치락거리며 날아갔다. 바위 뿌다구니에 잠시 걸렸었는데 걸린 부분이 찢어지다가 휙 날아가버렸다.

그제야 처음으로 하늘을 쳐다보았다. 그것은 산과 꼭 맞대인 시퍼런 벽이었다. 얇은 구름조각들이 흩어져 사위가 부옇

게 변해갔다. 실눈을 뜨고 바람을 맞는데도 눈물이 흐르고 눈이 따가왔다. 여태껏 겪어본 그 어떤 바람과 비교해 보아도 이 바람은 아예 다른 원소로 구성된 듯싶었다. 마치 중력이 자리를 옮겨, 우리를 지상에 붙잡아주는 대신에 허공을 가로질러 잡아당겨 가는 느낌이 들었다.

해적이 내 파카 밑으로 양손을 디밀었다. 그래서 침낭 아가리가 열려 바람이 들이쳤다. 아가리를 졸라매다가 해적과 함께 나동그라졌다. 둘은 서로를 부둥켰다.

"날 꽉 잡아!"

"아트, 우리 한데 들어가지."

"무슨 수로? 비좁은데……자네 손을 이리 줘."

냉랭한 손가락들이 내 복부의 살을 잡는 것이 느껴졌다. 내 침낭이 또 열려서 해적은 바람이 내게 들이치지 않도록 침낭 아가리 위로 몸을 구부렸다. 나는 그의 몸에 비스듬히 기대며 가쁜 숨을 헐떡였다. 떨리고 위아랫니가 마주 부딪치며 온몸이 추위에 후들후들거렸다.

"해적, 소용없어!"

바람이 침낭 속으로 쏟아져 들어왔다. 우린 둘 다 체온을 뺏기고 있었다.

"각자 자기 침낭 속에……그게 낫지."

"손가락에 감각이 없어!"

"다리 새에 넣어!"

"난 손을 잃고 싶지 않아!"

문득 데이브 생각이 났다. 바위 너머가 바람이 덜 하다면 우리에게 알리러 돌아왔을 것이다. 여기나 매한가지라면 우리와 합류하러 되돌아왔을 것이다. 틀림없이 변고가 있는 게다. 하지만 혹 바람을 피할 구석진 곳을 찾아냈을지도 모른다. 데이브가 어떻게 우릴 버릴 수 있겠는가?

"해적, 저쪽으로 가 보세!"

"아니야……바람은 어딜 가나 마찬가지야!"

우린 두 개의 바윗돌 사이에 몸을 단단히 끼운 채 허리를 직각으로 꺾어 서로 부둥켜안았다. 몸을 느슨하게 둘 때마다 바람이 덤벼들어 조금씩 미끄러져 내리는 얼음장을 따라 우리를 미끄러뜨리는 바람에 우리는 밀치락달치락 바위쪽으로 기어오르느라 기를 써야 했다. 해적에게 몸을 기대었다고 해서 조금이나마 따스함을 얻었다든가 한 것이 아니었지만 마음에 위안이 되었다. 나는 외톨이가 아니었다. 둘 다 말이 없었다. 머리를 침낭 안에 넣으니 한결 숨쉬기가 쉬워졌다. 저 아래 눈굴에서는 무엇들 하고 있을까 궁금했다. 시로의 기침, 그렉의 발, 부어오른 죤의 귀─생각만 해도 끔찍스러웠다.

몸 밑으로 얼음이 미끄러지는 것을 느낄 수 있었다. 허리를 바닥에 댄 채 미끄러져 내리다가 마침 손을 뻗어 해적의 무릎께를 그러쥐었다. 바윗돌에 다시 몸을 끌어다 붙였다. 두 팔에 맥이 빠져 부들부들 떨렸다. 해적이 침낭에서 얼굴을 내밀어 멍하니 보았다. 그는 머리를 천천히 내쪽으로 돌려 맥이 다 풀린 고갯짓으로 한 번 끄덕여 보였다. 저 사람이 혼수 상태에 빠져드는 게 아닌가? 내 몰골도 형편없이 구겨졌을 성싶었다.

"여기 있어봤자 별 수 없네."

내가 힘없이 뇌까렸다.

바위에 몸을 붙이고 버텨내는 것만도 여간 힘에 부치는 게 아니었다. 그러니 해적에게 도움이 될 만한 일이란 전혀 할 수 없었다. 어쩌면 데이브가 안전한 곳을 찾아냈는지도 몰랐다. 바위 너머로 건너가서 한번 살펴봐야 했다. 그러나 실제로는 어찌할 도리가 없었다. 어떻게 해적을 혼자 놔둘 수 있단 말인가? 그렇지만 나 혼자서 어떻게든 해봐야 한다!

"건너가 보겠네."

해적은 꼼짝도 하지 않았다.

"해적!" 목청을 높였다.

"데이브를 찾으러 가려네!"

무슨 말인지 못 알아들을 소리로 반은 중얼거리고 반은 고함치면서 해적이 고개를 절레절레 흔들었다.

나는 머리 위쪽으로 바위를 부여잡고 비탈위로 몸을 끌어당겼다. 그리고 또 다른 바위를 잡았다. 뼈를 에는 한기가 모직 양말을 꿰뚫고 후벼들었다. 다시 몸을 끌어올렸다. 그러자 고개턱에 닿았다. 천만다행히도 단지 5미터쯤 떨어진 곳에서 데이브가 웅크려 누운 모습이 눈에 띄었다. 데이브는 얼굴을 내 쪽으로 향하고 누웠다.

"데이브!"

그는 듣지 못했다. 몸을 움찍대어 조금 더 가까이 다가갔다. 바람이 거세게 휘몰아쳐 고개턱에서 굴러 떨어질 것만 같았다. 바람에 떠밀려 암괴 지대에서 벗어나게 된다면 저 너머로는 붙잡고 의지할 만한 것이라곤 전혀 없이 그대로 드러난 빙하만이 기다릴 것이 뻔했다.

"데이브!"

이번에는 고개를 들어 나를 쳐다보았다. 나는 숨이 몹시 차서 외친다고 한 것이 외침 반, 헐떡거림 반인 소리가 되었다.

"자네 있는 곳은 좀 나은가?"

"뭐라구?……마찬가지야. 돌아가게!"

되돌아가기가 싫었다. 그렇다고 해서 바람에 그대로 드러난 마루터기에서 무작정 주춤댈 수도 없는 노릇이었다. 어떻게 할까 미처 마음을 정하기도 전에 세찬 옆바람에 후려맞았다. 바위를 움켜잡았다. 그러나 급히 잡은 바위너설이 무너져 나왔다. 데이브에게 조금 더 가까이 놓인 다른 바위를 얼른 손바꿔 잡았다. 그 와중에 왼손에 낀 양말이 벗겨져 바람에 날려가 버렸다. 맨손을 침낭 속으로 거두어 넣고 오른손으로 바위를 붙잡았다. 바람이 내 몸을 가붓한 물건처럼 한껏 희롱하였다.

바위를 움켜잡은 오른손이 추위로 저려오고 팔뚝은 무리한 중압에 견디지 못하여 쥐가 나기 시작했다. 바람받이로 되돌아갈 수도 없거니와 오른손으로 더이상 바위에 매달려 지탱할 수도 없다. 내 손이 미칠 수 있는 유일한 바위는 왼쪽으로 1미터 떨어져서 데이브곁에 있었다. 이제 오른손은 아주 무감각해져서 움켜잡은 바위의 촉감을 느낄 수 없었다. 오한이 심하게 나는 몸은 곧 경련을 일으킬 찰나였다.

나는 침착하게 생각을 가다듬으려 애썼다. 만약 손을 놓게 된다면 빙판에 미끄러지며 날려가 버릴 것이다. 생각은 황황히 줄달음쳤다. 왼손으로 데이브곁의 바위를 잡아야만 한다. 장갑도, 양말도 끼지 않은 맨손. 얼어버릴 게다. 그래도 붙잡아야 한다. 나도 모르게 맨손이 뻗어나가 바위 옹두라지를 움켜잡았다. 예리한 칼날로 저미듯이 아프고 시렸다.

데이브의 얼굴을 보았다. 코끝이 벗겨졌으니 동상에 걸린 게 분명했다. 나를 보더니 애처로움과 화가 착잡하게 뒤섞인 표정으로 일그러진 입을 실룩이며 왜 장갑을 안 꼈느냐고 욕설을 내뱉었다. 그제서야 손을 내려다보니 꽁꽁 얼어서 백지장 같았다.

나는 몸을 바위에 갖다붙였다. 데이브는 내게서 고작 1.5~2미터 떨어져 비슷이 기운 얼음 비탈에 쪼아 낸 시렁에 몸을 의지하고 누웠다.

"맙소사, 아트." 갈라진 목소리가 터져나왔다.

"자네 양손 다 동상에 걸렸잖아!"

나는 바위를 밀치며 바람에 몸을 내맡겨 데이브한테로 굴러갔다. 데이브가 두 팔을 벌려 나를 부둥켜 안았다. 나는 그저 그의 몸에 가로질러 누운 채 터질 듯한 가슴으로 숨을 몰아쉬고 온몸을 떨면서 숨이 진정되길 기다릴 따름이었다.

"봐, 파고 들어가야 돼!" 데이브가 입을 열었다.

5,240미터 고지 – 그렉, 죤, 시로, 죠지

죤의 일기:

고개티에는 바람이 울부짖고 있었다. 정상 등정에 나선 패에 대해 처음으로 심각한 우려를 가지게 되었다…… 풍향이 바뀌었다. 까마귀떼가 측벽 산릉 아래로 날아갔다!

정상조에 대한 가정: 아마 전날에 정상에 오르지 못하여 오늘 올랐을 것이다…… 오후 내내 날씨는 급격히 악화되기만 했다. 오후 내내 구름이 날 듯 지나가고 산악은 장엄한 모습이었다. 푸르스름한 산 그림자, 노란 눈…… 시로가 그들이 한둔하는 곳에서 암괴에 기댄 침낭을 하나 발견했다. 그때 그렉은 시로가 세 개를 보았다고 말하는 것으로 들었다고 했으나 아마 바람소리 때문에 잘못 들었던 듯싶다. 그래서 기지로 내려와 시로가 한 개밖에 보지 못하였다고 하자 몹시 뒤숭숭한 표정을 지었다……

세 사람이 걱정이 되어 애달프고 괴롭다. 그러나 악천후를 돌파하여, 시계가 영이지만 틀림없이 오늘밤 내려올 것이다. 만약 그렇지 못할 경우에 우리는 참으로 심각한 곤경에 빠져들게 된다.

쉘던이 오늘 오후 늦게 날아와 착륙등을 켜고 눈집 주위로 낮게 비행했다. 이 비행에 대한 의미를 두고 잠시 논의가 오갔는데 아마 폭풍이 닥치기 전에 등반대의 동정을 살피기 위한 것인 듯했다. 레이가 앵커리지와 무선 교신을 하였다면 쉘던에게 위급함을 알렸을 것이다. 아니면 폭풍이 엄습하기 전에 스스로, 혹은 누군가의 부탁으로 한 번 살펴보러 나왔을 것이다. 죠지는 폭풍에 대한 큰 걱정으로 표정이 무거워지고 시종 말이 없다. 우리로선 속수무책으로 이들이 내려오길 기다릴 따름이다. 그런데 내려오지 않는다면? 위에 있는 세 사람에 대해 아직은 크게 염려하지 않는다. 여하튼 길을 뚫고 내려올 걸로 믿는다. 물론 무슨 탈이 나지 않았다면 말이다. 아트가 시달리던 고산병은? 그래도 쉘던이 우리를 태워가기 전까지 이레쯤은 여유가 있다.

그렉의 일기로 계속 이어짐:

저녁이 되었다. 내려오는 대원들 가운데 누구라도 도움이 필요한 경우에 대비하여 우리는 모두 꼼짝하지 않았다. 바람이 우리가 머문 고도까지 하강하였다. 우리는 뻥 트인 눈굴의 통로를 천막으로 가리고 바람에 견뎌낼 만한 바윗돌을 굴려다가 지질러 놓고 함께 웅숭크려 모였다. 그네들이 오늘밤으로 내려온다면 비좁겠지만 그까짓 비좁음이야 기껍기만 하지. 이들이 오늘밤 귀환에 성공한다면 내일 다 함께 서둘러 하산할 예정이다. 바람이 서남풍이 되어 천막에 정면으로 불어오지만 기상이 더 이상 악화되지 않는 한 별 문제 없을 테니. 저 위쪽 친구들이 지닌 것이라고는 얼마 되지 않는 식량과 연료를 가득 채운 화로 하나, 솥 한 개, 각자 쓰는 침낭 방풍용 낙하산이 전부이다.

하느님, 제발 저들의 목소리를 듣도록 해 주십시오. 저들이 무사히 내려오도록 도와주십시오. 바람이 잠시 멎도록 해 주시고 저들에게 지혜와 체력을 주십시오.

우리가 무얼 할 수 있을까? 생각컨대 최선책은 저 위에서들 기도를 하는 것이리라. 어제 시로가 내려오자고 한 것이 고맙기 그지없다. 어쩌면 우리도 저들과 똑같은 궁지에 몰리게 되었을런지 모른다. 정말이지 우리는 너무 자만하고 무모했다.

에디(그렉의 아내), 내가 당신 품에 안기길 얼마나 고대하는지, 당신 무릎에 머리를 뉘고 당신이 머리털을 어루만져 주길 얼마나 바라는지 당신은 모를 거요. 이런 마음이 뭐 새삼스러운 것은 아니오. 길 떠난 뒤로 줄곧 당신이 그리웠소. 내 마음은 이 일기에서 읽을 수 있을 게요. 사랑하오, 여보. 걱정 말아요. 이 달 닷새쯤 후면 당신 목소리를 들을 수 있겠구료. 잘 자요. 행복한 아침이 밝도록 기도하시고.

그들에게 있는 식량으로는 고작 이틀을 더 견딜 수 있을 정도이나 실상 아무리 늦더라도 오늘밤이나 내일 아침에는 내려와야만 한다. 오늘 이쪽 고개티에는 바람이 그다지 심하게 불지 않는다는 사실을 저들이 알아차리기만 한다면 좋을 텐데. 아, 안으로 들어가자고 조급히 외치는 저들의 목소리를 제발 듣게 되길 기구한다.

낙관적으로 보면 저들은 등반대에서도 가장 강건한 사람들이다. 데이브와 아트는 경험이 풍부하고 레이는 뛰어난 판단력의 소유자이다. 모두 다 옹골차고 검질긴 사내들이다. 바람이 조금만 누그러져도 길을 나서지 않고는 배겨낼 도리가 없을 것이다. 하느님 감사합니다, 바람이 이곳에서는 누그러집니다. 저 위에서도 바람이 자기를 기도 드립니다. 오 주여, 저희 동무들의 안전을 염려하여 저희가 맛보는 이 괴로움을 굽어살피소서.

드날리재 – 아트, 해적, 데이브

데이브가 해적의 발을 자신의 복부에 대어 감싸 안고 부드럽게 안마해 주어 녹였다.

"데이브, 거기서 자네가 우릴 구해낸 걸 자네도 알지."

내가 한 말이 공중에 그냥 걸려버린 듯했다. 어딘지 모르게 싱겁게 들렸는데 데이브도 어색한 듯 입술을 지그시 물었다. 나는 말을 더 잇지 않았다. 그러나 존경심과 사랑을 느끼며 그가 하는 동작을 두 눈으로 좇았다.

데이브는 해적을 자기 침낭 안으로 끌어들이고 나서 화로를 끄집어내려고 손을 뻗었다.

나는 한 시간도 넘게 얼어붙은 비탈에 낸 시렁에 달라붙은 채, 두 손에 동상으로 잡힌 물집이 부풀어오름을 느끼면서 데이브가 얼음 바닥에 굴을 파는 모습을 하릴없이 지켜보기만 했었다. 굴이 막 완성되려던 차에 데이브가 지쳐서 쓰러졌다. 다행히도 이때는 해적이 기운을 차려서, 동상 때문에 생긴 물집이 악화되어 부어오르는 두 손과 발을 가지고서 어렵사리 고개턱을 넘어와서 굴을 마저 파내었다. 그 사이에 데이브가 기력을 회복하여 새로운 우리의 보금자리로 들어가는 입구가 되는 작은 구멍으로 나를 디밀어 주었다.

굴 속으로 들어오자 데이브는 양팔꿈치로 몸을 버티고, 한 쪽 손으로 화로를 붙잡아 다른 손으로 먹을 것을 장만하였다. 비좁은 얼음굴 안에 들어앉아 음식을 마련하자니 지난 네 이레 동안 그 어느 때보다도 딱하고 처량했다. 데이브밖에는 두 손이 화로를 만질 만한 상태였던 사람이 없었기에 그는 묵묵히 음식 만드는 일을 맡았다. 그런 경황 중에도 그는 꽤 훌륭한 요리 재료를 노획해 두었으니, 그 전에 이 산을 다녀간 등반대가 파묻어 둔 2킬로그램 가량의 햄, 베이컨, 완두콩 같은 통조림을 우리가 한둔하던 바위 덩어리들 틈에서 찾아낸 것이다. 남비가 바람에 날려가 버렸으므로 데이브는 햄을 깡통째로 데운 뒤에 빈 깡통에다 얼음을 녹여 물을 얻는데 썼다.

데이브가 가운데에서 요리를 하는 동안 벽쪽으로 납작하게 밀려붙어야 했던 나는 우리가 판 굴이 얼마나 작은가 실감하고도 남았다. 넓은 쪽이라 해봐야 가까스로 어깨를 나란히 맞댈 수 있는 공간이었고 좁은 쪽으로는 침낭 속에 든 발들을 차곡차곡 포개어 얹어야 했다. 뒤쪽의 바윗돌들 때문에 데이브와 해적은 전신을 뻗고 누울 만한 굴을 파낼 재간이 없었던 것이다. 가지런히 포갠 발 위로 천정의 높이는 바닥에서부터 따져 50센티미터가 채 못되었다. 그리고 넓은 쪽이래야 뒤돌아보거나 모로 누울때 한쪽 어깨를 얼음 바닥에 대고 다른쪽 어깨는 천정 얼음에 닿게 되는 높이였다. 그러니 하여간 움직이기만 하면 옆 사람에게 부딪히는 것이었다. 이 굴은 여느 기준으로 본다면 도무지 쾌적하다거나 안락하다 할 수 없었지만 당장에 바람막이가 되어 우릴 지켜주었으니 더 바랄 나위가 없었다.

데이브가 자기 일기장을 찾았으나 없어진 것을 깨달았다. 우리는 너무도 많은 것들을 바람에 빼앗겨버렸다. 네 손과 두 발을 마음대로 쓸 수 없게 되었고, 수치로 나타낼 수 없는 체온의 상실, 식량이 절반 치 든 배낭 두 개, 낙하산, 방풍파카, 그리고-그중 가장 큰 손실이라 할-얼음의 냉기를 차단해 주고 짐을 젖지 않게 해줄 발포(發泡)자리 등등. 하지만 아직은 걱정 없었다. 얼음을 녹이는 데 쓰는 휘발유가 하루, 아니 아껴서 늘려쓰면 이틀은 능히 갈 만큼 확보되었다. 점심으로 먹으려고 싸온 끼니거리가 네 뭉치나 남았고 통조림이 세 깡통이 있어서 굶주릴 염려는 없었다.

그날밤 햄과 뜨거운 물로 한 저녁은 포만감을 주지는 못했어도 아주 맛있게 먹은 성찬이었다. 저 아래 5,240미터고지의 눈굴을 서른 시간 전에 떠난 뒤로 처음 목으로 넘겨보는 따뜻한 음식이었다. 나는 손가락을 거의 구부릴 수 없을 지경이 되어서 데이브가 햄 조각을 하나씩-한 사람에게 다섯 조각씩 돌아갔다-입에 넣어주고 국물을 마시도록 깡통을 입술에 대고 기울여주어야만 했다. 끼니를 채우고 나니 두 눈이 쑥 나오며 환장하도록 좋았고 몸이 훈훈해지기라도 한 듯했다. 우리는 참말이지 한껏 뽐내기라도 할 것 같은 기분이었다.

이는 터럭만큼이라도 바람을 이겨내었다는 생각에서가 아니라 바깥은 어둠 속에 폭풍이 드날리재를 타넘으며 알래스카 산맥을 이리저리 가로질러 횡행하여 미쳐 날뛰는데 작은 굴안에 동아리가 옹기종기 한데 모인 것이 마냥 흐뭇했다.

바람이 서북풍으로 낮잡아도 시속 210킬로미터의 속도로 고갯목을 빠져나가는 중이라는 데에 모두들 동의하였다. 이런 속도라면 영하 34℃에서 영하 43℃에 이르는 굴 밖 기온과 함께 복합적인 효과를 내어 기온 도표의 최저 한계점마저 벗어나는 풍속 냉각 온도를 기록한다는 것이 생각났다. 도표 위에 표기된 마지막 숫자는 마이너스 148°였다.

"영하 일백 사십 팔 도"

입에 담기조차 섬뜩한 수치였으나 이제 최악의 사태는 넘겼다고들 생각했다. 내일 아침, 바람이 누그러지면 내려가서 우리가 해낸 등정 소식으로 5,240미터 고지의 사람들에게 기쁜 인사를 해야지. 그리고 산을 떠나 제각기 집으로 돌아가는 거다. 다들 등반이 끝난 걸로, 이틀 뒤면 다시금 모든 것이 따뜻한 편한 생활로 되돌아갈 줄로만 여겼다.

그러나 바람이 바로 머리 위 고개티에서 윙윙거리며 거세게 두들겨대어, 내가 잠잠해지기까지는 옴쭉 달싹 못할 줄 알아라, 으름장을 놓는 듯했다. 우리가 든 굴을 임시 피난처라고 말하긴 했으나, 이러다 얼음 속에 꼼짝없이 갇히는 게 아닐까 하는 의구심이 귓가에 바람소리를 들으며 잠에 빠져들던 우리들 마음마다 가만히 깃들었음에 틀림없다.

▲ $-148°F(-100°C)$

3월 2일 · 햇빛 없는 곳에 빛살이 터진다

5,240미터 – 그렉, 존, 시로, 죠지

그렉의 일기(오전 9시 30분):

악몽은 끝나지 않았다. 그네들이 간밤에 나타나지 않았다. 이런 일이 벌어지다니 믿어지지 않는다. 아직 체력이 좋을 때 셋이 다 함께 서두르지 말고 내려와야 한다. 용단을 내려야 한다. 오늘 아침은 바람이 세고 시계도 영이다. 악천후다. 어처구니없게도 겨우 300미터 위쪽에 있는데도 우리로서는 어떻게 해 볼 도리가 없다.

존의 일기(오전):

눈굴 속에서 보낸 지독스런 하루. 갈 데까지 가도록 늦잠을 자 볼 심산이었다. 성내어 달려든 바람이 동굴 입구를 덮은 천막에 요란스레 부딪치고 비비대기치며 자락 끝에 둥그렇게 돌아가며 눌러둔 지지름돌에서 천막을 잡아 빼내느라 기승을 떤다. 제일 먼저 시로가 몸을 움직여 늦은 아침밥을 지었다. 별반 말들이 없고 위 세 사람 걱정만 태산 같다. 위쪽으로는 여전히 바람이 드세기만 하다. 그런대로 바람을 덜 받는다는 우리 동굴에도 이쪽으로 질주하던 거센 바람소리가 잠시 숨죽였는가 싶으면 펄럭, 철썩, 그리고 쏟아져 드는 눈, 이런 식이다. 하지만 저 위에서 일어나는 일에 견주면 새발에 피다. 날이 저물어서는 무슨 행동을 취해야 할지 많은 논의가 오갔다 …… 밤중에 천막이 자꾸만 빠져 달아나려고 했다. 그때마다 시로가 나가서 바람이 뒤집개질 친 것을 수습해 놓았다. 참으로 탄복할 만한 일이다. 음식 장만하기가 여간 힘들지 않다. 아무래도 물기 넉넉한 음식을 섭취할 수 없을 듯하다. 날이 저물어 가는데 내려오는 기척이 없으니 근심만 더해갔다. 일곱 명이 편히 쉴 수 있도록 눈굴을 넓혔다. 아직도 고갯마루에서 무시무시한 괴성이 들리는데 이렇게 억패듯 몰아치는 바람을 뚫고 그네들이 내려오기는 글러먹은 일이라고들 줄곧 탄식조였다. 무거운 마음으로 잠을 청한다.

그렉의 일기로 이어짐:

다들 잔다. 깨어있어 봤자 나처럼 별 뾰족한 수도 없이 생각만 복잡할 뿐이다. 저들이 정신 바짝 차리고 함께 결행하는 도리밖에 없다.

주여, 이 악몽이 어서 끝나길 바랍니다. 이들이 겪어야 할 이 끔찍한 시련. 이네들이 오늘 해가 많이 남았을 때 내려온다면 우리들 가운데 한 사람은 남아서 밥을 먹도록 해주고 셋이서 하산하는 것이 가능하리라. 물론 이 일은 이네들의 체력 상태에 따라 정해질 문제이다. 이들이 상황 판단을 잘 내려 사갈 끈을 더욱 바싹 죄고 함께 하강길에 나선다면 일은 쉽게 끝날 것이다.

 기다림이 생지옥이다. 바람이 그치면 행여 발자국 소리가 들릴까 싶어 귀기울인다. 내 생애에 이처럼 오래 이어지는 공포스런 시간을 겪어본 적이 없다. 지독하게 변덕스런 산악 지대 날씨에 꼼짝없이 갇혀버린 것이다. 아래 이곳에는 바람이 자더라도 저 위쪽에서는 변함없이 울부짖는 소리를 듣는다…… 저네들이 일단 내려오기만 하면 산봉우리에 무엇이 있다한들 우리에게 아무런 해코지도 못할 터인데.

드날리 재 — 아트, 해적, 데이브

 밤새 노루잠을 자며 데이브의 무릎과 어깨에 내질릴 때마다 잠이 깨었다. 정신이 맑아질 때는 매번 바람이 자나보군 하는 생각이 퍼뜩 떠오르기 일쑤였지만 미처 잠이 싹 달아나기도 전에 빌어먹을 놈의 아우성 소리가 머릿골을 울리며 달려들었다. 다리를 옮기거나 반대편으로 돌아누워 보았지만 어떤 자세로도 얼음 바닥이 너무 단단해서 몹시 배겼다. 잠을 자면 시간이 흘러갔다. 그러나 고도 탓에 신경이 과민해져 잠이 잘 오지 않았다.

 둘 다 잠들었겠거니 여기고 얼음 천장을 쳐다보면서 두 사람이 깨면 우리가 취할 행동에 관해 의논해보자고 말을 내야지 생각했다. 그러나 곧 두 사람이 좀더 편한 자세를 가지려고 몸을 뒤척이는 바람에 이들도 벌써 깨어 있었음을 확인하였다. 둘을 부르니까 한 시간 남짓이 말없이 누워 있었다고 했다. 정작 할 얘기도 없었다. 그것이 엄연한 현실이었다. 바람이 그치도록, 적어도 느긋할 때까지는 예서 기다리는 도리밖에 없었다. 바람이 자는 기미에 귀기울이며 불면의 시간을 한 시간 또 한 시간 보냈다.

아침 나절, 바람이 줄곧 불었다. 바람소리는 단조로운 가락 속에 오르내리고 있었다손치더라도 아주 미미해서 내게는 마치 소라고동 껍데기에서 들리는 일정한 웅웅거림처럼 들렸다. 다만 음량이 비교할 수 없이 훨씬 크다는 점이 다를 뿐이었다. 그날 늦게 굉장한 질풍이 눈집 거죽을 여러 차례 세차게 사뭇 내리쳐서 지붕이 꽤 흔들리며 천장에서 얼음 결정이 머리 위로 오소소 쏟아져 내렸다.

장난기 어린 말도, 심심풀이 이야기도 오가지 않아 일절 말이 없었다. 저마다 자기 내면으로 들어앉아 묵묵히 기다리며 천장에 엉긴 얼음을 쳐다보고, 동굴 벽의 얼음을 살펴보고, 침낭 안에 깃든 어둠속을 들여다보았다. 나는 나름대로 사고를 적극적인 방향으로 이끌어가려는 생각에서 올 여름에 실행할 계획, 구상을 그려보려 했으나 부질없는 노릇이었다. 고도 탓에 정신이 산란해졌다. 좀체 가라앉지 않는 어지럼증으로 잠을 설쳤는데 이제 정신 집중도 되지 않았다. 종작없이 헷갈리던 생각의 갈래는 언제나 바람 부는 소리에 문득 제 자리로 돌아들었고 끊임없이 고개를 드는 막막한 물음―"바람이 언제 그치지?"―으로 어김없이 귀착되었다.

늦은 저녁때부터 밤이 되는 사이에 걸쳐서 한 번 먹은 끼니가 그날 우리에게 유일한 관심사가 되었다. 데이브가 화로를 다시 매만져서 한 일이 실제로는 요리라기보다 녹이고 풀어내는 일이었다. 찬찬히 눈얼음 덩어리를 깡통에 넣고 녹기를 지켜보다가 눈얼음을 더 보태고 마침내, 해적과 내가 천부적인 손끝이라고 찬탄한 동작으로 단번에 고프 곽을 쏟아 비웠다. 그록▲술같이 말간 액체가 뜨거워지자 초콜릿 조각이 무르녹고 캐슈▲ 알맹이와 건포도가 섞인 황홀한 음료가 되었다. 갈증이 여간 아니었던 차라 이처럼 달고 후련한 음료가 있을까 싶었다. 그러나 내 몫을 다 마시고 났을때 야릇하게 비위에 살짝 거슬리는 뒷맛이 돌았다.

따뜻한 것을 마신 뒤 한식경이 지나자 데이브가 남은 햄을 내놓았다. 얼어붙은 햄이 그저 풀릴 정도로 버너 위에 얹고 거냉만 했다. 그렇지 않고 데운다면 이곳에서 하루 더 바람에 갇힐 경우에 더없이 절실한 연료를 낭비하는 짓일 테니까. 데이브가 살구만한 크기인 햄 조각을 두 개 입에 넣어주고 치즈, 살라미 소세지도 먹여주었으며 입가심하라고 사탕을 세 개 주었다.

또다시 한식경쯤 지났을까, 데이브가 눈얼음을 녹여 물을 한 깡통 만들었다. 물이 아직 따뜻할 때 조그마한 돼지고기

▲ grog, 영국의 제독 Edward Vernon(?~1757)의 별명인 'Old Grog'이란 말에서 유래함. 제독은 부하 수병들에게 독한 럼주(ru미터)에 물을 타서 마실 것을 명했는데, 그가 날씨가 나쁠 때면 곧잘 꺼내 입었던 grogra미터(명주실, 모헤어, 양모 등을 섞어 짠 결이 거친 피륙)으로 지은 배자 때문에 수하 선원들이 그렇게 붙였다고 전함.

▲ cashew, 열대 아메리카 지방 원산인 옻나무과 식물. 수지는 칠감으로 채취하며, 열매는 껍질에서 살갗·점막을 손상시키는 기름을 볶아서 제거한 뒤 먹을거리로 씀.

통조림을 따서 붓고 멀건 국물을 지어냈다. 내 몫을 마시기 전에 먼저 오줌을 누고 싶었다. 그러나 바깥 출입은 엄두도 못 낼 일이었다.

"데이브, 소변통으로 쓸 빈 깡통이나 비닐봉지 없나?"

"없어, 아트. 우리에게 있는 거라곤 식기로 쓰는 것뿐인데."

"그럼 자넨 무얼 썼나?"

"저어……"

데이브가 머뭇거리며 말을 이었다.

"사실대로 말하면 자네가 음식을 입에 대지도 않으리라 생각하네만 이 깡통을 썼다네."

나는 그제야 뒷맛으로 남았던 희미한 냄새, 맛의 정체를 깨달았다. 바로 오줌이었다. 그러나 그게 무슨 상관이람. 이것은 엄연히 지켜야 할 선이 있는 문제라고 생각했었으나 막상 닥치고 보니 그렇지도 않았다.

데이브가 국물을 내게 남김없이 다 따라준 뒤에 나도 침낭 속에서 그 깡통을 쓸 채비를 차렸다. 이 일은 퉁퉁 부은 손가락으로 맨 처음 혼자 해보는 몸주체였다. 게다가 이런 일은 한결 일상적인 환경에서라도 꽤 기술이 필요한 동작이었다. 아차 실수라도 한다면 볼썽사납게 언짢을 뿐더러 큰 화를 자초할지도 모를 일이었다. 침낭에 물기가 밴다면 깃털 둔 것이 딱딱해져서 보온효과를 잃게 될 것이 뻔하기 때문이다. 나는 깡통에 오줌이 점점 차게 되자 신경을 곤두세워 귀기울였다. 오줌 수위가 급격히 양철통 가장자리에 육박하였으나 눈깜짝할 새에 재빨리 손을 써서 자칫 잘못했다간 우세스럽고 불편한 처지가 될 뻔한 위기를 가까스로 벗어났다. 그리고는 깡통을 비울 자리를 돌아 보았다. 마땅한 곳을 내 왼편으로는 찾지 못하겠고 오른편으로도 데이브가 가로막고 누워있어서, 깡통을 머리 위로 아슬아슬하게 치켜들어 찰랑거리는 내용물을 등 너머로 찰싸닥 내쏟았다. 거의 다 얼음 속으로 스며들었지만 똑똑 떨어진 오줌이 한 가닥 가느다랗게 내 침낭 밑으로 흘러들었다. 하지만 몇 초 안에 얼어버릴 것이어서 신경 쓸 필요도 없었다.

깡통 다루는 솜씨가 아주 능숙하니 그만하면 이제부터 내 손으로 음식을 먹어도 되겠다고 데이브가 나직나직 말했다. 온종일 해적의 목소리를 고작 두세 번밖에 듣지 못했다. 내게서 겨우 일 미터 남짓 떨어진 동굴 맞은편에 누웠는데 그가 예닐곱번 입을 열었어도 바람이 가리어 제대로 알아들을 수 없었다. 높은 표고의 기압 때문인듯 호탕함이 잦아들고 감춰졌던 부정적인 자아의 모습이 서서히 드러났다. 해적이 괜찮겠느냐고 데이브에게 물어보니 손보다 동상이 한층 심한 발 때문에 해적이 마음을 쓴다고만 대답했다. 부기가 내리긴 했으나 대부분의 발가락들이 무감각해졌다는 것이다.

기다리는 가운데에도 그중 견뎌내기 힘든 점은 우리 발이 오래 묶이면 묶일수록 동상이 더욱 심해지리라는 사실이었다. 수분 섭취가 모자랐던 까닭에 몸들이 말라들었고, 따라서 체온 유지도 더욱 어렵게 되었다. 데이브는 발가락이 몹시 시렸는데도 별반 괴로움을 호소하지 않았다. 그는 한기를 느낄 수 있는 것이 오히려 반가운 징후라고 보아 무감각한 것보다는 차라리 낫다고 생각했기 때문이다. 데이브와 나만 오리털 누비버선을 신었는데 그래도 자주 발가락을 꼼지락거려서 피돌기를 시켜주어야 했다. 내 버선을 해적에게 빌려줄 마음도 내어보았으나 잠든 사이에 발이 얼 생각을 하니 그 마음이 일시에 자취를 감추었다.

내게 큰 염려되는 것은 정상적인 크기에 대면 거의 두 배로 부어오른 양손이었다. 손가락 끝을 굽히려고 해도 손과 아래팔의 근육을 수축시키느라 아픔을 참지 못하여 이를 악물었다. 문득 드날리로 떠나오기 전에 마지막으로 플룻을 불었던 기억이 떠올랐다. 그때 손가락이 건(鍵) 위로 움직여 가는 모양을 유심히 들여다보았었다. 손가락들을 잃게 될 경우를 각오하며 손가락의 소중함을 새삼 음미해보고자 했던 셈이다. 또한 절대로 손가락을 잃지 않겠노라고 스스로 다짐했었다. 그런데 굴 속에 드러누운 지금 시시각각으로 바로 그 일이 현실로 나타나는 것이 아닌가 두렵게 되었다. 손가락 첫째와 둘째 마디가 없어도 플룻을 불 수 있을까 하고 골똘히 생각에 잠긴 내 모습이 언뜻 비쳤다.

정상을 향해 출발한 이래로 위장이 제대로 채워진 적이 한 번도 없었다. 나는 항상 뱃속이 허전하여 껄떡거렸다. 다만, 영양 부족을 겪는 사람들에게 생긴다는 위경련 증세는 일어나지 않기를 바랄 따름이었다. 아래쪽에 있는 사람들도 곧 먹을 것이 떨어질 테지. 그러니 하산을 할 수밖에 없을 테고. 데이브더러 아래 대원들이 우리를 포기했겠느냐고 물어보았다. 아무 대답이 없었다. 아마 잠이 든 모양이었다. 바람이 자면 대원들이 틀림없이 우릴 찾으러 오겠지.

그날 밤, 밤이 으슥토록 나는 딜런 토마스의 싯귀를 거듭하여 읊조렸다. '햇빛 없는 곳에 빛살이 터진다.'로 시작되는 시였다.[▲] 드날리에 오기 전에는 이 시를 완전히 욀 수 있었는데 이제는 겨우 첫째 연에서 "바다 흐르지 않는 곳에 가슴 속 물결이 파도쳐 밀려든다." 이상을 기억해낼 수 없었다. 그 다음은 살을 꿰뚫고 열지어 지나가는 빛을 발하는 것들에 관한 부분으로 시가 이어진다고 기억되었다. 그러나 다만 첫째 줄 - '햇빛 없는 곳에 빛살이 터진다' - 만이 마음속에 거듭거듭 되뇌여졌다.

햇빛 없는 곳에 빛살이 터진다.

햇빛 없는 곳에 빛살이 터진다.
바다 흐르지 않는 곳에 가슴 속 물결이
파도 쳐 밀려든다.
그리고, 반딧불이 머리 속에 든 잔멸한 유령들,
빛을 발하는 것들이
살점이 뼈를 바르지 않은 데 살을 꿰뚫고 열지어 간다.

허벅다리 사이에 켠 촛불이 젊음과 씨앗을 덥히고
기나긴 세월 이어온 씨앗들을 불태운다.

▲ 이 책 254~256쪽에 전문을 실었음.

아무 씨앗도 옴쭉 않는 곳에서,
사람 열매가 성진에서 주름을 편다.
무화과처럼 환하게.
밀랍이 없는 데서 촛불이 머리타래를 펼쳐보인다.

두 눈 뒤에서 동이 튼다.
두개골과 발가락 대척점에서 피바람이
바다처럼 미끄러져 온다.
울타리도 없이, 말장도 없이, 하늘에서 쏟아지는 것들이
빙긋이 웃으며 눈물로 짜낸 기름비를 예고하는
지팡이에 대고 퍼붓는다.

밤이 눈구멍에 담겨 돈다,
그믐밤 달처럼 행성들의 한계 주위를.
낮이 뼈를 비춘다.
추위 없는 데서 살을 에는 된바람이
겨울이 입은 겉옷을 끄른다.
봄의 피막이 눈꺼풀에서 드리워내린다.

빛살은 은밀한 땅뙈기에서 터진다,
갖가지 상념이 빗속에 냄새 풍기는 곳에서
상념의 꼭두머리마다.
논리가 죽을 때
흙에 담긴 비밀이 눈앞을 뚫고 자라난다.

그리고 피는 해를 받아 뛰쳐오른다.
황폐한 깃토 너머로 먼동이 걸린다.

정 규환 옮김(1992)

LIGHT BREAKS WHERE NO SUNSHINES

Light breaks where no sunshines;
Where no sea runs, the waters of the heart
Push in their tides;
And, broken ghosts with glow-worms in their heads,
The things of light
File through the flesh where no flesh decks the bones.

A candle in the thighs
Warms youth and seed and burns the seeds of age;
Where no seed stirs,
The fruit of man unwrinkles in the stars,
Bright as a fig;
Where no wax is, the candle shows its hairs.

Dawn breaks behind the eyes;
From poles of skull and toe the windy blood
Slides like a sea;

Nor fenced, nor staked, the gushers of the sky
Spout to the rod
Divining in a smile the oil of tears.

Night in the sockets rounds,
Like some pitch moon, the limit of the globes;
Day lights the bone;
Where no cold is, the skinning gales unpin
The winter's robes;
The film of spring is hanging from the lids.

Light breaks on secret lots,
On tips of thought where thoughts smell in the rain;
When logics die,
The secret of the soil grows through the eye,
And blood jumps in the sun;
Above the waste allotments the dawn halts.

(1934)

나는 잠을 못 이루어 어둠을 응시하며 한참 누웠다. 바람은 우리들 머릿골 속에서 끈덕지게도 지끈지끈 올리는 통증이 되어 너무나 오래도록 함께 지냈으므로 그칠 줄 모르는 그 소리가 이제는 우리 삶 위에 침묵처럼 터잡아버렸다. 바람 속에 감춰진, 조용히 정신을 마취시키는 듯한 작용 때문에 황량함을 표상하는 영상들이 불쑥불쑥 눈앞에 떠올랐다. 빈 오막집 벽에 붙은 깨진 유리창들을 휑하니 지나가는 바람, 철새들이 떠난 11월의 바닷가에서 마른 풀섶을 헤집는 바람, 얼어붙은 강어귀의 삼각주 위로 불어젖히는 바람에 대한 기억이었다.

이제 바람소리가 들리지 않는 것이 과연 어떤 상태인지 식별이나 될런지 알 수 없었지만, 분명한 점은 이튿날 아침에 바람소리를 듣게 된다면 우리 셋에게 위기가 닥친다는 사실이었다. 물 한 깡통 더 녹일 휘발유밖에 남지 않은 듯했다. 바람은 서른 여섯 시간이 넘도록 이 산과 우리 목숨에 대해 장악한 권세를 포기하려 들지 않았다. 바람이 위세가 아침이면 틀림없이 약화되겠거니 하며 스스로들 위안하였다.

5,240미터 — 그렉, 존, 시로, 죠지

그렉의 일기(오후 6시):

어둑어둑해졌다. 진종일 고약한 날씨. 너무 어두워 쓸 수가 없군. 옳지, 전조등이 있지. 오늘 일기가 너무 불순해서 저네들이 내려오지 못했다. 내일 날씨가 좋아지면 우리 모두 재로 올라갈 것이다. 날씨가 여전하면 무전기를 두고 온 표고 2,320미터 지점으로 존과 내가 내려갈 작정이다. 이 걸음을 하자면 특히 악천후에는 시간이 꽤나 많이 잡아먹힐 것이다. 앵커리지에서 불러낼 구조대원은 폴 크루즈이고, 칼 브레이디는 드날리재에 착륙할 수 있는 헬기를 두 대나 가진 사람이다. 아무렇게나 위의 친구들은 사흘 밤이나 지났으니 형편이 영 좋지 않을 것이다.

존과 나는 각별히 조심해야 한다. 하산길이 멀기도 하려니와 바람받이의 기상 조건이 몹시 험악할지도 모른다. 게다가 크레바스도 문제거리다. 여기에 넷밖에 없는 마당에 인원이 갈라져야 한다니 좀체 마음이 내키지 않는다. 하느님, 이런 날씨가 언제까지 계속될 것입니까? 지긋지긋한 나날이었다. 지금도 마찬가지고. 날씨가 이틀 더 이런 식으로 계속된다면 시로와 죠지도 하산하는 수밖에 없다! 위쪽 사람들에 대한 희망도 사라지고 마는 것이다. 하느님, 제발 그런 사태가 벌어지지 않게 해주세요. 지금 내가 분명히 꿈을 꾸고 있는 게지. 날씨가 개고, 건강 상태가 어떠하든지 간에 저네들이 모습을 나타내서 다 함께 하산하게 되지 않을까?

존과 나는 설혹 사흘길이 된다손치더라도 안전 위주로 천천히 하산할 작정이라오. 바람받이 부근이 거칠지도 몰라요. 사실 바람이 이렇게 분다면 험악할 수밖에 없겠지.

에디, 날 위해, 그리고 우리 대원들을 위해 기도해주구료. 여보, 내겐 하느님의 힘이 필요하오. 오늘밤, 또 내일, 그리고 영원토록 당신을 사랑하오. 내 사랑!

3월 3일 · 상한 귀에서 꺼풀이 벗겨진다

드날리 재-아트, 해적, 데이브

진절머리 나는 소음이 우리 머리를 가득 채웠다.

"이 놈의 바람, 사악하다"고 혼자 중얼거렸다.

"악마 같다." 이렇듯 혼잣말로 허텅지거리를 하다 보면 심심풀이가 되었다. 바람이 지닌 악한 면을 묘사한 온갖 말들을 생각해내어 보았다ㅡ마귀 같은, 짓궂은, 심술 사나운 등등. 나는 우리 목숨을 빨아먹는 흡혈귀라고 불렀다.

그러나 바람은 아랑곳하지 않았다. 내 말이 부질없음을 모르는 바 아니었다. 바람에게 악의가 있는 것도 아니었고, 유독 우리를 괴롭히려고 나섰을리도 만무하였다. 우리에게 적의를 품기는 커녕 도무지 뭘 하겠다는 뜻이 바람한테는 없었다. 바람은 그저 움직여다니는 한 뭉텅이 하늘이었다. 기상 요소 가운데 하나로서 기압의 차이로 인하여 한쪽에서 다른 쪽으로 움직이는 공기의 흐름이다. 그런데도 바람을 의인화하여 내가 미워하거나 우리를 대상으로, 게다 대고 고함지를 수 있는 대상으로 삼으니 한결 성에 차고 어쩐지 위안이 되었다.

내가 늙은 애스키모 샤먼이라면 폭풍속에서 악령과 악귀들을 보고, 산에 사는 정령들과도 의사 소통이 될 텐데 하는 생각을 해보았다. 능력있는 샤먼은 바람을 물리치는 주문을 알 거라고 생각했다. 그러나 나는 마법을 몰랐으며 내가 주절거린 허텅지거리, 욕지거리라는 것이 고작해야 명백한 현실에 짐짓 눈감아보려는 심산에서 비롯되었을 뿐이었다. 내려는 가야 하는데 바람 때문에 내려갈 수 없고 바람은 느긋해질 기미가 없었다.

물이 절실했다. 그러나 화로에는 휘발유가 바닥에 조금 남았을 뿐이었다. 나는 데이브가 그것으로나마 얼음을 녹였으면 했다. 우리가 물을 마셔야 한다는 사실을 일깨워 전하기에 가장 듣기 좋은 말을 생각해내려 애썼다. 그러나 무슨 말을 건네든지 그는 눈살을 찌푸리며 으르딱딱거렸다. 데이브가 해적과 나를 위해 온갖 궂은 일을 도맡아 하느라 힘겨움을 익히 알고 있었다. 고맙기만 하고, 너무 기대어 지낸다는 생각이 들고 실상 데이브가 하는 대로 거의 다 내맡기다시피한 처지에 물 때문에 성가시게 굴 수도 없었다. '나중에' 얼음을 좀 녹이고 베이컨이나 완두콩을 데워주겠다고 말했다. 그러나 아무것도 먹거나 마시지 못한 채 하루해가 흘러가기만 했다. 하지만 내가 두 손이 멀쩡했더라도 데이브와 마찬가지로 음식 준비를 질질 끌었을 것이다. 고도 탓에 도무지 의욕이 일지 않았던 까닭이다. 물론 '나중에'라고 말하기는 참 쉬웠다. 왜냐하면 우리가 실제로 그걸 믿었다고는 할 수 없겠지만 돌연 바람이 멈추어 5,240미터의 눈굴로 한달음에 내려갈 수 있을지도 모른다는 막연한 생각들을 했기 때문이다.

데이브가 다시 불붙이려고 스토브를 어르달래듯 매만지는 소리가 들린 것은 저녁 무렵이었다. 십여 분 동안이나 만지작거렸지만 아무 보람도 없었다. 그러자 스토브는 그냥 놔두고 베이컨, 햄, 또는 완두콩이 든 커다란 통조림을 하나 따기로 했다.

바로 온종일 고대한 순간이었다.

"어느 걸 먼저 딸까?"

데이브가 우리를 보고 물었다.

"모짝 한데 섞지 그래."

해적이 말을 받았다.

데이브가 주머니칼로 베이컨 통조림 거죽의 얼음을 긁어내고 위를 말끔히 닦았다. 내 입 속에서는 벌써 베이컨 맛이 감돌았다.

"제길!"

데이브가 쓰겁게 내뱉았다.

"깡통에 구멍이 숭숭 났어! 베이컨 먹긴 틀렸네! 썩었어!"

이번에는 완두콩 깡통을 집어들었다.

그런 일이 두 번 다시 일어날 리 만무했다. 구멍이 난 것은 우연에 불과했다. 그렇지만 해적과 나는 데이브가 완두콩 통조림통에서 얼음을 긁어내는 소리를 숨죽여 들었다.

얼음이 겨우 반쯤 떨어졌을 때 데이브가 다시 욕지거리를 뱉아냈다. 구멍이 더 많이 뚫렸다. 하나 남은 햄 통조림을 집어들었다. 역시 마찬가지!

다들 막막한 허탈감에 빠져들었다. 이틀 동안 내내 베이컨의 향미를 기다려왔는데. 완두콩 즙액 맛을 꿈꾸노라면 입 안 가득 침이 고였는데. 순식간에 기대했던 음식물이 날아가버린 것이다. 위벽을 쥐어뜯는 듯한 고통을 달랠 길이 없었다.

그토록 무참하게 속고보니 당장에는 화가 치솟았다. 그러나 조금 지나 냉정을 되찾으니 이 부패한 통조림으로 말미암아 배고픔의 시련이 모습을 바꿔 이제는 우리가 조금도 에누리없이 굶주림과 맞닥치게 되었음을 절감하였다. 실상, 우리에게 식량이 될 만한 것이라곤 거의 없었다. 기껏 고프 세 봉지, 조각치즈 12장, 사탕 약간, 커피 조금, 85그램들이 돼지고기 통조림 한 개, 그리고 과자 12개가 전부였다. 여기에 함유된 열량을 따져 모두 합쳐본댔자 하루 한 사람에게 필요한 양에 불과했을 것이다. 데이브가 엄숙한 의식을 치르듯 남은 음식물을 절반 치 조금 밑돌게 떼어내 똑같이 세 몫으로 갈랐다.

데이브가 차가운 금속을 만지느라 손가락에 감각이 없어진 뒤에도 한참이나 스토브와 실랑이를 벌였지만 결국 작동시키지는 못하고 말았다. 남은 휘발유가 너무 적어서 그것을 기화시킬 만한 충분한 압력을 일으킬 수 없었다. 영하 34℃ 아래에서는 휘발유의 분자 활동이 둔한 까닭이니 어쩔 도리가 없었다. 구멍 뚫린 통조림과 마찬가지로 마지막 남은 휘발유에 건 기대도 물거품처럼 흩어지고 말았다.

이제 우리에게 유일한 희망이란 데이브가 3년 전 여름, 드날리에 올랐을 때 드날리재 외딴 모퉁이에 묻어둔 휘발유 1갤론[▲]이었다. 아직 그대로 있으리라는 생각이었다. 데이브 말로

▲ 미국 1갤론, =3.7854ℓ

는 우리가 등정(登頂)을 시도한 첫째날에 휘발유통이 눈에 띠더라고 했다. 나가서 한번 살펴보면 좋겠다고 그가 말했으나 아무도 선뜻 나서지 않았다. 데이브가, 휘발유를 묻어놓은 곳은 우리가 그때 누운 곳에서 겨우 60미터쯤이나 떨어졌을까 싶다고 말했다. 다들 꼼짝하지 않았다. 신체 상태로 보아도 그렇고, 묻어둔 곳을 가장 확실히 아는 사람이라 데이브야말로 적격자였으나 휘발유를 찾아나서겠다고 혹시 품었을지도 모를 마음은 모진 바람을 감수해야 한다는 끔찍한 사실앞에 그만 자지러들고 말았다.

5,240미터지점에 머문 사람들은 어떻게 하고 있을까 궁금하기 짝이 없었다. 그들은 안전한 처소에 들었지만 곧 식량이 달릴 것이다. 한 이레, 아니 두 이레 전인가 죤과 죠지의 체력 때문에도 그렇고, 시로의 기침과 치질, 위기 상황에서 그렉이 보이는 종잡기 힘든 감정 상태 때문에 한걱정들이었는데, 이제 그네들은 오로지 자신의 능력에만 의존하는 처지에 놓였다. 그리고 등반대에서도 가장 강건했던 우리 세 사람의 구조는 머지않아 바로 그네들의 판단력과 체력에 좌우될 마당이었다.

우리 때문에 그들이 무모한 행동을 감행하지 않기를 바랬다. 우리에 대한 걱정이 극도에 달하여 혹시 이성을 잃게 될까 저어하였다. 우리는 휘발유통 생각을 했다. 물 한 컵 맛이 참 기막힐텐데 하는 꿈을 꾸며. 시리고 배기는 몸 밑 부분의 괴로움을 덜어보려고 바닥에 닿는 엉덩이와 어깨를 바꾸어 누웠다.

말수가 아주 적었다. 굴 안에 퍼진 잿빛 어스름이 칠흑 어둠에 풀려버렸다.

5,240미터 지점에서 4,390미터 지점까지 – 그렉과 존

존의 일기:

우리는 기다리다가 사흘째 되는 날 그렉과 내가 표고 4,390미터 지점으로 내려가서 다시 무전기가 있는 곳까지 내려가 헬기 지원을 요청하거나, 쉘던에게 곧장 드날리재로 날아가 연료와 그밖에 다른 물자를 투하해 달라고 부탁하기로 결정했었는데 바로 그날이 오늘이다. 죠지와 시로는 5,240미터 고지에 남아서 날씨가 개는 대로 즉시 고갯마루의 형편이 어떠한가를 살피기로 하였다. 우리는 아침을 형편없게 때우고 나서 장비에서 눈을 떨어내고 서서히 하산 차비를 차렸다. 정오 무렵에 세찬 바람 속으로 발걸음을 내딛었다. 시로에게 고맙다는 말을 하고 죠지에게도 작별 인사를 했다. 하지만 둘 다 대답이 신통치 않았다 – 꾸벅꾸벅 조는 중이었으니까.

그다지 춥지는 않았으나 모래 섞인 눈보라가 눈에 자꾸 들이쳤다. 측벽산릉 아래로 모질게 후려 갈겨대는 바람때문에 몹시 힘들었다. 새삼스런 것은 아니지만 동철이 미끄러지지나 않을까 염려하였던 바, 다행히도 잘 박혀들었다.

해발 4,880미터 윗녘 뾰족바위봉 부근에서 그렉이 발목을 접질리었다. 이곳에서 지독한 바람을 만났는데 날려가지 않으려고 산등성이 바위에 악착같이 달라붙어야 했다. 바람이 시시때때로 불어젖히며 잦아들기를 거듭하더니 종내 예측할 수 없었고 몸 가누기도 여간해서는 뜻대로 되지 않았다. 악을 쓰듯 요란한 된바람을 맞으며 양손과 무릎으로 붙박이 밧줄에 꼭 매달렸다. 내가 그렉을 버티어 준다고는 했어도 내가 쓰는 피켈이 끝이 달아나버린 데이브의 것이어서 실질적인 도움이 되지는 못하였다. 내 피켈은 시로가 쓰고 있다. 옆바람과 눈보라 때문에 붙박이 밧줄을 타고 내리기가 쉽지 않았으나 별다른 장애없이 암벽을 내려왔다……그렉이 복사뼈에 탈이 난 발을 질질 끌며 걸었다. 그래도 걸음 속도는 더디지 않았다. 눈집에 닿을 즈음에는 둘 다 몹시 지쳤다.

상한 귀에서 꺼풀이 벗겨진다.

고개에서 들려오는 바람의 울부짖음에 귀기울이며 눈집 어귀를 삽으로 파헤쳤다. 두 번째 이글루의 통로에 기대어 선 채로 잠에 빠져들었다. 허기를 끄고 나니 한결 기분이 나아졌다. 하산을 계속하기 위해서 장비를 챙겼다. 크레바스가 걱정거리이나 음험한 데는 몇 군데 되지 않는다. 아래 이곳의 날씨는 대조적인 모습으로 연이어진다. 폭풍설, 차분한 강설, 간간이 치는 바람.

재에 남은 세 사람을 생각해본다. 이제 마지막이 가까울 것이다.

모진 바람살이 가득한 눈굴속에 웅크린 죠지와 시로는 같은 곳에 천막을 치고 들어앉은 것보다 글쎄, 조금은 나을까 모르겠다. 눈굴에서 퍼부어든 눈에 침낭이 젖어서 오늘밤 잠자리는 사납게 생겼다……이렇게 궂은 날씨가 오래 계속되지는 않겠지.

그렉의 일기:

존과 함께 표고 4,390미터 지점, 그네들은 간밤에 내려오지 않았다. 고약한 날씨. 밤중에 시로가 세 번씩이나 일어나 바람이 헤적거린 천막을 수습하였다. 참으로 마음이 어둡고 어수선하다. 여기에 오면 데이브, 해적, 아트를 만날 줄로 알았는데. 내려오는 길에 전진기지를 찾지 못하여 이리로 찾아오리라 생각했었다.

위쪽 저들이 안됐다. 여기는 그래도 비행기라도 닿을 수 있는데. 윗녘 바람소리가 들린다. 2,290미터 지점에서 무선송신으로 도움을 청할 것이다. 저들이 아직 버티고 있기를 간절히 바랄 따름이다. 시로와 죠지가 해낼 것이다. 내일 날이 맑으면 둘이서 재에 올라가 볼 것이다. 저들이 얼마나 오래 버텨낼런지 미지수다.

국물을 넉넉히 두어 밥을 잘 먹었다. 위쪽에서 얼마나 형편없이 지냈는지 실감이 안났다. 넷이나 같이 있을 때에는 밥짓기가 적잖은 고역이었으므로 마구잡이로 걸터먹기 일쑤였다. 그러나 이제 단 둘이니까 형편이 한결 나아지리라 본다. 날씨가 내일 갤지 모르겠다. 이 눈집 안에 들어앉으니 바깥에서 굿을 해도 모를 지경이다. 날씨가 괜찮고 하느님이 도우시면 내일 2,290미터지점에 닿게 될 것이다. 실그러진 발목으로 표고 2,000여 미터 차이 나는 길을 내려가려면 꼬박 하루가 걸리겠다. 크레바스가 두렵다. 지금 시점에서는 유일한 걱정거리이다. 내 생각은 오로지 위쪽 사람들을 위한 구조의 손길을 얻는 데 최선을 다해야 한다는 것뿐이다. 우리가 서두르지 않으면 분명히 기회를 놓치고 말 것이다. 오늘로써 네번째 밤을 맞는다.

오늘 하산길에는 바람살이 세어 우리들 속눈썹이 하얗게 세어버렸다. 그러나 고맙게도 온화한 마파람인지라 이곳에 당도하니 날이 워낙 따뜻해서 - 영하 23℃ - 의외였다. 지난 며칠밤 동안 5,240미터 고지에서 날씨가 얼마나 추웠는지 정확히는 모른다. 아무튼 영하 34℃쯤 되었음직하다. 이같은 온도 차이는 단지 아래 이쪽에 바람이 불지 않기 때문인 듯하다. 죤과 내가 내일 2,290미터 지점에 무사히 닿는다면 우리의 안전은 확보되는 셈이다. 거기서 무전을 치고 쉘던이 날아와 우리와 합류하게 되면 구조 활동이 본격적으로 진행될 테니까.

에디, 너무 걱정말아요. 이곳 사정을 바깥 세상에서 과연 아는지 우리로선 짐작할 도리가 없소. 레이가 매일 밤 앵커리지와 교신하다가 뚝 그쳤으니 사람들은 자연 우리 신변을 염려할 법도 하고.

내일은 해가 너무 약하지 않았으면 좋겠소. 발걸음 옮기는 데를 제대로 볼 수 없으니까 접질린 발로 내리막길 가기가 여간 고역이 아니었소. 잠시 길바닥이 비탈지고 단단했다가는 다시 평평하고 부드럽다가, 문득 허방이 되는 식이니.

시로와 다른 두 사람은 위쪽 사람들의 신운에 대해 나보다 한층 낙관적이라오. 저들이 첫날 움직이기만 했었던들 무사했을 텐데. 기다리면 기다릴수록 약해져서 점점 결행할 의지도 줄어들고 마는 거요. 하지만 다들 억센 데다가 으례껏 그러하듯이 레이가 먼저 떨치고 일어난다면 해내고도 남지. 오늘밤 날씨가 맑을 성싶소. 저들이 3,000미터만 내려오면 안전을 도모할 수 있는데…… 온통 뒤죽박죽이나, 겨울철의 드날리 등반이 예상했던 것 이상으로 난행은 아니라는 생각이 드는구료. 그저 잇달아 악천후에 휘말렸을 따름이지.

그럼, 여보, 잠자리에 들 시간이구료. 내일은 멋진 날이 되기를. 우리에게도 행운을 빌어주오. 주의를 게을리 않고, 하느님이 함께 하신다면 우리는 해낼 것이오.

3월 4일 · 환각

드날리재 — 아트, 데이브, 해적

뒤설레는 마음으로 눈을 떴다.

바람은 이미 멎었다. 헬리콥터 소리가 들렸다.

눈굴 바로 바깥에서 웅웅거림이 일정한 높이로 들려왔다. 그렉이 마침내 구조 활동이 개시되도록 손썼음에 틀림없었다. 소리로 보아 헬기가 벌써 착륙한 듯싶었다. 사람들이 우릴 찾느라 재를 수색하는 중일 것이다. 이들이 혹 굴을 찾아내지 못할까 염려되었다. 굴이래야 얼음 속에 뚫린 아주 작은 구멍에 불과했기 때문이다. 어쩌면 수색을 그만두고 가버릴지도 몰랐다.

"데이브!"

내가 몸을 굴려 그에게 다가붙었다.

"데이브, 자네 헬리콥터 소리 들었나? 우리 당장 밖으로 나가세."

"그냥 자게나……바람소리야."

"아니야! 그럴리 없네. 바람소리치고는 너무 일정하고 변함없는 걸. 틀림없이 헬기야……데이브……"

묵묵 부답이었다.

"헬기다."

나는 혼잣말로 중얼거렸다.

"저건 헬기가 내는 일정한 폭음이야."

틀림없이 헬기 소리로 들었으나 자신할 수만도 없었다. 바람소리일지도, 혹은 그렇지 않을지도 몰랐다. 데이브더러 한번 잘 들어보라고 말하려다 그만두었다. 그가 옳았기 때문이다. 그런데도 나는 사람 목소리가 들리지나 않나, 밖에 구조대원들이 와 있음을 입증할 만한 무슨 소리라도 들릴까 싶어 두 귀를 바싹 곤두세웠다.

들려오는 건 바람소리뿐이었다.

한참을 잠자코 있던 데이브가 자기도 나와 같은 환각을 일으킨 적이 있다고 털어놓았다. 바람소리를 듣고서 그것이 구조 헬리콥터라고 얼마간 철석같이 믿었다는 것이다.

"그렇지만 자네도 마찬가지일 텐데."

데이브가 내쪽을 보며 말했다.

"헬기가 우리에게 닿을 수 없으리란 사실을 깨닫게 되면 사람이 어딘가 겸허한 마음으로 돌아가는 거야."

그는 뒤이어 말하기를, 현대 기술의 소산인 그 어떤 기계장치로도, 우리 동료 대원들이 쏟는 여하한 노력으로도 폭풍을 이겨내거나 이를 뚫고 우리에게 도움의 손길을 내밀 수 없다는 점을 깨닫고 나니 얼마나 유쾌한 기분이 들던지 모르겠노라고 했다. 우리 셋만이 막막한 대지의 성역에 외따로 남았으니 우리의 목숨 보전은 오로지 우리 스스로에게 달린 것이

요, 제각기 인내력과 함께 의지력과 판단력을 한마음으로 모아야 한다고 힘주어 말했다.

"데이브, 말하기 멋적네만 그 어느때보다도 자네가 가깝게 느껴지는 걸."

내가 데이브에게 건넨 말이다.

데이브가 씨익 웃으며 대꾸했다.

"그래, 나도 자네 맘 알아. 우리가 이 폭풍을 뚫고 나가지 못한다손 치더라도 최소한 한데 붙어서 오순도순 의좋게 지내고자 애써야지 않겠나."

가만히 생각해 보니 폭풍 자체가 자기 골부림에 우리가 당하지 않도록 보호해주는 격이었다. 지반에서 드날리 산괴가 솟아오른 이후로 바람은 드날리재에 눈얼음이 바람의 저항을 가장 적게 받는 흐름선으로 다져왔다. 그러니 우리는 바람씨에 맞추어 틀이 지어진 얼음 속에 자리잡고 앉은 셈이었다.

노지에서 바람을 맞받아 싸웠던 그 첫날 아침에는 매운 바람을 맞아 실상 고스란히 몸을 내맡긴 것이나 진배없었다. 그러나 이제 바람이 우리 머리 위로 경사진 언덕을 가로타고 휩쓸어 갈 때에 바람살의 등등한 기세가 송두리째 굴의 지붕을 더욱더 탄탄하게 다지는 작업에 힘을 보탤 따름이었다.

고도 탓에 주의력이 흩어져 생각이 헷갈렸다. 예외로 온전히 마음이 쓰이는 것은 몸의 불편함뿐이었다. 입술이 여러 군데 심하게 갈라졌다. 혀로 입천장을 가만히 훑다 보니 바짝 말라버린 점막 덩어리가 엉겨 있었다. 그전에 겪었던 탈수증 경험으로 미루어보아 빨리 물을 마시지 못하면 입 안 가장 연한 분에서 피가 흐를 위험에 놓였다. 다리의 인대 조직들도 수분이 모자라 통증을 일으켰다. 팔다리를 뻗거나 자세를 바꿀 때엔 특히 아팠다. 그런데 얼음바닥 또한 단단해서 고쳐눕지 않으면 십 분 남짓 지나기가 무섭게 엉덩이며 등이 몹시도 배기고 쑤셔댔다. 나는 별반 불평이 없었는데, 천성적으로 극기심이 강해서가 아니라 내 하소연을 받아줄 사람이 없었기 때문이다. 세 사람 모두 똑같은 불편을 겪고 있었고 고통은 얼음장 밑에 누운 우리들 삶의 일부분이 되었다.

데이브와 해적의 침낭이 내 것보다 빨리 얼음이 박여들었던 까닭에 내가 그중 따스하게 지냈을 것이다. 데이브가 음식을 만들 때마다 따뜻한 국물에서 피어오른 김이 그의 침낭 속으로 스며들어 곧 결빙되어버렸다. 깃털이 한데 뭉쳐 딱딱하게 되자 처음에 지녔던 탄력성이 사라졌다. 데이브가 깃털과 뒤엉킨 무수한 얼음덩어리를 손으로 만져보였을 때 내 마음은 몹시 착잡했다. 도대체 그런 상태로 침낭에 무슨 보온 효과가 있을까 싶었다. 해적이 쓰는 것은 그래도 조금 나은 편이었지만, 그나마 데이브와 내가 한사코 말려도 듣지 않고 머리를 침낭 속에 틀어박는 통에 달리 빠져나갈 데가 없는 날숨에 섞인 수분이 깃털에 엉겨, 갈수록 단단하게 뭉쳐졌다. 우리 모두 발포깔개가 한스럽도록 아쉬웠다. 발포깔개를 잃어 버렸으니 여벌로 가져온 방풍파카와 방풍바지를 겨우 엉덩이와 어깨 쪽 아래에나 깔고 침낭의 나머지 부분은 맨얼음 바닥에 댄 채로 지내야 했다.

해적은 두 손이 몹시 부어올랐는데도 자신은 발이 더 걱정스럽다는 말을 했다. 해적이 내가 신은 누비버선 얘기를 꺼냈다. 그가 비록 들어내어 말하지는 않았으나 그걸 신고 싶어하는 것을 눈치챌 수 있었다. 나는 그가 하는 말을 못 들은 듯이 슬그머니 모른 척하였다. 버선을 신고도 발이 시린 판국에 그것을 벗어주고 나면 잠든 사이, 아니 깨어있을 때라도 동상에 걸릴 게 틀림없다는 생각이 들었다. 이런 생각을 애써 뇌리에서 지워버리려 하였지만 그때 해적의 발이 바로 그러한 처지에 놓였었다. 두 발이 모두 심한 동상에 걸려 증세가 점점 악화되던 중이었다. 그는 내가 버선을 기꺼이 양보하지 않으리란 사실을 알았고, 따라서 더는 말하지 않았다. 발이 곱아지는 것을 막으려고 침낭 안에서 계속 발길질해댈 때 그에게는 따스한 내 누비버선 생각이 간절했을 것이다. 짐짓 잠든 체하며 해적의 발에 대한 생각을 떨쳐버리려 했다.

그 굴속에서 지낸 지 과연 며칠이나 되었는지 기억을 더듬을 수가 없었다. 산꼭대기에 오른 날, 그 다음엔 폭풍이 분 첫날, 햄을 먹은 날, 그리곤 물 한 방울 못 마시고 지낸 날- 이렇게 헤아려보니 나흘째인 게 분명하였으나 자신할 수는 없었다.

정오 무렵에 데이브가 무화과를 넣은 막대과자 한 개와 사탕 두 알씩을 돌렸다. 사탕을 빨아먹으니 입 안의 따가움이 잠시 가라앉았다. 막대과자는 먹지 않고 남겨두었다. 배고픔을 모면할 방법이 전혀 없는 채로 긴긴 오후 시간을 보내야 하는 지루함을 잠시나마 달랠까 하여 비축해 둔 셈이다. 그러나 한 시간쯤 지나자 더 이상 기다릴 수 없었다. 과자를 씹으면 입

안에 침이 돌 줄로 여겼으나 과자 조각들이 잇몸과 입천장에 자꾸 들러붙었다. 겨우 끈적끈적한 뭉치를 목으로 넘기자 그것이 밥통으로 대굴대굴 굴러 떨어지는 듯한 느낌이 오며 한바탕 경련을 일으켰다. 심한 위통을 겪는 와중에도 무화과 막대과자를 저마다 움키려고 밥통에서 손이 너덧 개 튀어나와 서로 드잡이하며 과자를 잡아채고 뜯어가는 괴기스런 재미를 불러일으키는 정경을 눈 앞에 그려보았다. 잠시 뒤에 경련이 사라지고 어느덧 익숙해진 허기증이 다시 찾아왔다.

나는 구멍 뚫린 통조림통에 대해 속으로 투덜거렸다. 경망스런 등산객들이 통조림통들을 발견하자 덮인 얼음을 쪼아낸다는 것이 그만 구멍을 송송 내버리는 어리석음을 저지르고 만 게다. 아예 그 통조림들이 우리 눈에 띄지 않았더라면 하는 심정들이었다.

그랬더라면 우리 앞에 닥친 굶주림을 순순히 받아들였을 것이나, 굶주림으로 서서히 죽어가는 마당에 햄과 완두가 비록 부패했다고는 해도 손이 미치는 곳에 놓인 것을 보고 있자니 정말이지 견디기 힘들었다. 이와 같이 갈등을 빚는 상황에서 더없이 잔인하게 장난질을 치는 것은 불확실성이었다. '통조림이 아직 상하지 않았을지도 모른다.' 어쩌면 이 통조림이 드날리재로 운반된 뒤, 줄곧 냉동 상태를 유지하였을지도 모른다. 해빌 5,550미터에 박테리아가 서식할 가망이 과연 있을까. 햄, 완두, 베이컨 통조림이 적어도 한 부분은 상하지 않았을 가능성이 있었다. 그러나 그것을 확인하려 든다면 곧 식중독을 무릅쓸 수밖에 없었다.

이미 오후 일찌감치, 굴에서 또 한 밤을 지낼 수밖에 없다는 사실이 드러났다. 바람이 이른 저녁 무렵 해서 느긋해졌으나 하산할 시간이 모자랐고, 또한 그럴 기력도 없었다. 탈수증세가 이만저만 심각하지 않았다. 36시간이 넘도록 물 한 컵 마시지 못하였다. 혈액 순환이 더디어져, 파카와 방풍바지를 있는대로 다 껴입고 침낭속에 누웠는데도 모두 추위에 시달렸다. 간혹 데이브의 몸이 뻣뻣해지며 부르르 떠는 것이 내 몸으로 전해졌다. 물이 필요했다. 이는 곧 우리 수중에 당장 없는 휘발유가 필요함을 뜻했다.

오로지 한 가지 희망이라면 3년 전에 데이브가 드날리재에 묻어둔 휘발유였다. 누군가 이 휘발유통을 찾아나선다 할지라도 모진 바람을 뚫고 무사히 굴로 가져올 것을 장담할 수 없었다. 오직 하나 남은 희망을 실현하는 데에 따른 으스스한 현실 때문에 휘발유를 거두어오는 일에 선뜻 나서지들 못했다. 그러나 그밖에 달리 길이 없었다. 우리 가운데 한 사람이 가야했다. 누가? 나는 두 손 때문에 갈 수 없었다. 그래서 침낭속에 잠자코 누워 나 외에 누군가 나설 것을 무언으로 재촉하였다.

데이브가 나가지 않으려고 버티는 눈치였다. 그가 굴을 팠으며 아직 연료가 남았을 때에 음식을 먹도록 해주었다. 그가 애쓴 덕분에 해적과 내가 목숨을 부지하였음을 데이브는 알고 있었다. 물론 해적과 나도 이 점을 모를리 없었다.

데이브가 나갔다가 비참한 궁지에 몰려 만약 모진 바람속에 자취를 감춰버리기라도 한다면 이는 도리에 어긋나는 일이었다. 그렇지만 데이브의 성격을 익히 아는 나로서는 그가 이 일에 스스로 나서려는 마음이 일어서 곤핍함과 두려움으로 버르적거림을 알 수 있었다. 휘발유가 있는 곳을 확실히 아는 사람은 데이브밖에 없었으므로 그가 가야함이 합당하였다. 하지만 해적도, 나도 입을 열 수 없었다. 고소병과 감각을 마비시키는 바람의 최면 효과 때문에 의식이 혼미한 상태였으나 사리를 분별하는 힘을 잃지는 않았다.

데이브가 나서길 원치 않는 데에는 또 다른 이유가 있었다. 데이브는 우리들의 손이었다! 우리에게 휘발유가 생긴다면 요리해 줄 사람으로서 데이브가 필요했다. 그때가 언제일지 모르나 아무튼 하산하게 되더라도 우리들 허리에 밧줄을 둘러매어주고 밧줄을 확보해 줄 사람으로서 우리 곁에 있어야 할 사람이었다.

조용히-자기가 다녀오겠다고 말하는 것을 들은 기억이 없다-해적이 침낭에서 빠져나왔다. 그가 등산화를 신으려 했을 때 발이 부어서 신발에 억지로 쑤셔넣자니 뜻대로 되지도 않고 고통스러웠다. 내 오리털 누비버선을 벗어주자 해적은 받아서 얼른 신었다. 데이브가 휘발유를 감춰둔 장소의 지형이며 바위 모양 따위를 설명했다. 해적은 방한모를 깊숙이 내리썼다.

바람이 더욱 변덕스러워졌다. 질풍이 잇달아 불다가 뚝 멎어 잠시-10초에서 30초 동안-비교적 잠잠한 소강기에 들었다. 해적이 배를 깔고 누운 채 통로쪽으로 고개를 들고 그의 귓전에 똑똑히 구별이 되는 바람의 누그러진 기색을 유심히 살폈다. 그에게는 전에 보이던 괄기가 사라지고 체념을 거친 굳센 의지만 남은 듯했다. 해적이 갑자기 외마디로 우렁찬 고함을 내질렀다.

"아라하!"

그리고는 푸석눈을 흩으며 오르막으로 난 통로를 꿈지럭거려 기어나갔다. 데이브와 나는 목소리를 합쳐 성원하였다. 소리는 크지 않았으나 둘에게 남은 열성이 아낌없이 실렸다. 해적이 짐 꾸러미를 다시 입구에 가로막아 두는 소리가 잠시 들려왔다. 그때 돌연 잠잠하던 바람이 몸을 일으켜, 사위에 들려오는 것은 온통 바람소리 뿐이었다.

데이브와 나는 말 한 마디 없이 두 귀를 모으고 오랫동안 기다리고 또 기다렸다. 십 분이 지나고, 십오 분이 지났다. 그 시간이면 해적이 당연히 돌아왔어야 했으나 여전히 둘 다 입을 다물었다. 굴에서 겨우 3미터 떨어진 곳에서 도와달라고 외치는 데도 우리가 못 들었는지도 몰랐다. 만일 되돌아오지 못한다면 우리가 어떤 행동을 취해야 할지 머리 속에서 궁리해보지 않을 수 없었다. 아마 데이브가 휘발유를 가지러 나서겠지. 우리 둘이서 재를 서둘러 내려가보려 하겠지. 칠팔 분 안에 해적이 돌아오지 않는다면 굳이 찾아나설 까닭이 없을 것이다. 어쩌면 데이브와 나는 굴 속에 드러누워 그렉, 시로, 죠지 그리고 존이 우리에게 당도할 때까지, 아니면 마침내 의식이 흐릿해지기까지 하릴없이 기다리게 될지도 몰랐다.

입구에서 인기척이 들렸다. 둘에게서 절로 터져나온 환호성은 안도감의 표시였다. 눈발이 한바탕 들이치더니 플라스틱통이 굴 속으로 휙 내던져지고 기진맥진한 해적이 들어왔다.

"혼났어!"

해적이 숨을 헐떡였다.

"바람이 누그러졌을 때도 바로 설 수가 없었어. 평형감각에 이상이 생겼나봐."

이전에 해적이 한 번이라도 고되다, 위험하다는 말을 하는 것을 들어본 적이 없었다.

"피켈 두 개로 얼음을 찍으며 처음부터 내내 기어갔었지. 이젠 발에 감각이 전혀 없어."

휘발유가 생겼다! 물을 마시게 되었다!

우리에게 아직도 남았나 싶은 감정—즐거움—을 맛보며 데이브가 얼음을 깨고 눈 무더기를 녹였다. 첫 번째 깡통의 물은 특히 달짝한 냄새와 맛이 났다. 그러나 그 달짝지근한 냄새가 오줌에서 비롯되었음을 기억해내지 못하였다. 데이브가 잇달아 물을 데우느라 나중에는 깡통이 뜨겁게 달구어졌다. 우리는 한 깡통 그득 받기를 기다렸다. 닷새 만에 비로소 부른 배를 안고 잠을 청하였다. 그저 물배 뿐이었지만 상관없었다.

발이 몹시 시렸다. 신경이 죽지 않도록 하려고 쉴 새 없이 발가락들을 꼼지락거렸다. 그래도 아직, 해적이 휘발유를 구하러 다녀온 뒤에도 누비버선을 되돌려 달라고 하지 않은 것이 내심 흡족하였다.

4,390미터 — 그렉과 존

존의 일기:

고약하고 더러운 놈의 날씨. 2,290미터에 당도하기 위하여 가능한 대로 전등을 모두 동원하는데 무엇보다도 먼저 신경을 써서 채비를 갖추었으나 도무지 길을 나설 틈을 주지 않았다. 통 소식이 없어 한걱정에 싸였을 O.M.(존의 아내)과 연락을 갖지 못해 불안하고 조바심이 난다.

눈집에 갇혀 거의 진종일 서성거리며 반 시간마다 날씨를 살피러 나가보았다. 책을 읽을 수도 없거니와 아무 일도 손에 잡히지 않고 답답하기만 했다. 그렉의 발목이 걱정스럽다. 폭풍설로 시야가 완전히 가리어, 내려가 우리 형편을 알릴 길이 없다. 별로 주고받는 이야기도 없이 사사로운 일 서너 가지를 하느라고 시간을 보냈지만 머리 속은 온통 산 위에 얹힌 셋에 대한 생각으로, 또한 백시현상으로 올라가지도 내려오지도 못할 죠지와 시로에 대한 걱정으로 가득 찼다.

지독한 날씨. 오후 늦게 바람세가 한풀 꺾인 듯하니 내일에 희망을 걸어본다. 크레바스가 큰 문제거리다. 정말이지 어서 이 산을 벗어났으면 좋겠다. 오늘 오후에는 종작없는 이야기를 두어 시간 지껄이다 보니 한결 기분이 나아진 성싶다. 이럴 줄 알았으면 진작 시작해서 종일토록 수작할 것을.

그렉의 일기:

젠장, 여전히 여기를 떠나지 못했다……날씨가 워낙 험악해서 잠시 나다닐 엄두도 못 낸다. 넷이 함께 있다면 사정이 달라질 수도 있으련만. 설령 누가 고랑창에 빠질지라도 곧 구출되어 계속 하산길을 재촉할 수 있을 것이다. 하지만 둘만으로서는 서너 시간이 족히 걸릴 시련이 되기 십상이다.

여기에서 바람받이에 이르는 길에는 길 표지 버들 꼬챙이가 기껏해야 여섯 개쯤 꽂혀 있을까 싶은데 이것 가지고서는 길을 제대로 찾아갈 성싶지 않다. 길 표지만 능준하게 꽂혔으면 갈 수 있을 텐데. 날씨가 조금이나마 호전될 기미가 보일까 싶어 오후 1시 30분까지도 짐을 풀지 않은 채 기다렸다. 날씨가 맑아만 진다면 오늘 밤중에라도 길을 갈 작정이다. 바람이야 여전하지만 바깥이 조금 밝아진 느낌이다. 좋은 조짐이라 여겨진다. 존이 한 시간 뒤면 출발할 수 있을 거란다. 그러면 어두울 텐데. 그러나 날씨만 갠다면 문제될 건 없다. 아직 환할 때 최소한 바람받이는 지나쳤으면 좋겠다…… 닷새째에는 당신을 보러가마고 말했는데, 그 약속 꼭 지키도록 힘써 보겠소.

존이 초조한 기색이오. 사실 나도 마찬가지이지만. 집으로 돌아가 당신과 함께 지내기 전까지는 불면증이 계속되지 않을까 걱정이오. 집으로 돌아가면 한 이레쯤 우리끼리 틀어박혀 살았으면 좋겠소. 제발, 내일은 2,290미터 지점에 가 닿을 수 있길 바랄 따름이오. 내일 날씨가 오늘 같더라도 개의치 않고 일떠나야 할 것이오. 시로와 죠지가 우리 앞에 모습을 나타냈으면 좋겠는데. 우리 넷이라면 날씨가 어떠하든 하산길이 거뜬하지 싶소……지금 같아서는 길 나서기보다 지정거리고 앉아 있기가 훨씬 고역이라오. 막연히 기다리자니 험한 길을 무릅쓰는 것보다 되레 죽살이치기 같소. 하지만 지금 움직인다면 등반대의 괴멸을 아퀴짓는 행짜나 되기 꼭 알맞소.

그럴 순 없지 않겠소? 일의 순서로 보아 먼저 해발 3,110미터까지 무리없이 닿을 수 있다는 판단이 내려지기까지는 기다려야 할 것이오.

위의 세 사람이 들이몰린 절박한 상황을 애써 잊으려 해보지만 자글거리며 사람을 지지러뜨리는 이 상념이 뇌리에서 떠날 줄 모르는구료.

날이 그물거리기만 하지만 바람은 그래도 눅어졌소. 폭설이 내리고 있소. 연이어 닷새 동안이나 폭풍설에 꼼짝없이 갇히는 신세가 되고 싶지는 않소. 우리가 바라는 것은 이것뿐이라오. 하산길을 밟아 한시 바삐 산을 뜨고 싶은 마음이 얼마나 간절한지 필설로 다할 수 없소. 나만 그런 것이 아니라 다른 사람들도 매한가지일 게오.

에디, 당신에게 미안하구료. 이번 등반으로 당신한테 끼친 무리한 수고와 걱정, 게다가 온갖 뒤치닥꺼리를 도맡았으니, 무사히 당신에게 돌아가게 되면 다시는 이런 등산길에 오르지 않을 작정이오. 앞으로는 내가 무슨 일을 하든지간에 항상 당신과 더불어 작반할 것을 다짐하여 두리다. 먼젓번에도 말했지만 이번 등반을 전기 삼아 새로이 소박하고 홀가분한 삶을 꾸려나갈 것이오. 내 염려 너무 하지 마오……곧 집으로 무사히 돌아가리다. 당신을 사랑해요.

우리 앞날의 밝은 희망으로 내 가슴은 뿌듯하다오. 내 사랑, 이 밤도 편안히 쉬어요. 안녕.

3월 5일 · 위쪽 셋에 건 희망은 사라졌다

5,240미터 – 죠지와 시로

죠지의 기록

바람이 아직도 우렁우렁 뒤울리는 우뢰 소리를 내는데, 흡사 나이애가라 폭포와도 같은 엄청난 물줄기가 바위너설 위로 쏟아져내리는 듯하다. 별의별 생각이 다 드는 가운데 이런 생각도 하나 끼었다. '위에서 세 사람을 찾아 내었다손 치자, 그런데 이들이 도움이 필요한 처지라면 과연 우리가 할 수 있는 일이 무엇이란 말인가?'

높은 고도와 드날리재 발치에서 내리닫은 가파른 비탈 때문에 이들을 업어 내린다는 것은 엄두도 내지 못할 일이다. 난감한 처지에 안타깝고 답답하다.

상황은 분명히 위급하나 우리로서는 도무지 희망을 걸 만한 데가 없다. 둘은 이 일을 전혀 입에 올리지 않았다…… 말할 나위도 없이 시급 처지는 죽음과 삶의 길림길이다. 바로 조금 전까지만 해도 곁에 있던 사람이 고지에 고립 무원의 신세가 되었고 이쪽에서도 손 쓸 길이 전혀 없다는 것은 도대체 실감이 나지 않는 일이다. 일이 일어난 경로가 같기 때문에 어쩔 수 없이 파린의 모습이 눈앞에 떠오른다. 빙하 지대에서 헤어지던 날 밤에 그는 따뜻한 피가 흐르는 파린이었다. 그런데 이튿날 그는 얼음 토막처럼 꽁꽁 얼어붙은 주검에 지나지 않았다. 그때 장면들이 눈앞에 어른거린다.

바람이 어귀로 곧장 들이쳐서 굴 안에 자꾸 눈이 들이쌓였으므로 지내기가 참으로 불편했다. 어귀를 막아놓을 효과적인 방법이 없었다. 천막으로 바람막이를 하고 누름돌을 두어도 바람이 한 줄기 휘몰아치면 번번이 헛수고가 되고 말았다…… 참담한 심정이었다. 하다 못해 반쯤만 가리려 해도 손이 날겨를이 없었다. 결국 하산길을 더듬기로 마음먹었다.

침낭을 내어 말릴 때까지는 좋았었다. 그런데 지지름돌들로 눌러 놓았는데도 바람이 내 침낭을 낚아채어 발 아래 구렁에 동댕이쳐 버렸다. 나는 얼결에 쫓아갔다. 침낭을 잃어버렸을 때 그 결과가 어떠하리라는 점은 새삼 따질 필요도 없기에 나는 사갈도, 피켈도 없이 내리닫았다. 마치 바람에 날려가는 지푸라기를 움키려는 거나 다를 바 없었다. 휘뚝 몸의 균형을 잃었다. 6, 7미터 미끄러져 내리다 얼어붙은 눈더미에 어깨를 부딪쳤다. 아마 어깨뼈가 퉁겨나온 듯싶었다. 통증이 몹시 심하다. 시로가 위로 끌어당겨 주었다. 운 좋게도 침낭을 되찾았다.

어깨뼈가 욱신거리고 저릿저릿 아프다. 어깻죽지에 띠를 몇 번 동여매었지만 팔을 제대로 쓸 수 없다. 탈구되지는 않았으나 지독한 고통을 견뎌내기 어렵기 때문이다. 너무 아프니까 어깻죽지가 빠져나간 것만 같다.

등짐이 진땀나게 대근한 데다가 바람이 모질지만 하산길을 잡는다.

4,390미터 지점에서 2,440미터 지점까지 —쫀과 그렉

쫀의 일기

정해 놓은 대로 맨 먼저 잠을 깬 사람이 눈집에서 나가 날씨를 살폈다. 한편으로는 놀랍기도 하고, 적이 마음이 놓이기도 했으니 하늘이 환하며 눈발이 분분한데 산이 예전같이 뚜렷한 모습을 되찾았다. 아침을 간단히 해치웠으나 떠날 채비에 시간이 좀 걸려 9시 45분에 출발했다. 나는 얼음 배긴 손가락 탓에 끈을 매는 데 한참씩 걸리며 애를 먹었다. 귀가 쓰라리다. 힘겨운 짐—죄다 아트의 사진 촬영 장비 등속—은 30킬로그램을 웃돌았다.

바람받이까지는 거뜬히 다다랐다. 포래커산과 그 너머 훨씬 트인 펀더기, 얼기설기 하얗게 빛나는 강줄기에 햇살이 눈부시게 비쳤다. 드날리재의 영마루에는 여전히 으르렁거리는 바람. 위쪽 세 명에 건 희망은 사라졌다.

뜻밖에도 수월하게 바람받이를 완전히 돌아내렸으므로 한결 마음이 놓였다. 유쾌하지 못한 기억을 일깨우는 3,810미터 지점의 물자 은닉소까지는 가벼운 발걸음. 눈 위를 구불구불 기는 금색 가닥을 넣어 꼰 동아줄, 푸른색 방풍바지 가랑이, 눈을 하얗게 뒤집어 쓴 등산화, 위험 표시로 쳐 둔 밧줄이 바람에 날리며 눈바닥에 채찍질하는 모습. 그렉의 발목에 탈이 났다. 피터즈 빙하 윗녘으로 난 가파른 비탈에서 진땀을 뺐다. 내가 미끄러져 떨어지는 것을 그렉이 붙들었는데, 다시 미끄러졌다. 힘에 부치는 짐에다 허약해진 몸으로는 어찌할 도리가 없다. 욕지거리 몇 마디 구시렁거리다가 다시 걸음을 떼었다. 크레바스가 깔린 비탈 윗머리에서 걸음을 멈추었는데 그렉이 눈밭에다 쉘던에게 전하는 글을 썼다.

'오후 3시에 3,110미터로 착륙바람'

아무 사고없이 크레바스 비탈을 내려왔다. 신운이 따랐다. 우릴 보고 놀려대듯 늘비한 눈덩이 기둥을 지나 다리가 푹푹 빠져드는 적설지대로 들어섰다. 잠잠한 대기와 다스한 햇볕 속에 표고 3,110미터까지 터덕거리며 내려갔다. 무릎께에 이르는 마른 눈을 헤치며 3,110미터 지점에 오후 1시 15분까지 대어갔다. 다시금 눈집두럭을 대하니 반가왔다. 눈이 얼만큼 덧쌓인 것을 빼곤 그전 모습 그대로였다. 내가 장비를 점검하는 동안 그렉이 물을 넉넉히 끓였다…… 사갈을 싸넣으며 앞으로는 꺼내어 신을 일이 없을 것이라는 생각에 시름 한 가지를 내려놓은 기분이었다.

오후 4시 무렵, 설피를 신고서 표고 2,290미터에 설치해 둔 기지막사로 떠났다. 출발하여 이내 깊은 눈밭에 들어섰다. 사갈을 떼어버려서 홀가분하였지만 적설지대 한가운데를 곧장 거쳐가자니 허벅다리가 퍽퍽하였다. 길을 찾아 나가기가 이만저만 힘들지 않았다. 그렉이 먼저 앞장섰다가, 내가 뒤를 이어 한 시간 반쯤 일행을 이끌었다.

카힐트나 산으로 내리이어지는 산줄기의 등성마루를 넘을

때 날이 어두웠다. 땅거미가 지는데 카힐트나 산봉우리 쪽으로 방향을 잡은 비행기 두 대가 날아오더니 곧장 날아가 버렸다. 쉘던이 호위기를 데리고 착륙을 해보려다가 너무 어두운 탓에 되돌아가나 보다 싶었다. 우리는 다리가 깊숙이 빠지는 눈길에 아주 천천히 걸어갔다. 둘 다 전조등을 켜고 지친 채 좀 어리벙벙한 기분으로, 자신할 수는 없었지만 어떻게 해서든지 2,290미터 고지에 닿아야겠다는 생각이었다. 한 걸음씩 떼다가 때로는 눈에 덮여 깊은 허방을 딛기도 했다. 그럴 때마다 넘어진 몸을 일으켜 세우느라 고역을 치렀다. 침낭에 밴 얼음이 등짐 무게에서 상당한 부분을 차지한 데다 그것을 짐 꾸러미 맨 위에 얹어 져야 했기 때문에 등짐의 균형이 제대로 잡히지 않았다. 짐이 등에 꼭 붙도록 하기가 어려워서 몇 번이고 짐을 추슬러야만 했다. 어두운데 비탈길을 타자니 위치를 어림잡기가 막연하기 이를 데 없었다.

결국 밤 10시 무렵하여서 발길을 멈추기로 했다. 우리가 있는 지점이 어디쯤 되는지 가늠할 수 없었다. 2,290미터 고지 캠프보다 위에 있거나 아니면 훨씬 지나친 게 아닐까? 나는 기진맥진하였고, 그렉 역시 아무 소리 없었지만 지칠대로 지쳤다. 나는 짐을 진 채로는 단 한 발자국도 내딛을 수 없을 지경이었다. 내가 주전자와 스토브를 꺼내어 마실 것을 마련하는 동안 그렉은 아주 부드러운 눈터에 굴을 팠다… 몸에 온기가 돌자 젖은 침낭으로도 그럭저럭 지낼만했다. 등산화를 신은 채 침낭에 들어가 금새 골아떨어졌다. 다음날 일은 도시 막연할 따름인 채……

그렉의 일기

이 아래에서 눈이 이토록 깊고 부드럽게 쌓였을 줄은 몰랐다. 설피를 신었는데도 무릎까지 빠졌으니까. 어둠 속을 허위단심으로 마냥 걸어 밤 10시가 되었다. 존이 새참 보퉁이를 어디선가 잃어버려 소세지 한 조각씩으로 배고픔을 달랬다. 내일은 아침거리로 초콜릿 한 토막씩이다… 내일 아침에는 천하없어도 눈이 퍼부어 백시현상이 나타날 것만 같다. 그렇다면 눈집을 찾느라고 둘이서 곤죽이 될 게 뻔한 노릇이고. 안전을 도모하려면 날씨가 조금은 좋아져야 하는데. 날씨가 궂으면 3,110미터 지점으로 되짚어갈 궁리를 해야만 한다. 날씨가 정말 험악해지면 여기서 꼼짝않고 죽치는 도리밖에 없겠지. 어떤 경우든지 두렵다.

드날리재 – 아트, 해적, 데이브

얼음장 밑에서 깨어나 다시 춥고 어스레한 아침을 맞았을 때 불어제치다 그쳤다 하는 바람 소리는 희망적으로 들렸다. 거친 바람세도 한풀 꺾인 듯 싶었다. 기운만 있었더라면 단박에 재를 떠나 하산길을 재촉했을 게다. 하지만 안타깝게도 모두들 너무 쇠약해진터라 안심하고 내려오려면 바람이 아주 자길 기다릴 도리밖에 없었다. 그러나 과연 언제 바람이 물러날지 모르지만 이 날은 우리가 동굴에서 지내는 마지막 날이 될 게 틀림없었다. 이튿날 아침이면 먹을 것이 전혀 없을 테니까. 우리 셋한테 남은 것이라곤 고프 한 줌, 편치즈 넉 장, 작은 알맹이 사탕 세 알뿐이었다. 이것이 바닥나면, 여기서 내려가지 못하는 한 추위에 속절없이 당하고 말 게다. 다들 침낭 속에 가만히 누워서 생각에 잠겼다.

우리 처지가 재미있을 일 하나 없었지만 나는 희한하게도 마음이 턱 놓이며 일은 아주 간단한데 하는 생각이 들었다 ─ 식량이 동났으니 내려가든지 이 빌어먹을 놈의 굴 속에서 숨이 끊어지든지 두 길밖에 없잖은가.

전날 밤에 바람이 저지른 소행을 해적은 믿으려 들지 않았다. 해적은 잠자리에 들면서 굴 어귀를 막은 짐 꾸러미에 밧줄을 동여맨 다음, 자기 팔에 붙들어 매어 강풍에 짐이 날아가지 않도록 손을 썼다. 그런데 깨어보니 밧줄이고 짐 꾸러미고 할 것 없이 몽땅 없어진 것이다. 바람에 날려온 눈이 어귀에 가득 쌓이면서 휘날린 고운 눈가루가 해적의 침낭속으로 침입했다. 그런데 침낭에 온기가 거의 없어서 눈가루가 내려앉아도 녹지 않았다. 해적은 눈을 십여 초 동안이나 물끄러미 내려다보더니 거칠거칠한 목소리로 중얼거리길 보온에 도움이 될 테니 털어내지 않고 그냥 놔두겠단다. 뭐 그런 구성없는 생각이 있을까. 해적더러 되도록 빨리 눈을 털어내라고 할까 싶었으나 입을 열어 말하는 것보다 잠잠히 누워있는 것이 힘이 덜 드는 일이었다. 그런데 그 눈이 난얼재 구실을 할 거라는 해적의 생각이 과연 옳은지 알쏭달쏭했다. 해적이나 데이브나 침낭이 이제는 딱딱하게 뭉친 정도가 아니라, 실상 나일론 홑껍데기 속에 든 얼음 덩어리나 마찬가지였다.

해적이 우리를 굴 속에 꼼짝없이 가두려는 눈보라를 막아보 겠다고 어귀에 자기 등산화와 휘발유 통을 세워두었지만 질풍 이 위쪽 비탈을 후려칠 때마다 여전히 눈이 불어들었다. 굴 목이 바람막이가 제대로 되지 않아서 사뭇 들이치는 바람에 굴 속은 영하 37℃로 온도가 내려갔다.

 한기는 계속 들이닥쳐 다시 오한이 들었다. 오한 증세가 유 달리 괴로운 것은 아니었으나, 자기 몸이 속수무책으로 덜덜 떨리는 모습을 지켜보기란 맥이 탁 놓이는 일이다. 내 몸을 내가 가누지 못하는 마당에 무슨 일이 벌어질까? 데이브를 불 러 볼까 했으나 그만두었다.

 내 마음은 어린 시절로 되돌아갔다. 내가 걸음마를 배웠을 때 발가벗은 채 눈밭을 아장아장 돌아다니기를 좋아했다고 부 모님이 말씀하신 생각이 났다. 내가 여덟, 아홉 살 먹었을 때 동부 콜로라도 벌판을 휩쓸고 가는 봄철의 폭풍 속을 동무들 과 마구 달음질쳐 쏘다닌 기억이 났다. 우리는 밀짚 더미로 발막을 지어 거센 먼지 바람을 막고 스스로 개척자인 양 으스 댔다. 그 시절에는 천둥치며 비가 퍼부을 때나 빗방울이 공깃 돌, 탁구공 크기의 우박으로 변해 쏟아질 때 이 나무에서 저 나무로 건너뛰며 소리지르는 놀이가 무진 재미있었다. 폭풍우 속에서 신바람 나던 그 놀이에서 어떤 길을 밟아 이제 우리 셋이 옴쭉달싹 못하게 갇히는 이 절망적인 궁경에 이르게 되 었을까? 지금 내게 소원이라면 온몸이 꽁꽁 얼어붙어 얼음장 밑에 냉장될 거라는 두려움에서 벗어나는 일이다. 깡깡 얼어 버린 우리 몸은 어떤 모습일까 상상해보았다. 파린의 싸늘한 입술에 닿았을 때 내 입에 전해온 느낌이 되살아났다. 두 뺨과 눈꺼풀에 새겨진, 얼어붙은 그의 마지막 표정을 보았다. 심장이 멈추기 전에 인체는 어느 정도나 얼어들까? 이런 식으로 생각하는 것은 비겁한 짓이 아닐까? 그런 일이 우리에게, 내게 일어나지는 않을 것이다. 하지만 우리 손과 발에는 얼음이 박혀들었다.

이런 생각에서 벗어나려고 데이브에게 말을 걸어 바람세도 수그러들고 사이사이 쉬는 참도 더 길어진 성싶지 않아 하니,

"그만 둬." 한다.

나 역시, 바람살이 눅지는가 싶다가도 번번이 된바람이 이는 소리를 듣고 말아 맥이 빠지면서도 한사코 바람이 자고 이는 기척에 귀기울이길 그만두지 못했다.

바람과 함께 식량만이 우리한테는 초미의 관심사였다. 바로 눈앞에 보이는 구멍 난 깡통에 든 통조림. 그 통조림통들이 내내 눈앞에 어른거렸다. 통조림통이 바로 보이거나 침낭에 가려 있거나, 굴 바깥에 있거나간에 깡통에 뚫린 작은 구멍들이 눈처럼 나를 빤히 바라보는 것만 같았다. 앞서 데이브가 통조림 내용물을 비워낸 뒤에 거의 다 뒤둘 일 없이 썩은 것으로 판정을 내렸지만 데이브가 보기에 먹어도 괜찮을 만한 완두콩이 적어도 1파운드, 햄이 반 파운드쯤 된다고 했다. 그래서 데이브는 햄을 조금 떼어 녹이고 데워보기까지 했다. 냄새도 나지 않았고 상한 것 같지 않았다. 하나 그것도 한쪽이 부패한 통조림에서 나온 것임에 틀림없었다.

"어, 난 먹어야겠어."

해적이 부득부득 고집을 세웠다.

하지만 우리가 내버려두지 않았다. 그토록 들피진 몸에 식중독이라도 일으키는 날에는 모두 끝장이란 사실은 의심할 나위 없었다. 통조림에 대한 유혹을 뿌리칠 수 있는 한 우리에게는 목숨을 건질 기회가 있는 셈이었다. 그러나 무릎을 꿇고 말아 의심쩍은 햄과 완두를 먹는다면 그 기회는 사라져버릴지도 몰랐다. 하기야 통조림이 변질하지 않아서 산을 내려가는 데 필요한 열량을 간단히 보태주게 될런지도 모르지만.

텅 빈 밥통이 급작스런 복통을 일으켜 몸은 더욱 웅크려지고 된바람이 자고 일며 귀가 먹먹하도록 울부짖어 우리한테 남은 인내력을 자꾸만 갉아먹고 달아날 때에 우리 셋은 차례대로 통조림에 대한 생각을 바꿔갔다. 먼저는 해적이 햄을 먹겠다고 하더니 다음번에는 데이브와 내가 먹겠다는 것을 가로막았다. 아직까지는 다들 자제할 수 있었지만 허기가 고개를 쳐들 때마다 유혹은 한층 견디기 어렵게 되었다.

우리는 갖가지 진수성찬, 연회, 산해진미를 몽상하였다. 서너 시간은 꼭히 넘도록 데이브와 내가 머리에 떠오르는 온갖 음식을 가지가지 주워삼겼지 싶다. 그러다가 이따금 십 분이고 십오 분이고 이야기가 다 끝난 듯이 입을 다물고 누웠다. 그럴 때 내가 가령 '꽃게'를 꺼내들라치면 데이브는

"허참, 그렇지 그래! 꽃게를 깜빡 잊었네!"

하였고 누군가 빠뜨린 진미를 기억해 내기까지 또 십여 분이 흘러가는 식이었다.

한번은 데이브가 새로운 음식을 보탰다.

"피망쌈!"

"그래…… 속으로 건포도를 꽉꽉 채워서 말이지!"

내가 대꾸했다. 우리는 별의별 음식을 다 끄집어내어 서로서로 감질을 내었다.

"데이브, 자네는 버섯피자가 좋은가? 페퍼로니피자[▲]가 좋아?"

이렇게 내가 물으니

"버섯이지, 그런데 자넨 과일을 한가지만 먹을 수 있다면 뭘 고를 거지?"

"어…… 에이, 난 핏기 시뻘건 고기를 먹겠어!"

해적이 말추렴을 하였다. 목축일 물을 장만하기에는 충분한 휘발유가 남았지만 데이브로서는 물을 최소량 녹여낼 만큼밖에는 몸을 일으키고 싶은 마음이 없었다. 탈수현상이 진행되면서 동상이 더욱 심해졌다. 내 손가락에 잡힌 물집들이 가라앉기 시작했는데, 과연 이게 낫는 징조인지 물집마저 생길 수 없을 정도로 몸에 수분이 모자람을 보여주는 것인지 알 도리가 없었다. 물집이 생겼을 때는 몹시 걱정도 되었지만 사실 그렇게 하여 동상을 입은 조직을 보호하려는 인체의 기능이 작용한다는 점을 깨달았던 터였다.

데이브는 오른발에서 엄지발가락의 감각이 죽어버렸고 나머지 발가락들도 여럿이나 군데군데 감각이 없다고 했다. 네이브가 자기 발을 지키기 위해서 할 수 있는 일이라곤 고작해야

[▲] pepperoni pizza : 갖은 양념과 후추 등 향신료를 넣어 다진 쇠고기와 돼지고기 소세지를 얹어 만든 피자.

비벼주고 꼼지락거리기뿐. 그런데 발은 자꾸 싸늘해져만 간다고 했다. 동상으로 거칠거칠하게 딱지가 앉은 데이브의 코끝을 보면 속이 매슥거려왔다. 하지만 그의 두 발에서 진행되고 있는 동상만큼 참혹하지는 않았다. 데이브의 코에 박힌 동상은 일단 세력 확장이 멈추어진데다, 애당초 얼굴을 감싼 방한면에서 유독 삐죽이 내민 긴 코 때문에 화를 자초한 셈이었지만 발에 걸린 동상은 국부적으로 세력이 한정되지 않았다. 몸에 냉기가 자꾸 스며들어 동상이 온몸으로 퍼져가고 있었는데 셋 다 매한가지 형편이었다.

새털버선을 해적이 그냥 신고 지내도록 놔두는 자신을 보고 별일이다 싶은 때가 문득문득 있었다. 얼마 전까지만 해도 욕심 사납게 내놓지 않았던 물건인데. 그럼, 이기심을 극복했느냐 하면 그렇지는 않다. 해적이 말하자면, 내 마음 속의 이기적인 욕심속에 포함되어 버렸다고나 할까. 해적이 휘발유를 가지러 다녀오느라고 동해를 입었으니 그의 양발에 대해서도 내 발과 별반 다름없이 보호해줘야 한다는 감정이 생겨났기 때문이다. 그날 해적이 나중에 버선 한 짝을 돌려주었다. 한 사람이 한 짝씩 신어서야 발이 어느 것을 막는 데 무슨 소용 닿는 노릇일리 없었지만, 그것이 설령 겉치레일망정 해적이 보인 행동 가운데 내 눈에 띄기로는 가장 마음을 울리는 일이었다.

탈수증에서 얻은 한 가지 이점이라면 침낭 안에 깡통을 들여놓고 오줌을 누는 위태롭기 짝이 없는 모험을 별로 치를 필요가 없다는 점이었다. 이와 마찬가지로 먹거리가 없다보니 모진 바람속에서 배변을 보는 혹독한 시련도 면제되었다. 하지만 치를 셈을 그냥 넘길 수는 없었다. 더 이상 참기 어려운 고비까지 미루적대어 온 참이었다. 굴 밖으로 나갔다가는 바지를 내린 잠시 동안에 동상에 걸려드는 봉변을 당하기 십상이었다. 여기에 견주어보아, 침낭 속에서 그 일을 해치울 궁리를 해보니 그럴싸하지 않은가. 데이브가 기발한 꾀를 내어, 솜씨 좋게 화장지로 싼 작은 뭉치를 몇 개 끄집어 내었다. 나도 데이브한테 요령을 배워 안전하게 몇 덩이를 지어 굴 어귀 밖에 내놓게 되었다. 그런데 조심성이 모자랐던 해적은 곤란하게 되었다. 침낭 속으로 쑥 들어간 지 얼마 되지 않아서 해적이 툴툴대며 욕지거리를 내놓았다. 그가 든 침낭 모양이 요란스럽게 자꾸 바뀔때 우리가 한 마디씩 거들어주었다.

"으응? 자네들 화장지 있어?"

목소리가 폭 꺼져 신음하듯 내뱉는다.

"그래, 휴지를 썼는지는 정말 몰랐어."

바람기가 누그러질 줄 모르던 처음 며칠 동안에는 해 보내기에 잠이 그저 상책인 듯싶었다. 그랬던 것이 이제 단단한 얼음바닥에 엉덩이고 어깨고 도무지 배겨서 한참을 견디지 못하고 뒤척거려야 했다. 게다가 바닥에서 침낭 속으로 스며들어오는 한기에 몸이 오그라들어 뒤척거림은 끊일 수 없었다. 누구 하나 주린 창사를 들쑤시는 격동과 애바른 인내, 근육 때문에 시달리는 경련과 통증에서 잠시도 놓이질 못했다. 그렇지만 그런 여윈잠이나마 깨어나고 보면 흐릿한 의식 속에 한층 괴롭기 마련이었다. 잠에 잠겼을 때보다 또렷해진 정신으로 느끼는 고통은 당연히 더욱 날카로왔고, 그 고통에 이를 악물면서 이게 꿈이 아니란 것, 깨어나서 세상이 모두 정답고 따스하게 기다림을 보고 흐뭇하게 가슴을 쓸어내릴 처지가 결코 될 수 없다는 엄연한 사실을 알았다.

가끔 가다 내가 깨어있는지 잠들었는지 분간하지 못할 때도 있었다. 언 바닥에 누운 파린의 모습, 바로 그 크레바스 밑바닥에서 우리를 부르는 죤, 시로가 기침하는 모습, 우리 손과 발이 시커매지는 광경—이런 꿈을 줄곧 꾸었는데 이런 꿈의 영상들은 잠에서 깬 의식 상태의 차이에 따라 진종일 여러가지 양상을 띠는 의식의 경계를 넘나들며 눈앞에 떠올랐다. 한번은 데이브더러 얼음장 아래에 갇힌 지 얼마나 되겠는가고 물어보았다. 자기도 모른다는 대답뿐.

오후에 잠시 시야가 트인 듯 싶은 때에 바람이 마침내 가라앉은 기미를 챘다. 바람이 자는 시간이 훨씬 길어져서 한 오륙분씩 되는 듯했고 바람이 일어도 앞서처럼 잦지 않은데다가 며칠씩이나 굴을 뒤흔들며 되우 설치던 바람세도 이전만 같지 못하였다. 나는 혼곤히 잠에 빠졌다가 한밤중에 문득 이상한 소리를 듣고 깨어났다. 불현듯 잠이 싹 달아났다. 고요함에 길나지 않는 귀에는 그때 정적이 마치 저 첫날 아침에 울부짖던 된바람 소리만큼이나 왕왕 울리는 듯했으니 그럴밖에.

"데이브, 바람이 물러갔어! 이제 내려갈 수 있게 됐네!"

"참말 잘 됐군. 내 이 놈의 지긋지긋한 굴에 작별을 고하는 만찬을 지음세."

데이브의 전조등이 이내 휘뜩거리더니 얼마 안 가서 스토브에서 불길 이는 소리가 듣기 좋게 들려왔다. 이제 다 지나갔다는 생각이 들었다. 우린 해낸 것이다. 작별 만찬은 곧 마지막 남은 음식에, 굴에 대한 고별이자 다들 바라거니와 바람에 대한 고별이기도 했다. 데이브가 뜨거운 물을 돌리고 나서 넉장 남은 치즈를 나누었다.

3월 6일 · 죽음에 대한 감정을 떠올리지 않으려고 애쓴다

4,390미터 지점에서 3,110미터 지점까지 -죠지, 시로

죠지의 보고

우리는 하산을 시작했다. 바람받이에 다다를 때까지는 아무런 장애가 없었다. 거기서 급작스레 바람이 표독스러워졌다. 바람받이 아래 분지 어귀까지 어렵사리 내려갔는데, 그 다음부터는 날이 저물었어도 한결 길이 쉬웠다.

내 생각으로는 무엇보다도 아래쪽 눈집을 찾아가는 데에 되도록 신중을 기해야만 되었다. 하마터면 낭패를 볼뻔하였다. 눈보라가 다시 몰아쳤는데, 쌓인 눈은 깊어 걸음이 더디었고 날은 갈수록 어두워졌다. 결국 길을 잃었는데 나뭇가지 꽂아둔 것이 도무지 눈에 띄지 않아서 짐을 벗어내리고 내쳐걸어 눈집을 찾아내었다. 그리고 되짚어가서 짐을 거둬들였다. 이는 시로한테 배운 슬기로운 방법이었다. 이 방법을 따르지 않았더라면 눈집을 찾아낼 수 없었지 싶은데, 그래 한뎃잠을 잤더라면 어떠 했을까.

우울하고 암담하기만 하다. 우리의 하산길은 절망의 길이었

다. 분명히 시로는 어딘가 아픈데도 내색을 아니한다. 5,300미터 고지에서는 마른 기침이 그칠새 없었는데 그래도 이제 고도가 낮아지니 한결 나아졌다. 내가 알기로는 시로가 치질 때문에 괴로운 것은 아니다. 워낙 어려운 고비에 이른 터수에 치질이나 내 어깨통 정도야 대수롭게 여길 턱이 없었다. 우리가 좀 느긋한 형편이라면야 그런 사소한 것에도 신경이 쓰이겠지만, 우리에게 가장 중대한 관심사가 지난 날에 일어난 것과 앞날에 닥칠 것이 과연 무엇이냐 하는 마당에 그런 것들은 정말이지 한번 눈길을 줄 값어치조차 없었다.

아트, 데이브, 해적의 개인 비품을 눈앞에 보고 있노라니 또다시 의론이 생길 수밖에 없었다. 한 가닥 실낱같은 희망ㅡ누구든지 으레 희망이야 품을 수 있는 것이니ㅡ이 있었지만 사리를 따져보매 셋 가운데 누구 하나라도 살아서 내려올 가망은 없었다.

그런 일은 있을 수 없다. 하지만 그 심정을 어떻게 형용할까. 생각하면 할수록 절통한 중정을 헤집는 것 같아 다들 죽음에 대한 감정을 얘기 가운데 떠올리지 않으려고 무진 애쓴다. 그러나 제각기 침낭속에 들어가 누웠을 때 오만 생각이 머리 속을 오락가락하는 것엔 어쩔 도리가 없었다.

2,590미터 지점에서ㅡ쫀과 그렉

쫀이 쓴 일기
간밤에 천정이 배를 내미는 굴에서 엉금엉금 기어나와 보니 백시현상이 나타났고 누진 하늘에 별들이 조는 듯했다. 제기. 처음에는 뭐 다 잊어버리고 도로 침낭속에 기어들까나 했다가 결국에는 그렉을 깨웠다. 그렉은 아주 곯아떨어져서 이 달갑 잖은 소식에 관심을 보이게끔 하기에는 허리춤을 몇 번 쥐어 지르는 수고가 뒤따랐다.

내 파카 호주머니에는 전날 점심때 먹던 먹거리가 조금 남아있었다. 우리는 어제 저녁을 굶었던 차에 차도 끓이지 않고 그냥 맨입으로 썹어넘겼다. 그리고 주변을 한번 둘러볼 참이었다. 우리 위치에 대해 서로 의견이 달랐다. 나는 위쪽에 보이는 빙괴▲ 더미로 미루어 짐작컨대 2,290미터 지점의 기지를 지나쳐서 아래로 내려왔다고 생각했다. 그렉은 우리가 여전히 기지 위편에 있다는 생각이었다. 백시현상으로 길잡이가 될 만한 것이 여간해서는 눈에 띄지 않았기에 지도도 쓸모없었다. 잠포록한 날씨에 구름도 짙고 눈이 조금씩 내렸다.

한둔을 걷어치우고 빈몸에 남쪽으로 길을 잡아 나섰다. 깊숙한 눈밭을 한 5분 가다가 길 표지 장대를 절반만 눈 위로 나와 있었다. 이걸로써 우리 둘은 기지 위쪽의 비탈에 있음이 밝혀진 셈이니 그렉이 옳았다. 우리는 맨몸으로 거즘 자연적인 경사로를 따라 지쳐내려갔고 장대를 두 개 더 찾아내었다 ……그렇지만 아직은 기지에서 산등성이 위쪽으로 훨씬 떨어져 있는 듯했다. 짐을 가져다 깃대 꽂힌 곳에 부려두고 나침

▲ sérac, 빙하가 급사면을 지날 때 여러 개의 크레바스와 종횡으로 엇갈려 생기는 성곽·성탑 모양의 붕괴. 본디 스위스 불어에서 온 말로 치밀하고 단단한 흰색 치즈를 일컫는 이름.

반을 보며 남쪽으로 가보았으나 막막하게 흰빛만이 눈앞에 안겨들었다. 반 길이나 되는 숫눈을 헤쳐나가는데 설피를 신었어도 이따금 허방을 딛는가 하면 또 가끔씩 얼어붙은 눈거죽을 딛어 발이 불쑥 솟구치거나 한 자 못 미치는 깊이로 빠지기도 했다. 시계는 아직 그저 그만하다. 그런데 가까운 전방에서 길 표지 깃대를 몇 개 발견하여 몹시 기뻤다.

그렉의 일기

악전 고투! 잠에서 깨어보니 백시현상으로 시계가 다소 불량. 눈집을 찾아 헤매느라 정오까지나 고생하고, 설피를 신고서도 무릎께까지 빠지는 눈밭을 되짚어가 짐을 찾아왔소. 이걸로도 내 힘에 자랐던 일을 다 말한 셈이오.

눈집에 파고들어 허기를 끌 수 있었지. 오늘 아침에는 아무것도 마시지 못했기 때문에 탈수 증세가 나타나더군. 눈 위로 드러난 장대는 고작 네 개밖에 보지 못했고 나머지는 모두 눈에 파묻혀 버렸어요. 레이가 앵커리지에서 날아온 긴 대나무가 아니었더라면 이곳을 절대로 찾아내지 못했을 게요. 아주 푹 파묻혀 버렸으니까.

무전기에다 대고 잇달아 같은 말을 주절대느라고 한참을 보내다가(그걸 녹이느라 스토브에 불을 지핀다 어쩐다 별짓을 다하고) 드디어 앵기리지와 교신하는 데 성공했지. 에디, 그네들 보고 당신 좀 대어 달라고 했지만 아무 대답이 없더군…… 별고 없지요? 그렇게도 바랐는데 당신 목소리를 못듣다니. 사랑하오. 요번 등반만 마치면 우리 둘만 오붓하게 지내길 고

대한다오. 자, 당신도 내가 겪은 고생을 죄다 알아야겠지.

 존이 어제 힘에 겨운 짐을 지고 내려가다 두 번이나 넘어졌소. 미끄러지기는 다반사고. 두 번째 넘어졌을 때에는 내가 꽉 붙잡아 주었지. 처음 넘어져서 1.5미터쯤 미끄러져 내린 때에는 내 위쪽에 있었고. 오늘 길을 개척하는 데 참 수고가 많았는데 저녁이 가까와 오니 아주 기진해버렸소. 가엾은 친구, 정말 온 힘을 다 쏟았으니까. 썩 다부지진 못해도 무진 애를 쓰거든.

 지금은 축축한 침낭 속에 자리잡았소. 검게 된 발가락을 꼼꼼히 들여다보았소. 상태가 좋지 않아 보이지만, 뭐 낫겠지.

 장대로 이 기지를 표시해두길 정말 잘했지 뭐요. 이틀이나 내내 신을 못 벗다가 발이 참 편하다오. 갑자기 수분을 많이 섭취했더니 몸이 붓는구료. 그런데도 아직 목이 마르니. 금연에서도 벗어났고. 여기엔 치건도 많소. 통밀로 빻은 밀가루 한 포대에다 베이컨 3파운드, 황설탕, 분유 등등.

 휘발유와 성냥도 넉넉하고. 몇 이레만인지 처음으로 정말 편안한 기분을 맛본다오. 꼭 다섯 이레에 하루 더한 날이군.

 내려오는데 정말 죽을 고생을 했소. 이제 그 고비를 넘겼으니 한시름 놓았소. 바깥에서는 구조대가 만반의 준비를 갖추고 딱 대기하고 있는 듯하오.

 약속하기로 내가 오후 8시에 무전을 치고 그 뒤로 그 사람들이 산에 들어올 때까지 매시간 날씨를 알려주기로 했소. 무전기가 작동하니 다행이오. 헬기가 이곳에 내려앉아서 나를 싣고 갈 것이오. 그 동안에 존은 내려갈 준비를 하면 되고.

빈 호먼(탤킷트나에서 대기 중)과 함께 올라가서 시로와 죠지가 머문 곳을 찾아 얘기 좀 들어보고(저 위 동정을 혹 알런지?) 더 올라가 볼 작정이오. 우리가 설치한 기지들을 내려오는 길에 깨끗이 걷어 치웠으면 싶은데. 그 가운데서도 3,110미터 캠프를 말이오.

일기예보에 따르면 앞으로 24시간에서 26시간 동안 날씨가 나쁠 것이라는군. 그게 빗나가길 바라지만 우리가 이곳에 있다는 사실에 하느님께 감사 드린다오. 하느님이 시로와 죠지에게도 역시 은혜 내리시길 빌고 있소. 다른 대원들도 주님께서 지켜주시길 바라지만 이레나 지난 지금 큰 희망을 품을 수는 없을 듯……

드날리 재 — 아트, 해적, 데이브

잠포록한 날씨 속에 조마조마한 마음으로 굴을 떠날 채비를 시작했는데 다 마칠 때까지 댓 시간이나 걸렸다. 데이브가 얼음을 녹였다. 해적은 퉁퉁 부어오른 두 발을 등산화에 욱여넣느라 한참 고생을 했다. 나와 데이브는 발이 붓지 않았으나 간밤에 둘 다 여러 개의 발가락이 감각을 잃어버렸다. 나는 두 손이 여전히 제 구실을 못하는지라 데이브의 손을 빌려 신을 신고 끈을 꿰었다.

떠나는 데 마음이 들떠서 우리 발을 묶는 바람이 처음 불던 날 이래로 그렇게 거뜬한 기분이 들기도 처음이었다. 하산길을 밟기 전에 정신 능력 검사를 하게 되었을 때 데이브가 스톱워치와 뺄셈 문제지를 들고서 거들어 주었다. 손가락이 말을 듣지 않아서 내 손으로는 물건을 집어들 수 없었으니까. 데이브 말로는 자기 사고능력이 그전과 다름없이 똑똑하댔지만 검사 결과는 그렇지 못했다. 다들 뺄셈 연산을 푸는 데 저 아래 카힐트나에서 그와 비슷한 문제를 풀 때 걸린 시간의 곱절이나 잡아먹었다. 이것이 비록 우리의 논리적 사고작용에 결함이 생겼음을 나타내는 그저 비근한 예일지 모르지만 나는 나름대로 심각히 생각하여 앞으로 중대한 결정을 내려야 할 때가 닥치면 신중하고 또 신중해야 한다고 마음 속에 새겼다.

하지만 그다지 걱정하지는 않았다. 바람이 잤다. 그 된바람도 버텨낸 마당에 겁날 일이 없었다. 몇 시간 안가서 5,240미터 지점에 닿을 테고, 내쳐 내리디디면 밤 되기 전에 4,390미터 눈집 기지까지는 대어가지 못할까. 다른 대원들한테 합류한다면 그건 대단한 일일거야. 지금쯤 그네들은 아마 우리를 포기했겠지. 새로이 어위가 나서 모두 움직임이 빨라졌다. 우리는 내려간다, 집으로 간다! 데이브가 맨먼저 밖으로 나갔다. 단 한 마디 말로 신명떨음이 단박에 사그라들고 말았다.

"화이타웃!"

"화이트 아웃." 이 말이 허공에 못박힌 듯 내걸렸다. 우리는 바람이 죽은 뒤에 백시현상이 나타날 수도 있다는 생각을 미처 못했다. 가시거리가 고작해야 6미터나 9미터쯤 되겠다고 말하는 데이브. 곧장 질러갈 수만 있다면 우리와 5,240미터 캠프 사이에는 1.6킬로미터 거리로 얼음길이 놓인 데 불과하다 하겠지만 실상 발 아래 비탈은 10킬로미터에서 13킬로미터에 이를 강팔진 얼음판을 이루었다. 그 아래분지도 그에 맞먹는 넓이로 얼어붙었으며 분지가 끝나면서 온통 골이 패고 홈 타기 투성이인 빙하자락이 100~130평방킬로미터 넓이를 차지하여 퍼질러 누웠다. 백시현상 때문에 방향감각을 잃어 끝없이 길을 헤매거나, 아니면 기력이 다하여 쓰러지거나 벼랑가로 곱드러지거나 크레바스에 빠져들어서야 방황을 마칠런지도 몰랐다.

우리는 이 백시현상이 그저 지날결에 잠시 가린 구름장이었으면, 그래서 한두 시간 지나 개었으면 하였다. 만약 이것이 한 이레쯤 사뭇 퍼부을 소나기 눈의 첫머리가 되면 우린 어찌 되나 싶어 다들 겁이 났다.

나도 해적을 따라서 굴 밖으로 나갔지만 잔뜩 웅크린 해적의 몸뚱이가 비치적이며 데이브에게 가 부딪는 모습을 보았을 따름이다. 그런데 데이브 또한 제 몸을 곧추세우지 못했다. 두 사람이 마치 몸을 가누려고 버르적대는 취객처럼 서로 비스듬히 기댄 모습을 잠깐 지켜보았다. 두 사람 뒤로 너덜겅 너머 가루눈이 뽀얗게 밀려들었다.

해적이 얼굴을 찡그리며 고개를 홱 제껴 데이브를 똑바로 쳐다보았다. 꺼칠한 목소리가 새어나왔다.

"데이브, 난 너무 기운이 없어 못 내려가겠어."

우리가 파린의 수검을 크레바스에서 끌어올린 밤 뒤로는 이때 처음 데이브의 얼굴에서 넋나간 표정을 보았다. 일순간에 그는 자신감을 잃고 말았던 것이다. 단지 해적 입에서 흘러온 말 때문에 데이브가 그처럼 얼빠진 듯 낙심하지는 않았다.

굴 속에 틀어박혀 있을 때에는 어슴푸레한 빛에 서로 얼굴 생김새를 또렷이 살펴볼 수 없었는데 이제 터럭만큼도 숨기고 가릴 구석이 없어졌다. 해적이 뒤집어 쓴 몰골은 그중 처참했다. 한 이십 년은 혈거 생활을 하다 세상에 나타난 성싶었다. 목청에서는 늙은이 목소리가 났고 얼굴에는 여태껏 본 적이 없던 주름살이 이리저리 패었으며 푹 꺼져 들어간 두 눈은 광채를 잃은 채 껌벅였다.

나는 두 손과 양무릎을 써서 기느라 한기에 휩싸였다. 데이브가 부축하지 않으면 바로 설 수 없었다. 한번 떼어 본 첫걸음에 나동그라졌는데 퉁퉁 부은 손으로 얼음바닥을 짚지 않으려고 한쪽 어깨로 부딪혔다. 이미 셋 모두 평형감각을 잃어버렸다. 양다리는 말라들고 여러 날 꼼짝 않고 누웠던 탓에 등허리나 매한가지로 뻣뻣해졌다. 걸음 연습을 하는데, 얼마만큼 곧게 걸을 수 있도록 운동 신경이 조절작용을 되찾기까지 몸을 뻗쳐보며 유연하게 푸느라 십여 분이 걸렸다.

다시 걷게 됨으로써 큰일 한 가지를 마친 셈이었으나 우리 마음에 이렇다 할 위로가 되지 못함은, 설혹 백시현상이 가시더라도 5,240미터 캠프까지 가려면 11킬로미터 족히 가파른 얼음 비탈을 기어내려야 하는데 제 몸뚱이 하나 제대로 가누지 못하는 처지에 떨어졌기 때문이다. 그렇다고 굴 속에서 무작정 기다린다면 스스로 제 목숨 끊는 노릇밖에 안될 일이, 아무것도 먹지 못한 채 하룻밤만 더 넘겨도 하산할 기력을 아주 빼앗겨버릴 게 틀림없었다.

데이브는 조바심이 났다. 해적은 바위에 기댄 채 혼자 웅얼거렸다. 한걱정에 다들 답답하여 재를 벗어날 궁리를 한답시고 헛공론으로 의견이 분분하였다. 데이브와 나 둘이서만 하산을 시도해봄직도 했다. 해적이 자기는 우리가 구조대를 올려보낼 때까지 굴에서 기다리겠다는데, 빨라도 이틀 안에 해적에게 구조의 손길이 미칠 수 없을 테고 그렇게 되면 이미 때를 놓친 것은 두말 할 나위도 없었다. 한번은 내가 그래도 힘이 좀 남았겠거니 하여 단독으로 해보마고 말을 냈다. 성공하면 구조를 청할 수 있을 테고, 뜻대로 이뤄지지 않더라도 날씨만 갠다면 데이브와 해적한테 아직 기회가 있는 게 아니냐는 논리였다.

제눈가림에 넘어갈 수라도 있다면 얼마나 좋았을꼬. 그러나 단독 하강에 대한 구실로 내민 이유들의 속내평은 누구보다도 먼저 아트 데이비슨이라는 인간을 살려낼 열심을 감춘 얄팍한 수작임을 스스로 어찌 모른다 할까. 곤경에 처했다고 동료에 대한 의리가 무르춤하는 게 아닐까 걱정되었다. 인정머리없는 내 속생각을 데이브나 해적이 눈치챌까 두려웠다. 그렇지만 자신을 보전하려는 욕구는 자기 보존 본능이 아닐까? 그러니 마땅히 건강한, 아니 꼭 지녀야 할 삶의 조건이 아닐는지?

겁에 질려 안절부절 못하게 되자 황황한 시선으로 얼음이며 바위며 우리를 온통 에워싼 하얀 천지를 휘휘 둘러보았다. 데이브가 나를 말끄러미 바라본다. 해적은 한삼매에 든 성싶었다. 무슨 말을 꺼내야 하나? 혼자 몸을 일으켜 볼 마음이야 굴뚝 같지만, 한편으로 데이브와 해적에게 매인 몸에 뭐 한 가지 달라진 게 있어서 하는 생각을 떨쳐낼 수 없었다. 동료들과 함께 끝까지 버텨보겠다는 심사에는 아마 고독감에 대한 반사 작용이 숨었겠지만 어쨌든 나 또한 저버릴 도리 없는, 원체 밑바탕 감정 반응일 것이다.

손가락에 파닥파닥 경련이 일고 머리가 빙 돌았다. 갈래갈래 나뉘는 생각을 수습하지 못하는 듯했다. 혼자서 하산하고 싶은데 데이브와 해적을 내버려두자니 엄두가 안 났다. 무슨 일이 있어도 내 목숨은 건져야 한다. 하지만 데이브와 해적이 아니었더라면 지금 내가 목숨을 부지했을 성싶으냐? 그래, 한꺼번에 몰살해야 성에 차겠단 말이지. 단독으로 하산하는 데 한결 유리한 기회가 난다면 데이브와 해적 생각은 깨끗이 떨쳐버리고 혼자 내려가야 되지 않을까?

그예 바락바락 소리를 지르거나 얼음판을 마구 달음박질치고 싶은 열정이 불끈 치밀어올랐다. 흐려진 혼에 오른 결기를 삭이느라 구름을 쳐다봤다. 우리 일행을 가둔 구름장이 온가지로 잿빛이 아니라 켜켜로 짙고 엷음이 달랐다. 그렇게 구름에 마음을 두다 보니 효험이 나타났다. 조급증은 왈칵 덤벼들던 기세만큼이나 얼른 사라져버렸다

백시현상이 가실 테니 그때까지 행동 방침 세우기를 미루자는 발론이 데이브한테서 나왔다. 나는 고개를 끄덕였다. 해적은 우리가 들었던 굴 어귀를 물끄러미 바라보고 있었다.

구름장이 재에 걸려 햇빛은 단지 잿빛과 흰빛만으로 배합되어 을씨년스럽게 투과되어 내렸다. 적막감이 괴괴하게 온 산을 휩쌌다. 고자누룩하니 쥐죽은 듯하여 바로 이곳이 거센 바람이 들이지르던 재인가 믿어지지 않았다.

험악한 기세로 위협하던 하늘도 우리를 둘러싼 채 잠잠하였다. 된바람이 미친듯 울부짖던 날엔 마치 살아 숨쉬는 거대한 생명체 같던 산줄기 전체가 이제는 그저 얼음과 바위로 얼어붙은 거친 땅일 따름이었다.

 그 흉포한 위세를 막아주는 얼음장 밑에 몸을 감추었을 때에는 밀폐된 공간에 답답함을 느낄 만도 했지만, 바깥에 나와 섰는데도 화이트아웃이 자아내는 고요 속에 문득문득 폐소 공포증에 사로잡혔다. 마치 주위에 둘러선 산악과 모든 봉우리들이 우리를 압박하여 목을 죄어들거나 하는 듯이.

 자그마한 빙판 조각을 딛고 선 우리는 백시 때문에 세상에서 단절된 느낌을 맛보았다. 하늘은 사라져버리고 우리는 광대무변한 잿빛 공간 한가운데 뜬, 빛이 있는 작은 섬을 겨우 차지했을 뿐이다.

 어떻게든 움직여봐야 한다고 해적이 말을 꺼냈다. 우리는 줄곧 구름만 지켜보았다. 구름이 걷혀서 하산할 기회가 나지나 않을까 하는 바람으로. 희망—우리는 이 말이 뜻하는 바를 익히 깨달은 터라 이제 빛 바랜 꽃잎처럼 되었지만 우리 마음에 이끌리는 힘은 결코 스러지지 않았다. 나는, 희망을 품는 것은 요행수가 생기기를 바라는 마음으로 현실 처지에서 애써 고개를 돌리는 짓으로 단정지었다. 이렇듯 극심한 화이트아웃을 무릅쓰고 우리를 구조하겠다고 나설 사람은 없었다. 하냥 기대만 한다고 스스로 나무라며 다시는 희망을 품지 말라고 엄히 경계하였다. 내게 모자란 것은 믿음이었다. 오래 끄는 여느 악천후와 마찬가지로 이 백시현상도 마침내는 끝나리라는 믿음이 필요했다. 또한 침착함과 체력을 잘 지키고 있다가 호기를 포착해야 된다는 믿음을 말이다. 내가 데이브한테 우리가 자신감을 잃게 되면 모든 게 끝이라고 말했더니 뒤숭숭한 얼굴로 입술을 달싹였다.

"그래?"

얼마 뒤, 구름이 흩어지기를 바라며 하릴없이 또 구름만 쳐다보는 내 모습을 돌아보게 되었다.

백시현상이 가시길 기다리는 데 지쳐서 바윗돌 사이에서 먹을 것을 찾아 나섰다. 앞서 이 산을 찾았던 누군가 남겨 놓은 저장물이나, 혹 바람에 날려간 우리 물자를 여기서 발견하지나 않을까 싶은 마음에. 하지만 허탕을 쳤다. 우리는 재의 벼랑 가장자리에 서서 5,240미터 캠프가 있는 쪽을 굽어 보았다. 잿빛으로 가려진 시야를 응시하며 눈굴 속에 들어앉아 우리를 찾아 나설 기회를 참을성 있게 기다리는 그렉, 시로, 죤, 죠지의 모습을 그려보았다. 그때 문득 떠오르는 생각은 지금쯤 그들도 먹을 게 동났을 테지…… 하지만 그들이 결코 우리를 저버리지는 않았겠지.

한참이 지나도록 다들 말이 없었다. 지금까지 쌓은 등반 경험에서 보자면 백시현상 중에는 절대로 하산길에 나서지 말아야 한다. 십중팔구 길을 잃거나, 아니면 기력도 쇠하고 평형감각도 제대로 없는 터에 추락할 위험이 크기 때문이다. 그렇다고 해서 굴 속에서 마냥 기다린다면 결국 우리 셋에게 돌아올 것이 무엇인지는 불을 보듯 뻔하였다.

우리가 굴에서 기어나온 지 꽤 시간이 흘렀다. 때가 늦은 까닭에 어서 무슨 작정을 내려야 했지만 여전히 생각마다 부질없이만 여겨졌다. 무슨 방도를 차려야 할지 정하기가 구성없었다. 나는 속으로, 내려딛는 걸음에 아무 승산이 없다고 의견이 모인다면 내 남은 힘을 끌어모아서 드날리산 북쪽 정상을 향해 기어오르자고 마음먹었다.

혼자 헤아려보아도 그것 역시 내버려야 할 물색없는 생각이었다. 우리 처지에서는 깊은 사려가-정작 그럴 자신은 없었지만-꼭 필요했다. 고도 탓으로 우리의 정신작용에 미친 장해 중에서 가장 심각한 점은 그 장해가 과연 얼마만큼 되는지 알아낼 능력이 우리에게 없다는 사실이었다. 아마 둔해지면 질수록 스스로 둔해졌다는 사실을 깨닫기 힘들어지겠지.

마침내, 그나마 승산은 얼음벽을 타내려 보는 데서 찾아야지 백시가 걷히길 기다릴 게 아님이 분명해졌다. 게다가 다들 굴에 정나미가 떨어졌다. 해적 말을 빌면 거기로 다시 기어든다면 그것은 우리 무덤 속에 제 발로 기어드는 꼴이라 했으니 오죽할까. 하산길에 나선다면 어찌 되었건 몸을 움직여 애면글면 애를 써보겠지. 사갈을 대는 것이 좋겠다고 데이브가 말을 냈다. 해적은 두말 없이 좋다 했고 나는 묵묵히 있었다.

구무럭거리는 해적을 두고 데이브가 사갈을 가지러 굴로 50미터쯤 되짚어 올라갔다. 자기 먼저 차림을 갖춘 뒤에 고맙게도 내 사갈과 장구를 가져다 주마고 해서 재 귀퉁이 가까이서 기다렸다.

해적이 커다란 움이 헐려 마구 헤쳐진 데를 지나치기에 먹을 게 있는지 살펴봤느냐고 등뒤에다 대고 큰소리로 물었다.

자기가 데이브하고 같이 샅샅이 뒤졌지만 헛수고만 했다는 대답. 대답은 그렇게 해 놓고도 해적은 허섭쓰레기 더미를 다시 뒤집어 파젖혔는데 갈기갈기 찢긴 방수포, 공수된 것으로 보이는 나무 궤짝 조각, 찢어진 옷가지, 은그릇 따위, 그밖에 먹을 수 없는 온갖 잡동사니뿐이었다.

짐작컨대 이 저장소는 워쉬번이 여러 차례 가진 학술 탐사 가운데 어느 때인가 세심한 준비로 비축했던 것일 공산이 컸다. 그런데 20년 동안 눈·비바람에 시달리고 호기심 많은 등산객들 손을 타서 얼음에 반쯤 묻힌 쓰레기 더미로 변하고 말았다. 이내 해적이 뒤짐질을 멈추고 아무 말 없이 나를 바라보았다. 뭐가 눈에 띄냐고 묻자,

"아니." 하고는 아주 느릿느릿 걸어 자기 사갈을 가지러 올라갔다.

누가 와서 손을 봐줄 때까지 아무 것도 하기 싫어서 오도카니 맥을 놓고 섰다. 멍하니 움을 보고 있노라니 언젠가 시로한테서 들은 말이 생각났다. 그렇지만 그 말대로 하자면 당장 몸을 움직여야 했기에 생각을 다른 데로 돌리려고 애썼다. 하지만 시로가 들려주었던 말은 머리속에서 맴돌며 성가시게 들볶았다.

"산 속에서 죽살이 한고비에 내몰렸을 때에는 살아남을 길을 찾아서 마지막까지 모든 가능성을 모색해야 된다네."

임시 저장소가 바로 그 가능성 가운데 하나였다. 어쩌면 버림치 무더기 밑바닥 가까이에 식량 될만한 것이 숨겨져 있을런지도 몰랐다. 하지만 형편이 맘 같지 않으니, 움의 규모가

너비와 높이 각각 12미터가 넘었다. 나는 움직일 기운도 냅뜰 마음도 없어서 멀거니 섰다. 시로가 한 말은 머리 속에 자꾸만 떠오르고. 나직나직 이르는 시로의 목소리가 귓전에 들리는 듯했다.

"…마지막까지 모든 가능성을 모색해야 된다네."

나는 저장소를 뒤지지 않겠다고 뻗댔다. 정녕 낭비라는 이유를 붙이면서. 그런데 언제 걸음을 떼었는지 자신도 모르게 움을 향해 걸어가고 있었다. 손가락 하나하나에 힘을 주어 피켈 자루를 그러쥐느라 물집이 터졌지만 아랑곳하지 않고 곡괭이질을 시작했다.

방수 캔버스포에 얼어붙은 얼음을 내리쪼았다. 따가운 아픔에 견디지 못하여 두 손은 피켈을 놓아버렸다. 방수포는 옴쭉달싹하지 않았다. 피켈을 다시 집어들어 몇 차례 휘두르다 보니 부앗김에 앞뒤 가리지 않게 되었다. 얼음 속에 박힌 캔버스를 내리패고 쪼았다. 지레질도 해 보고 확 잡아채기도 했다. 있는 힘을 다해 피켈을 내려찍는다는 것이 바위에 맞았던 게지. 까뀌날이 댕강 부러졌다.

약이 바짝 올라 골풀이를 하느라 궤짝 조각을 내리패고 때리다 지쳐서 무릎을 꺾고 주저앉아 버렸다. 숨이 턱에 닿고 어찔어찔했지만 머리가 다시 맑아지자마자 얼음덩이에 덤벼들었다. 무릎을 꿇은 채 삭은 밧줄 도막, 찻주전사, 바랜 양말, 국자, 짝짝이 등산화, 거기에다 별별 주체궂고 쓸모없는 사치품 가운데서 정수기까지 들춰내었다.

기어코 바닥을 보아야겠다는 외곬 생각으로 땅굴 곳간을 공략했다. 양손은 고통으로 부들부들 떨리고 발에는 아무 감각도 없었지만 내 머리 속에는 오로지 이 잡동사니 무더기 맨 마지막 켜까지 떠들쳐봐야겠다는 생각뿐이었다. 골김에 밑바닥까지 죄다 까발리려는 심보였다. 새로 한 켜가 나타나자 아무 것도 망가뜨리지 않으려고 조심했다. 상자를 하나 열어보니 옷으로 가득했다.

겉에 널린 허드레를 발로 걷어 제치고 나서 피켈로 다시 파들어갔다. 얼음과 궤짝에서 부서져 나온 지저깨비, 캔버스 쪼가리가 한데 엉겨 얼어붙어 있었다. 손으로 움켜잡고 잡아채고 발길질을 내지르고, 피켈로 내리치고, 그러다가 또다시 개봉되지 않은 상자에 이르렀다. 틈새기를 비집고 열어 젖뜨리니 위쪽에서는 또 옷이 나왔지만 그 밑에는 자그마한 흰 헝겊 주머니가 댓개나 들어있었다. 뭐가 들었나 보려고 주머니 한 개를 집어들었는데 숨도 가쁘고 기진한 데다가 가슴이 요동치듯 두근거려 참기 힘들었다. 아가리 끈을 끄르고 주머니 속을 들여다 보았는데, 그때 아직 내 몸에 눈물을 지어낼 수분이 여분으로 남았다면 참말이지 울음을 터트렸을 것이다.

말린 감자라니!

상자 깊숙이 건포도 갑이 한 개 들었는데 그것을 싼 포장지가 적어도 15년 전에 상가에서 자취를 감춘 것이었다. 감자 주머니를 두 개 더, 게다가 구멍 하나 없는 햄 통조림을 한 통 찾아냈다!

음식을 먹었다!

3월 6일 · 죽음에 대한 감정을 떠올리지 않으려고 애쓴다

데이브가 굴을 넓혔다. 그런데 무릎을 꿇고 쭈그려 앉아 그 일을 했기 때문에 두 다리에 혈행이 일부 단절되고 말았다. 발이 장심 아래로 얼음처럼 싸늘하다면서 누구 배에 대어 녹였으면 좋겠다고 웅얼거렸다. 하지만 해적이나 나를 잡고 늘어지지는 않았다. 그가 혼잣말로 중얼중얼하는 소리를 들었다.

"어, 발톱 두개 떨어진 거, 뭐 별스런 일인가…… 데이브 임마, 그런 일은 없을 거야…… 얼지 마……"

데이브는 밤이 이슥토록 뜨끈한 음료를 끓여내고 건포도, 햄, 감자를 넣은 찜탕을 많이 만들었다. 목숨 잇기가 그만해도 한결 나아진 느낌이 들었다. 우리가 들어앉은 굴도 훨씬 편안해졌고 이튿날 식량이 마련되었음을 아는 데서 오는 안도감을 누렸다.

이제 자리가 잡힌 셈이니 필요하다면 다시 한 이레를 버텨야지, 마음을 다잡아 먹으면서도 지난 엿새 밤 동안 그러했듯이 아침이 밝으면 하산하게 되기를 간절히 바랐다.

3월 7일 · 초록빛 발

드날리재 – 아트, 해적, 데이브

꿈 속에 어떤 사람이, 내 발이 지나치게 커졌다 싶을 때마다 친절하게도 잘라내 주었다. 그 사람이 양발을 베어서 시렁에 얹을 때마다 잠시 시원한 느낌이 들었지만, 밝은 황록색으로 빛나는 내 발은 내내 농구공만하게 잼처럼 부풀어 올라 베어낼 때까지는 터져 갈라질 듯이 아팠다. 나는 비좁고 어두운 땅광에 누웠는데 벽마다 달아 매진 선반에 곧 크고 광채가 나는 초록빛 발들이 가득 찼다.

데이브가 나를 흔들어 깨우며 내가 자꾸 뒤척이는 바람에 잠을 못 이뤘다고 했다. 날카롭게 꿈틀꿈틀 찌르는 통증에 두 발이 퍽 터져버릴 것만 같았다. 식량을 찾아 피켈을 휘두르는 동안 부분적으로 동해를 입었던 것이다. 밤을 지내면서 녹았는지, 오히려 더 얼었는지 알 수 없었다. 고통을 더는 유일한 방법은 발의 위치를 바꾸어 보는 것인데 잠결에 매번 동무가 고맙게 칼로 오린다고 꿈꾼 것이다.

바람이 자고 백시현상도 사라졌다. 곧 다들 일어나 앉아 먹고 마시며 그렉과, 시로, 그리고 다른 친구들을 어디서 만나게 될까 궁금한 마음을 털어놓았다. 해적이 부러 우스갯소리 한다고, 아마 그 친구들이 우리 이름을 쓱싹 지워버리고 집으로 날랐을 거야 했다. 그네들은 식량을 구하러 4,390미터 고지의 이글루로 내려간 게 분명했다. 그렇지만 우리를 찾아 다시 올라올테니 이 굴 아래쪽 빙벽을 타는 도중에, 아니면 저 아래 5,240미터 캠프에서 맞닥뜨리기가 쉽다는 생각을 했다. 그러나 데이브는 나처럼 낙관적인 생각이 아니어서, 우리가 이글루에 닿기 전에는 친구들을 보지 못하리라 말하였다.

잠에서 깬 지 두 시간이 지나 등산화를 신게 되었다. 데이브가 내 발을 잡고 신발에 억지로 밀어넣다 보니 아파서 비명을 내지르기도 했다. 해적 손도 내 손이나 진배없어서 신 신는 것을 데이브가 또 억지공사로 해줄 도리밖에 없었다. 해적에게 신 신기는 일이 어렵사리 끝나자 데이브 자신이 해적이나 나를 도울 때보다 더 곤욕을 치렀다. 양발 끝이 심하게 부어올랐기 때문이다.

굴에서 기어나와, 제 발이라 하나 마음먹은 대로 움직여 주지도 않는 퉁퉁 덩어리를 어떻게 해서든지 말을 좀 듣게 해보려다 서로 몸을 부딪히며 얼음판에 엎어지고 자빠지고 하였다. 신발이 얼음바닥에 닿을 때마다 뜨끔뜨끔한 감각이 종아리로 찌르르 전해왔다. 4발 기관 비행기가 산꼭대기 위에서 맴도는 모습이 해적 눈에 띄었다. 허지만 비행기에서 우리를 식별하기 쉽게 5,240미터 기지 쪽으로 펼친 너른 빙판으로 한달음에 내리달릴 처지는 되지 못했다.

재 아래 가파른 빙벽에 발을 내딛기 전에 먼저 다친 발로 걷고 절벽을 등반하는 연습을 거쳐야 했다. 우리는 제자리걸음을 해본 다음 기울기가 완만한 비탈을 찾아 대각선 등반▲을 연습하였다. 몸무게가 온통, 아주 얼어 버렸거나 반쯤 얼음이 박힌 발가락들에 무리하게 실리는 바람에 비탈을 내려딛는 걸음은 몹시도 괴롭고 힘들었다. 데이브가 내게 사갈을 채워주고 나서 해적을 도와 끈을 단단히 비끄러매주었다.

셋 가운데에서 데이브만 손에 동해를 입지 않은 까닭에, 마침내 우리가 하산 채비를 끝마쳤다는 판단이 섰을 때에도 그가 밧줄 끝에서 중요한 버팀 역할을 맡았다.

재에서 30, 40도 경사로 내리뻗친 얼음절벽. 해수면 높이라면 이만 경사를 가진 빙벽에서라도 술래잡기 놀이쯤 거뜬하다 싶을 우리였다. 그런데 해발고도 5,490미터에 솟은 바로 이 빙벽을 다리에 그래도 힘이 있고 평형감각이 둔하지 않을 때에는 조심하여 답파하지 않았던가. 그렇지만 이제 앙상하게 말라 뼈에 가죽만 남은 다리로 허청거리는 우리에게는 매 걸음이 능력의 한계에 가까운 신역이었다.

"해적, 급진하지 마!"

나는 앞장을 선 해적에게 천천히 내려가라고 미리 주의시킬 필요를 느꼈다. 실제로는 빙벽을 기다시피 했지만. 우리는 발에 체중을 싣기 전에 걸음마다 신중히 재어 딛었다.

배낭이 바람에 날려가 버렸기 때문에 다들 침낭을 어깨에 둘렀는데 이게 발께로 끌리며 가다가다 동철 끝에 걸리기도

▲ 트래버스(traverse) : 바위·얼음 절벽 등 가파른 경사면을 비스듬히 빗꺾어 오르내리는 방법.

했다. 그래도 침낭을 지니고 갈 방법은 달리 없었다.
 "해적, 더 천천히!"
 걸음마다 우리의 신경을 일깨우는 확실한 것이 있다면 발을 통해 전해 오는 통증이었다. 한 걸음 또 한 걸음 해적이 우리를 이끌고 빙벽을 빗금 지어 내려갔다. 우리가 함께 연결된 밧줄은 단지 심리적인 보호책밖에 되지 못했다. 누구 한 사람 삐끗하는 날엔 죄다 낭떠러지 아래로 곤두박질치고 말 것이다. 밧줄을 확보할 수도 없었다. 추락했다 하면 속수무책으로 180미터 아래 분지 바닥에 처박히는 것으로 끝장을 낼밖에.
 해적이 뚝 멈췄다.
 "맙소사!" 가슴이 선뜩했다. 해적의 발 밑으로 한쪽 사갈이 느슨해졌던 것이다. 빙벽에서도 제일 깎아지른 부분에 꼼짝없이 붙들렸다. 데이브와 나는 발목에 쏠리는 부담을 좀 덜려고 디딤턱을 조그맣게 쪼아냈다. 출발할 때도 해적은 손가락이 뻣뻣한 게 말을 안들어 동철 끈을 묶을 수 없었는데 이제 별수없이 스스로 그 일을 해내야 되었다.
 데이브가 초조한 음성으로 해적더러 서두르라고 재촉했다. 내 두 발목은 중압을 견디지 못하고 꺾여버릴 것만 같았다. 해적이 손가락을 에는 추위에 구시렁대며 뻐덕뻐덕한 끈을 붙들고 시역을 치렀다-금속제 사갈을 맨손으로 만져야 했으니. 모든 것이 해적에게 달렸다. 일어붙은 매듭을 잡아당기다가 몸이 균형을 잃는 때에는 폭풍 속에서도 일껏 버텨왔는데 갖은 노고가 보람없이 일시에 물거품이 될 판이었다.
 해적이 구부린 몸을 폈다. 피켈을 움켜잡았다. 나는 안도감에 한숨이 절로 나왔다.

돌아보니 데이브도 씨익 웃고 있었다.

"좋아, 친구들……내려가는 거야!"

바싹 긴장하며 한 걸음씩 조심조심 내딛었다. 단 한 걸음도 무심결에 내놓지 않았다. 앞서 해적이 목격했던 대형 군용기가 카힐트나산 너머에서 날아왔다. 그렇지만 그 비행기에서 우리를 발견했다손 치더라도 당장에는 우리한테 도움 될 일은 없었다. 그렉, 죤, 시로, 죠지가 우리쪽으로 올라오는 기미가 보이지 않았다. 그들이 힘만 자란다면 우리가 이 빙벽을 내려가는데 도우러 오겠거니 믿었던 터라 그들 모습이 안 보이니 걱정이 들었다.

"해적, 천천히!"

가장 가파른 곳을 지나가 해적이 발걸음을 재촉하였다. 걸음새가 급해졌다 했지만 기실 2초에서 3초 사이에 한 걸음씩 떼는 정도였다. 그래도 내게는 위험을 느낄 만큼 빨라보였다.

"해적, 너 우리 골을 다 빼려는 거지.

이 미치광이 혼쵸▲야!"

해적이 멈칫 뒤돌아보더니 냅다 고함을 지르지 않는가.

"아-하-……"

울퉁불퉁해도 평지인, 얼음이 깔린 분지에 다시 우리 발길이 닿게 되었다.

"해냈어, 우리가 해냈어."

나는 잇달아 중얼거렸다.

▲ 해적이 신명이 날 때 질러대는 기성을 놀리느라 끌어댄 말.

그런데 암괴 지대가 가까와지면서 얼음길이 살짝 치받이가 되자 걸음들이 무거워져, 얼마 안 있어 일곱 여덟 걸음마다 쉬게 되었다. 바윗돌들이 눈에 설었다. 데이브가 해적에게 오른쪽으로 방향을 틀라고 손짓했지만 나는 왼쪽에 보이는 바윗더미로 가야 옳다는 의견을 내었다. 잠시, 의견이 엇갈려 논의해 보았지만 어떤 것이 굴 옆에 있는 바위인지 누구도 꼭 집어 말할 수 없다는 데 이견이 있을 리 없었다. 몸도 지쳤는데 방향을 잘못 잡아 올라서 15~30미터나 에둘러 갈지도 모른다 생각하니 입맛이 썼다. 그래서 절충안을 내어 두 노두 사이로 곧장 지나가기로 하였다. 얼음길을 10미터, 그리고 다시 10미터 밟아갔다. 그때 해적이 바닥에 삐죽 솟은 대나무 대가 보인다고 소리쳤다. 길이가 3미터쯤 되어 보였다. 우리는 이 지점에 장대를 갖다 꽂은 적이 없으니 아마 헬기에서 내린 구조대원들이 그랬나보다…… 그런데 그들은 지금 어디 있는 거지? 우리 친구들이 사고를 당했을까? 어쨌든 굴이 장대 가까이 있는 것은 틀림없는 사실이었다.

지친 데다가 시름이 겹쳐 장대 쪽으로 다가가는 발길이 다들 무거웠다. 처음에는 30미터 거리였는데 어느새 단 3미터로 조여들어서 그제야 제대로 보니 대나무 장대가 아니고 버드나무 가지였다. 헛보였던 것이다.

고도탓이거나 탈수증때문에 혹은 영양 결핍으로 지각 신경에 이상이 생겨서 그랬지 싶다. 그런데 정말 걱정스러운 점은 셋이 하나같이 헛보았다는 사실이었다.

우리는 버드나무가 꽂힌 데를 지나서 굴에 다가섰다. 막 안을 들여다보려는데 불현듯 늘비하게 누운 송장을 보는 게 아닌가 싶어 머리끝이 쭈뼛 솟았다. 여기에 갇혀서 식량을 구하러 내려갈 엄두도 내지 못하고……막상 들여다보았더니 텅 비어있어 한시름 놓았다. 한쪽 구석에 먹을 것이 자그마하게 한 모다기를 이루어 화로에 기대어 쌓여 있었다. 우리가 내려올 가망이 없다고 판단하여 하산길에 나섰을 텐데, 그래도 혹시나 하는 마음에 가장 맛있는 것으로만 남겨두고 떠났음을 알 수 있었다.

소세지, 그렉의 아내가 만든 코코넛 과자, 우리 할머니가 등반대원들 먹으라고 구워주신 과일빵을 먹고 있는데 하늘을 맴돌던 비행기에서 우리를 발견한 모양이다. 그러자 곧 쉘던이 탄 은빛 세스나 180이 나타나서 분지 위로 낮게 날아갔다. 우리 모두 손을 흔들었다. 쉘던이 다시 날아와 한층 낮게 떠 지나가며 자루를 하나 떨어뜨렸다. 내가 거두러 갔는데 귤이 한 개 으깨어져 쪼가리가 얼음 바닥에 여기저기 흩어져 있었다. 용도는 알 수 없었지만 대단히 정성을 들여 포장한 무슨 용구 상자 같은 것을 들고 왔다. 놓인 자리에 그냥 놔두고도 싶었지만 결국, 다른 친구들이 정체를 알아낼 수 있겠거니 해서. 해적이 대번에 무전기라고 했을 때 스스로 뭐 이런 얼간이가 있나 싶었다. 선선히 시인하기에는 마뜩찮으나 고도의 영향이 이런 식으로도 나타났다. 고도 탓에 정신작용이 산란해져 무전기를 올바로 작동시키지 못했거나, 또는 투하될 때 충격으로 고장이 났던지 송·수신이 전혀 이뤄지지 않았다.

배를 채우고 물도 좀 마신 뒤에 계속 하산길을 재촉했다.

등성이에 솟은 바위 사이로 정신을 바짝 차리고 길을 더듬어 내려딛었다. 이전에 이 길을 오르던 그 어느 때보다도 몇 갑절이나 느린 보조로 간신히 기어 붙었다. 밧줄이 붙박인 곳에 이르자 두 팔이 밧줄을 다루는 데 자유롭도록 침낭을 먼저 달아내렸다.

신발로 얼음거죽을 찰 때마다 칼로 베는 듯한 아픔이 발을 쑤셔댔다. 해적이나 나나 동상 걸린 손으로 밧줄을 움켜잡자니 참기 힘든 지긋지긋한 고통에 시달렸다. 어쩌다 한 번 발이 미끄러져 밧줄을 꽉 움켜쥐었더니 살갗과 물집이 죄다 벗겨져 밀려난 것이 손가락 새로 느껴졌다.

밧줄이 거의 다 끝나갈 때 구름장 속으로 들어가게 되었다. 시계가 완전히 가렸으나 단 하룻밤이나마 한뎃잠을 자고 싶지 않았기 때문에 시계가 트이기를 기다릴 겨를이 없었다. 데이브가 해적이나 나보다 이쪽 길로 여러 번 다녀 익숙했기에 앞장서 이끌었다. 점점 구름 속에 깊이 파묻혔다. 좌우로 보이던 높은 등성마루가 시야에서 사라졌다. 잿빛 구름 속 저 앞 어딘가에 눈집 두 칸과 친구들이 있겠지. 이글루 너머에는 엄청나게 넓은 크레바스 얼음비탈이 펼쳐있으니 눈집을 그냥 지나친다면 얼결에 크레바스 지대로 발을 들여놓을지도 모른다. 잿빛이 끄느름히 짙어져 밧줄 가운데에 선 내 눈에는 데이브도, 해적도 보이지 않았다.

데이브가 걸음을 멈췄다가 다시 움직였다. 나는 양무릎과 발목이 자긋자긋 하는 품이 당장에라도 주저앉을 것만 같았다. 발 앞 눈바닥에 밧줄이 느슨히 끌리는 모양을 보고 데이브가 다시 멈춰섰구나 했는데, 길을 잃어버렸다.

끄무레한 구름이나 침침한 빛깔인 얼음바닥이나 서로 분간이 가지 않았다. 빙하와 하늘이 맞닿아 온통 잿빛 벽이 되어버렸다. 막상 발을 내딛는 비탈진 바닥이 보이지 않아서 자꾸 고꾸라졌는데, 그때마다 두 손으로 짚으니 푸석푸석하게 부어오른 손바닥 살이 짓이겨졌다.

어둠침침한 구름에 다 대고 이글루가 오른쪽에 있을 것 같다고 소리쳤다. 그러자 뒤에서 밧줄이 당겨졌다. 해적이 얼음바닥에 넘어졌음에 틀림없었다. 그런데 해적이 왼쪽으로 더 가야한다고 외치는 소리가 들려왔다. 데이브한테서는 아무 말도 없었다. 나는 바닥에 납작 엎드려, 해적이 몸을 일으켜 세우고 느즈러진 사갈을 다시 단단히 죄기를 기다렸다. 오륙 분이 지나자 데이브가 외쳤다.

"갑시다!" 무진 애를 써서 겨우 일어났고 우리는 비척거리며 화이트아웃을 뚫고 나아갔다. 가도가도 끝이 없는 잿빛 속을 걷다보니 이미 이글루를 지나치지나 않았나 하는 생각이 들게 되었다. 나는 뒤숭숭한 머리 속을 애써 추스려 보았다. '데이브가 크레바스에 빠져들면 곧바로 추락에 제동을 거는 자세로 얼음바닥에 몸을 날릴 대비를 해야지.' 데이브는 여전히 모습이 보이지 않았고, 밧줄이 내 앞으로 3미터쯤 하여 잿빛속으로 자취를 감추었다. 3미터 거리에서 기지를 지나쳐버리는지도 몰랐다. 눈발이 깊어지는 걸 보고 이러다가 이글루가 묻혔으면 어떡하나 걱정스러웠다. 데이브는 끈덕지게 걸음을 계속했다.

머리가 아뜩하여 한 걸음을 더 뗄 수 있을지 자신이 없어져 데이브에게 이어진 밧줄에 내 몸이 이끌려 가도록 내맡겼다.

"와호……" 앞에서 외치는 소리. 하지만 데이브 모습이 보이지 않으니 그게 과연 데이브가 낸 소리인지 알 수 없었다.

"이글루다!" 데이브 목소리였다.

운이 좋았거나 찬탄해 마지아니할 본능적 감각으로 데이브가 일행을 곧장 이글루로 인도했던 것이다.

데이브는 해적과 내가 구름장에서 벗어나기를 기다리고 섰다. 그래서 셋은 그때 처음으로 서로 반기는 인사를 나누어보았다. 안도감과 기쁨에 취해 거의 정신 못 차릴 지경이 된 채 눈집 '바깥채' 어귀에 몰린 눈을 퍼내고, 바람막이로 눈집에 씌운 방수포를 젖혔다. 그리고 안을 들여다 보았다.

칠흑 같은 어둠! 이글루는 텅 비었다. 다른 이글루도 마찬가지, 빈 채로 컴컴했다. 쪽지 한 장 남기지 않았다. 우리 셋만 산속에 남았을까? 이 친구들은 어디에 있지? 다들 가버렸구나, 우릴 내버려두고 갔구나 하고 실망한 마음을 차마 입 밖으로 내고 싶지들 않았다.

눈집 바깥채에 남긴 먹이를 허발하게 먹어댔다. 으깬 감자, 쌀밥, 젤리 과자, 고프, 냉동 건조육—음식을 그렇게 맛있게 먹어본 적도 없었거니와 싫증나는 줄 모르고 그토록 입맛이 당긴 적도 일찍이 없었다. 배가 그득 차고 나서도 우리는 계속 음식을 입에 밀어넣었다. 먹을 수 있는 것이라면 죄다 집어삼키려는 충동에 사로잡혀 있었다. 밥 한 톨이라도 먹어치우지 않고 남겨둔다면 불경스런 일인 양.

성찬에 들뜬 기분이 아주 없지야 않았지만 몸도 지쳤고, 다른 네 사람 처지를 생각하니 한근심이 들어 모두들 조용히 먹었다.

3월 8일 · 햇빛

4,390미터 – 아트, 해적, 데이브

 아침밥을 되도록 느럭느럭 먹었다. 한입 가득히 넣고 다들 흐뭇했다. 밥을 먹으며 푸르죽죽한 발을 제각기 살펴봤다. 부은 자리는 회목 위에서 시작되었지만 발가락과 뒤꿈치 군데군데가 거무충충하게 변했다. 보기 흉한 발을 등산화에 끼워넣으려고 억지를 부리느라니 괴롭기가 이만저만하지 않아서 아예 등산화 한쪽을 갈라 발을 편히 하자는 말까지 나왔다. 해적은 심지어, 등산화는 내팽개치고 양말을 껴신은 발에 헝겊을 칭칭 감자는 제안을 내놓았다. 이 방법을 따르기 전에 다시 발을 쑤셔넣고 억지로 틀어박으며 욕지거리를 낭자히 늘어놓다가 어찌어찌 발을 앉혔다. 하지만 신발이 너무 꽉죄어서 홧홧한 통증이 끊임없이 일어났다.
 데이브가 그중 발이 심하게 부었고 살빛이 어둡게 변했는데도 못 견딜 만큼 심한 통증은 아니란다. 곱은 부위가 언 채로 그냥 있는지, 혹은 신경 조직이 손상을 입은 것인지 알 수 없었다.
 눈집 안의 어스름에서 기어나오니 육중하게 솟구친 포래커

산줄기 위로 이글거리는 해가 눈부셔서 바로 볼 수 없었다. 겨울해 같지가 않았다. 바짝 다가와 타오르는 뜨거운 빛살이 잡힐 듯하여 다들 장난스럽게 손을 내뻗어 한 모숨씩 움켜잡았다. 기온이 영하 27도였으나 눈집 가까이 얼쩡거리는 동안 햇볕이 뺨에 따끈하게 닿았다. 해 없이 보낸 그 춥고 어두운 나날 뒤에 이제 해를 대하니 모두들 먹을 것, 마실 것에 기갈 든 배를 채우고 목을 축이듯 햇빛을 빨아 들였다. 언제 그런 평화를 누렸던가 싶었다. 그 언제고 내 삶에서 바랄 것이라고는 다만 내 몸에 햇빛 비침을 느낌으로 족하다는 생각이 들었다.

미처 소리로 듣기 전에 햇빛에 번쩍이는 것을 보았다. 제트기가 측벽산릉 너머로 낮게 떠 지나가며 요란한 폭음으로 고요한 대기를 뒤흔들어 비행기가 자취를 감춰버린 뒤에도 한참이나 주위의 빙벽이 메아리를 울렸다. 제트기는 측벽산릉 뒤에서 되꺾어왔던 것이다. 이삼 분 뒤에 다시 나타나 악을 쓰며 지나갔는데, 이번에는 우리가 선 높이로 비행했다. 금속 광채를 번뜩이며 매끈한 기체가 미끄러져갈 때에 우리는 손을 흔들었다. 그러나 그것은 마음에서 우러나온 인사라기보다는 조건반사와 같았다.

전날 보았던 4발기가 드날리산의 남쪽 옆구리 뒤에서 우렁찬 폭음을 울리며 불쑥 나타나 제트기와 어울려 우리가 있는 분지를 소음의 도가니로 만들었다. 정작 우리 자신은 조난당했다는 생각이 전혀 들지 않는데 우리를 찾는 사람들에게 발견되다니… 이상야릇한 기분이었다. 그들이 일부러 우리 머리 위로 날아갔을 때 불현듯 다급한 마음이 고개를 들었다. 한시

바삐 카힐트나재까지만이라도 내려가고 싶었다. 거기에서 쉘던이 우리를 태워줄 것이다. 어서 하산하여 산을 벗어나고 싶었다.

화로와 먹거리 약간, 그리고 옷가지 몇 점을 침낭 여기저기에 쑤셔넣었다. 밧줄로 서로 몸을 동이자 밧줄이 허리께에 꽉 죄어드는 맛이 꽤 괜찮았다. 다시 함께 한 끈으로 묶이니 안정감과 듬직한 느낌이 들었다. 내가 앞장 섰다. 하산길에 나섰다.

신발 바닥이 얼음바닥에 닿을 때마다 발가락 바로 윗부분이 뜨끔거렸다. 해적과 나는, 걸음을 뗄 적마다 동상을 입은 보드라운 살이 조직끼리 마찰되어 발이 풀리는 게 틀림없다고 생각했다. 발이 언 채로 괴사가 일어나지 않았다면 걸음으로써 조직 손상을 줄일 수도 있었다. 데이브는 자기 발이 군데군데 여전히 얼어있을까 봐 걱정을 했다.

"언 살 속에 박힌 얼음 결정들이 풀린 조직과 마찰하는 느낌이야."

제트기는 날아가버렸으나 4발기는 더욱 낮게 떠 맴돌았다. 비행기에 탄 사람들 눈에 우리 모습이 어떻게 비칠까 궁금했다. 꽁꽁 얼어붙은 광활한 산달에 꼬물거리는 조그마한 점점으로, 한 오라기 줄로 이어져 바람이 휩쓸고 가는 얼음바닥을 비슬대며 움직이다가 이따금 가볍게 피어오르는 눈살기 속에 배치작기리는 모습으로 보이겠지. 한번은 비행기가 아주 낮게 지나가며 발동기 4대가 일으키는 고막을 찢을 듯한 요란스런 폭음에 우리 등뒤로 산등성이마루에서 얼음덩이가 사태를 이루어 굴러내렸다. 거대한 얼음덩어리를 따라서 눈사태까지 일었는데 얼음덩이들은 된비알을 제멋대로 구르고 날며 크고 작은 조각으로 쪼개졌다. 그 가운데에서 커다란 덩어리가, 우리쪽으로 방향을 잡고 굴러온다! 때때로 거세게 공중으로 튕겨 올랐다가 다시 눈바닥에 깊숙이 자국을 파내리며 미처 달아날 엄두도 낼 수 없도록 맹렬한 기세로 날아왔다. 얼음덩어리는 편평한 분지에 와 부딪치더니 눈에 띄게 기세가 숙어, 우리가 선 데서 30미터쯤 떨어진 곳에 이르러 결국 멈춰서고 말았다.

데이브가 언짢은 심기를 뱉아내었다.

"저 미친 놈의 비행기가 눈사태를 또 일으킨다면 우리 발로 걸어나가긴 틀린 거지."

혼자 생각에는, 비행기와 산이 서로 한바탕 욕지거리를 퍼부어대는 바람에 그 한가운데에 끼어 잠시 옴쭉달싹 하지 못했던 셈이다. 고래 싸움에 새우 등 터지는 격이라 할까.

그 다음번에는 한층 낮게, 따라서 더욱 시끄럽게 지나가며 작은 낙하산을 떨어뜨렸다. 낙하산은 바람에 떼밀려 우리 왼쪽으로 저 아래 크레바스 지대에 내려앉았다. 아마 비행기에서 지상과 교신할 때에 쓰는 무전기이지 싶었으나 험악한 빙벽을 기어 내려가 찾아올 엄두가 어디 나야지.

바람받이 쪽으로 비칠거리며 갔다. 눈앞으로, 포레커봉과 카힐트나 산자락을 따라 솟은 봉우리마다 창공에 깎아지른 듯 불쑥 치솟아올랐다. 얼어붙은 눈에 흰빛이 눈부시게 반사되었고 바위줄기가 예전 기억에 남은 것보다 한결 뚜렷하게 검은 선으로 드러나 보였다. 이렇듯 깨끗한 윤곽으로 얼음에 덮인 비탈자락이 품은 부드러운 굴곡마다 보면 볼수록 새롭고, 산 그림자 진 곳마다 깃든 어스름이 신비롭기만 하여 이 산줄기들은 한 번도 사람의 발길이나 손길이 닿지 않은, 아니 눈길 한 번 받아 본 적이 없는 처녀지인 듯싶었다. 비행기가 또다시 부르릉거리며 머리 위로 날아와 낙하산을 또 떨어뜨렸지만 이번에도 설계의 크레바스 지대 위에 가 앉았다.

침낭을 얼음 위로 끌고 가자니 이따금 동철 끝에 침낭이 걸렸다. 동철 때문에 누구 한 사람 걸음을 멈출 때마다 일행이 모두 멈춰섰고 그 사람이 다시 걸음을 떼면 다들 움직였다. 우리를 연결한 밧줄이 기다랗고 삐삐 마른 애벌레의 몸뚱이고 우리는 거기에 붙은 다리다 생각해보니 재미있었다.

이따금 아무도 동철 끝에 침낭이 걸리지 않은 채 10여 미터나 나가게 될 때면 잠시 아픈 발을 쉬려고 내가 행렬을 세웠다. 쉬면서 눈을 감고 얼굴을 해 쪽으로 돌렸다. 햇살이 아직 따뜻했지만 아까처럼 손끝에 만져질 듯 강렬하지는 못했다.

가볍게 비탈진 얼음길을 오르니 바람받이 암괴가 눈앞에 나타났다. 세 이레 만에 다시 보게 된 셈이다. 마음이 좀 더 급해졌다. 한 걸음 뗄 때마다 그렉, 시로, 존, 죠지들한테로 가까이 다가서는 것이니 그럴 수밖에. 그네들과 거리가 좁혀지면 좁혀질수록 서로 떨어져 있다는 사실이 새삼스럽게 가슴을 찔렀다. 해거름에는 이들과 재장구치려니 싶었지만, 혹 어렵사리나마 3,110미터 고지에 있는 눈집 두럭에 때맞춰 닿는다면 이튿날 아침, 아니 이날 저녁에라도 쉘던이 우릴 싣고 나갈 수 있을런지도 몰랐다.

바람받이가 가까와지자 비행기에서 낙하산이 또 내려왔는데 이번에는 우리 앞으로 불과 600, 700미터 떨어진 얼음바닥에 앉았다. 막상 바람받이에 닿아보니 낙하산은 아직도 50미터쯤 떨어진 곳에, 그것도 비탈져 내려간 데 있었다. 저걸 꼭 가지러 가야 하나, 내가 물어봤다. 데이브는, 정말이지 가던 길에서 벗어나 그걸 찾으러 갈 마음이라곤 눈꼽만큼도 없단다. 눈굴을 떠나온 뒤로 통 말 한 마디 없던 해적이, 우리한테 필요치도 않은 구급낭을 받는다는 게 영 달갑지 않다고 했다. 지치기도 했거니와 제 발로들 하산하는 데 자부심도 컸다. 또 다른 이유로 말미암아 낙하된 꾸러미를 회수하러 가기가 쉽지 않았다. 안에 무엇이 들었건 간에 그 꾸러미는 우리가 외부 세계와 정말 처음으로 접촉하는 매개물인 셈이었다. 그래서 이것이 우리 나름대로 삶의 방식이 되어버린 고립을 넘보았기 때문이다.

하지만, 비행기가 날라다 주느라 그토록 많은 어려움을 감수한 낙하물을 찾아오는 일이 우리에게는 의무이기도 했다. 해적이 하산길에서 50미터 가까이나 벗어나는 길을 데이브와 나 대신에 혼자 가서 꾸러미를 찾아오겠다고 나섰다.

우리는 밧줄을 끌러 얼음바닥에 놓았다. 해적이 출발했다. 5분쯤 지나자 무전기를 가지고 돌아왔다. 그가 안테나를 뽑아냈다.

"여기는 드날리 등반대, 비행기 나오라… 여기는 드날리 등반대, 비행기 나오라… 내 말 들리는가?…내 말 들리나?"

응답이 없다.

"여기는 드날리 등반대, 비행기…"

"드날리 산악 등반대, 여기는 489 구조대… 여기는 489 구조대, 드날리 산악 등반대 나오시오. 응답 바람."

"드날리 등반대가 489 구조대에게 전함… 그쪽 소리가 크고 뚜렷하게 들린다… 음… 무얼 알고 싶은가? 응답 바람."

"건강 상태가 어떤가? 응답 바람."

데이브가 해적더러 동상에 걸렸다는 말은 하지 말라고 이르자, 해적도 그들이 우리 손발 상태에 대해 굳이 알 필요 없다고 했다. 그렇지만 나는 어차피 나중에 알게 될 일인데 지금 말하는 게 나을 거라고 했다. 그러자 데이브는 그네들이 화들짝 놀라서 앞뒤 재지 않고 덤벼들까 걱정이라고 했다.

"그렇긴 해…"

해적이 말을 받더니,

"하지만 아트 말이 옳아."

그리고는 무전기를 내게 넘겼다.

"다들 건강하다. 다만 동상에 좀 걸렸다."

내가 비행기 쪽에 전했다.

"우리는 3,110미터 고지까지 내려가서 쉘던이 태워주길 바란다. 응답 바람."

"동상은 어느 정도인가? 정상에 올랐던가?"

우리가 정상에 올랐다는 사실은 우리 셋밖에 아는 사람이 없다는 걸 까마득히 잊고 있었다. 그렇지만 그게 뭐 대순가? 지난 한 이레 동안 일어났던 일들을 생각하면 조종사가 도대체 왜 그런 질문을 하나 싶었다.

"양손과 발이 조금 검게 부어올랐다. 약 여드레 전, 오후 일곱 시에 정상에 올랐다. 정확한 날짜는 모름. 응답 바람."

비행기가 측벽산릉 뒤로 날아가자 무전기 끊겼다. 시야를 가리는 것 없이 비행기가 우리와 일직선 상에 놓였을 때에만 무전교신이 되었다. 비행기가 한 번 지나가는 시간에 지상에서 공중으로 송신되는 질문이 다직해야 두셋이어서, 한 시간을 넘겨서야 그렉과 죤이 해발 2,290미터의 카힐트나 힐튼 호텔에 안전하게 묵고 있음을 알게 되었다. 이야기를 들어보니 둘은 그 전날 비행기를 얻어 탈 수도 있었는데 그렉이 한사코 모든 대원의 안전이 확인될 때까지 산에 남겠다고 고집했다고. 아무도 죠지와 시로를 보지 못했다지만 3,110미터의 눈집두럭에 머물러 있을 듯했다.

"드날리 등반대, 여기는 489 구조대… 휴이 헬기 두 대가 탤킷트나에서 산으로 항진 중이다… 탑승을 원하는가? 다시 전한다. 탑승하길 바라는가? 응답 바람."

"3,110미터까지 걸어 내려갈 수 있다."

내가 대답했다.

"그런데 헬기가 이미 떴는가? 응답 바람."

"헬리콥터는 탤키트나에서 이쪽으로 비행 중이다. 이미 이륙했다. 탑승하겠는가? 응답 바람."

비행기는 다시 서측벽산릉 뒤로 돌아갔고 교신이 끊겼다. 나로서는 어찌 하면 좋을지 몰랐다.

"데이브, 어떻게 생각하나?"

데이브는 먼저 우리가 내려온 길을 뒤돌아 휘익 올려다보고

나서 발밑 얼음바닥에 시선을 떨어뜨렸다. 그는 한쪽 발을 다른 발에 대고 탁탁치더니,
 "어, 내려들 가자구."
 하면서 나를 쳐다본다.
 "우리 동무 시로하고 죠지 좀 놀래줘야지. 틀림없이 우리가 골로 간 줄 알거야."
 "야하."
 해적이 웃음을 터뜨렸다.
 "자, 내려가서 그치들 소름 돋는 꼴 좀 보자구… 아라라… 아그아… 호이야… 죠지가 우릴 보면 유령인 줄 알겠지… 이야야."
 "데이브, 아침에 보니까 자네 엄지발가락이 둘 다 형편없던데. 타고 가는 게 좋지 않을까?"
 내가 힘주어 말했다.
 "나는 두 발 다 멀쩡해!"
 "이보게,"-해적은 데이브나 내게 눈길 한 번 주지 않고 눈집두럭 쪽으로 난 얼음비탈길만 내려다보았다-
 "우리가 비행기를 타고 내려간다면 도무지 하산했다고 할 수 없을 것 같아. 게다가 사람들이 한입으로 우리가 구조되었다고 할 테고."
 "어쨌든 헬리콥터가 오고 있으니 우리 발을 더 희생시키느니 차라리 자존심을 조금 잃는 게 낫지 않을까?"
 "드날리 등반대, 여기는 489 구조대…탑승을 원하는가? 응답 바람."
 C130기와 교신하며 걸어서 하산 할 것인지, 아니면 헬기에

실려 내려갈 것인지 결정을 내리느라 이러구러 하는 사이에 다시 한 시간이 지났다. 오후 시간이 자꾸 흘러가고 있었다. 갑자기 해적이 입을 열었다.

"어이, 헬기 소리가 나는데!"

그리고 나서 몇 분 뒤에 헬리콥터 두 대가 카힐트나 산 너머로 지면에 가깝게 날아오는 모습이 눈에 들어왔다. 비행기가 헬기와 교신하고 그렉, 죤과도 교신하여 그 내용을 우리에게 다시 전해주었다. 구조대원들이 멀리 시애틀에서 날아온 사실을 전해듣자 데이브가 버럭 소리질렀다.

"제길, 나으리들께서는 뭣 땜에 몰려 오시는 거야!"

"우리 일은 우리가 알아서 할 수 있잖아!" 해적이 한 마디 거들었다.

얼마간 비행기와 구조대원들에 대해 이런저런 얘기가 오고 갔다. 그런데 얘기 끝에 이 모든 일이 도무지 부질없다 싶었다. 데이브가 말문을 열었다.

"젠장맞을, 난 이런 소란에 끼어들고 싶지 않아."

해적이 날 보고 비행기에 무전을 보내어 도움이 필요치 않으니 헬기들은 되돌아가도 좋다고 전하란다. 그래서 나는 C130기에다, 산 정상에 올랐고, 폭풍설을 만나 기세가 눅기를 내 기다렸다가 이제 하산하는 중이다 하고 간단하게 무전을 보낼 생각이었다.

그런데 찌무룩한 심사를 토설하다보니 우리 마음이 가벼워지는 듯했다. 나는 우리를 돕고자 애쓰는 모든 벗들과 생면부지인 사람들을 머리에 떠올렸다.

일전에 드날리에서 구조활동을 벌이다가 수색기가 한 대 추락해서 조종사가 숨진 일이 있었다. 그 사고는 아직 사람들 뇌리에서 사라지지 않았다. 그런데도 이 사람들은 우리를 구하겠다고 노력을 아끼지 않는다. 만약 폭풍이 이틀만 더 계속 불었어도, 아니면 우리 손과 발이 더 형편없는 지경에 이르렀다면 우리가 죽고 사는 일은 오로지 이들의 노력 여하에 달린 문제였을런지도 모른다. 그렉이 판단하건대 우리가 이미 절명했거나 빈사 상태에 빠졌다면, 그렉으로서 할 수 있는 최선책이란 구조 비행기를 부르고, 때를 넘기기 전에 우리가 발견되기를 바라는 것밖에 있었을까.

C130기의 4발 엔진이 대기를 뒤흔들었다. 비행기가 다시 우리 머리 위로 폭음을 울리며 나타났다. 그 소음에 나는 몸서리를 쳤다.

비행기에 탄 통신사가 헬기를 타고 나갈 것인지, 걸어 하산할 것인지 어서 결정을 내리라고 재촉했다. 그러나 구조대에 대해서 언짢은 마음, 고마움이 오락가락하느라 3시 30분이 되어서야 하산 방법을 결정지었다. 결정이라고 했지만 기실 어쩔 도리 없어서 떼밀린 셈이었다. 눈집두럭에 닿기 전에 밤이 될 게 뻔한데 도중에 한둔한다는 것은 생각만 해도 끔찍했다. 데이브가 보니까 우리 발 아래로 까마득한 카힐트나재에서 눈가름이 뿌옇게 피어올랐다. 북쪽에서 불어온 바람이 그 좁은 목으로 빠져나가는 중이었다.

비행기와 통신하느라―그것도 스스로들 거취 결정을 못 본 채―시간을 너무 잡아먹은 탓에 이제 헬리콥터에 매달리지 않고는 달리 수가 없게 되었다.

내가 무전기를 잡고 공로로 가겠다는 의사를 밝히면서 일기예보를 물었다. C130기에서 대답하기를 카힐트나산에 지상 폭풍설이 발생하여 헬리콥터가 착륙하는 데 어려움이 뒤따르겠다 한다. 그리고 일기예보를 들려주었다.

"커다란 전선이 서북쪽에서 이동해 오고 있습니다. 24시간 뒤에는 시속 160킬로미터 이상 되는 강풍이 불 것으로 예상됩니다."

비행기가 다시 빙 돌아서나갔다. 데이브가 자기 시계로 확인한 12분이 지나서야 다시금 C130기와 통신이 연결될 수 있었다.

"드날리 등반대, 여기는 489 구조대. 바람받이는 아직 잠잠한가?"

바람받이에 가벼운 바람이 이미 감돌고 있었다. 나는 비행기에다 바람이 이미 불기 시작했으니 헬기가 어서 와야 한다고 전했다. 비행기에서 응답하기를 눈보라에 카힐트나산의 지상 시계가 영에 가깝기 때문에 헬기들이 방향을 잡을 수 없으므로 당장 날아오를 수 없다고. 그러니 3,110미터 지점에 착륙해서 죠지와 시로는 어떠한가 살피는 일도 불가능해졌다. 게다가 헬기 조종사들로선 그렉과 죤을 태우러 2,290미터 지점에 내려앉을 수 있을지도 의문스러웠다.

몸을 조금이라도 따뜻하게 하려고 나는 데이브, 해적과 함께 제자리걸음을 걸었다. 바람결이 우리 주변에서도 점점 고르게 되면서 조금씩 세게 불었다. 바람받이에서 봐도 카힐트나재 위에 걸린 눈구름이 엄청나게 불어올랐음을 알아차릴 수 있었다. 이제 발 아래 저 멀리서 웅숭깊게 울려퍼지는, 바람이 울부짖는 소리가 들려오기 시작했다. 다시 온 산이 뒤흔들렸다. 등뒤 얼어붙은 암벽을 감돌아 온 한 줄기 바람이 귓전에 속살거렸다.

C130기에서 무전이 날아왔는데, 헬기 한 대가 그렉, 존이 있는 눈집 가까이 내려앉게 되었고 다른 한 대는 우리가 머무른 지점의 고도를 목표로 상승비행을 시작했다 한다. 비행기는 카힐트나산 너머로 다시 날아갔다. 그러자 아래쪽에서 헬리콥터가 날아오르는 모습이 문득 시야에 들어왔다.

어디서 나타났는지 알 수 없는 매끈한 잿빛 렌즈구름▲이 포래커 산꼭대기를 가려버렸다. 포래커산과 크로슨산에서도 비교적 낮은 산줄기들에서 날려온 눈은 산자락 전체에 폭풍이 휘몰아칠 것임을 예고하였다. 안개구름이 높이 퍼져 올라 하늘을 가리자 햇빛이 낮게 깔리고 난반사되어 이제 얼굴에 볕기를 느낄 수도 없었다. 몇 시간 동안이나 통증으로 펄떡이던 양발이 조금 나아진 느낌이 들었다. 그렇지만 이는 추위에 감각이 마비되어가는 중이었기 때문이다.

헬리콥터가 제 고도를 찾았지만 바람도 마찬가지였다. C130기에서 일러주기를, 헬기가 착륙하게 되면 곧바로 올라탈 수 있도록 차비를 치리라 했다. 카힐트나재를 지나며 윙윙거리는 바람이 침묵의 골짜기를 거쳐 우리한테 닥쳐왔는데 다시

▲ 블록렌즈를 옆에서 본 것 같은 모양을 한 구름. 대개 강풍이 불 때 일어난다. 협상운(莢狀雲).

얼음벽을 타고 올라, 우리가 점심을 먹느라고 곧잘 발길을 멈추었던 작은 더기도 지나갔다. 헬리콥터가 착륙하지 못한다면 4,390미터 지점에 있는 눈집으로 피해가서 폭풍이 물러날 때까지 기다리기로 작정했다.

 죠지와 시로는 지금 사태가 어떻게 돌아가는지 과연 알고나 있을까 싶었다. 필시 이 모든 일에 감감무소식인 채 자기들 얼음집 위를 두드려대는 바람에만 정신이 팔려있겠거니 했다. 둘이 어떻게 하고 있는지 전혀 알 길이 없으니 환장할 지경이라고 데이브가 말했다. 해적 생각에는 아마 둘은 구조 활동이 모두 끝날때까지 줄곧 잠만 자고 있을 거라고. 두 사람은 눈집두럭 안에서 편히 지내겠거니 싶었지만 한편으로는 하산길에 일이 잘못될 수도 있기에 다들 걱정하였다. 데이브는 앞서 죠지가 바람받이 얼음길에서 몸의 균형이 흔들리던 사실을 상기시켰고, 나는 나대로 지난번 시로와 헤어지기 전에 ─ 그를 본 지 벌써 한 이레가 넘었구나 ─ 기침에 몹시 시달리던 일이 떠올랐다. 이들이 폭풍이 부는데 하산길에 나섰다면 측벽산릉에서 강풍에 날려가 버렸을 공산이 컸다. 폭풍설로 백시현상이 일어났는데도 무리해서 내려가다가 멋모르고 크레바스에 빠져들었을지도 모른다.

 헬기가 마침내 우리와 같은 고도에 다다르자 바람받이를 아주 짧은 항적으로 선회하였다. 헬기와 직접 교신을 할 수 없어서 C130기가 공중에서 계속 맴돌며 무전을 중계해주었다. 그런데 휴이 헬기로서는 3,960미터 고도에서 운항한다는 것이 헬기 성능이 한계에 육박하는 일이므로 만약 착륙하게 되더라도 가중된 우리 일행의 체중 때문에 이륙하지 못할런지도 모른다고 했다.

가볍게 불던 바람이 제법 세찬 기세를 띠어서 헬리콥터가 나는 모습이 좀 불안스럽게 보였다. 기체가 고도를 낮추어 10미터에서 다시 5미터로 빙판 가까이 다가오자, 프로펠라가 일으키는 강한 바람에 눈갈기가 구름처럼 피어올라 기체를 거의 분간하지 못할 지경이 되었다. 회전날개가 요란스레 돌아가는 소리가 들리더니 헬리콥터가 눈구름 위로 솟구쳤다. 눈갈기가 가라앉는 동안 헬기는 공중에서 맴돌았다. 해적이 편평한 곳으로 유도해서 상공에 떠 있던 헬기가 천천히 내려앉았.

곧 기체가 얼음바닥에 착륙했고 우리는 우르르 몰려갔다. 침낭을 동체 밑으로 난 뚜껑문으로 밀어넣었다. 면도를 말끔하게 한 두 얼굴이 낯설기만 했다. 남부 억양이 든 목소리가 들려왔다.

"당신네 장구는 일부 남겨둬야 하겠습니다. 그렇지 않으면 이륙할 수 없을지도 모르오."

다들 문으로 기어올랐다. 침낭들이 이미 실려 있었다. 그 속에는 밧줄만 빼고 우리가 소지한 물건이 모두 들어 있었다.

조종사가 헬기의 기관에 시동을 걸어 회전날개가 일으키는 돌개바람에 조금 전까지 우리가 섰던 자리인 빙판과 바위 위로 눈갈기가 팔팔 휘날리는데, 언뜻 우리가 쓰던 밧줄이 시야에 들어왔다. 우리가 끌러놓은 대로 얼음바닥에 느슨하게 풀려 드러누운 채.

고막을 찢을 듯한 맹렬한 기관 폭음 속에 우리 몸이 둥실 떠올랐다. 앞으로 언젠가 등산철에 이곳 바람받이에 이를 등산객들을 잠시 머리 속에 그려보았다. 얼음바닥에 얼어붙은 밧줄 타래를 보고서 밧줄이 왜 노지에 버려졌을까 영문을 몰라 고개를 갸웃거리겠지.

그토록 긴긴 얼음길에서 우리 셋을 한데 이어준 밧줄을 산중에 남겨두다니, 옳지 않다는 생각이 들었다. 어두운데 산꼭대기에서 내려올 때, 백시를 뚫고 길을 더듬어 내릴 때 일행을 함께 묶어준 이 밧줄 덕이 얼마나 컸던가. 산등성이를 탈 때나 깎아지른 빙벽을 오르내릴 때, 또한 크레바스 지대에서도 이 밧줄에 우리 몸을 의지하였다.

우리가 탄 헬기가 수직으로 상승하여 바람받이에서 멀어져 갔다.

"이거 정말 믿기지 않는 걸."

데이브가 혼잣말로 중얼거렸다.

조종사 한 사람이 우리더러 다들 괜찮은가 물었다. 해적이 웅얼거리는 소리로 대답했다.

"그럼요, 다들 좋아요."

다른 조종사가 필요한 게 있으면 말하란다. 그래서 내가 대꾸했다.

"예에, 맥주 석 잔이오."

그 사람이 껄껄 웃으며 여기에서는 안되겠군요 한다. 나는 어깨를 으쓱해 보이고는 창 밖을 내다보았다. 실은 맥주가 마시고 싶은 것도 아니어서 주고 받은 말이 갑자기 맥빠진 느낌이 들었다.

조종사들은 우리 신변을 걱정하는 많고 많은 사람들에 대해 이야기했다. 그러나 우리에게는 아무 할 말이 없었다. 우리가 탄 헬기는 공중에서 계속 맴돌며 그렉과 죤을 태운 헬기와 합류하려고 기다렸다. 카힐트나산 너머 서쪽으로 비행할 때 나는 그 섬뜩한 크레바스 지대와 빙하 거죽에 난 그 작은 구멍이 눈에 띄지 않기를 바랐다. 그렇지만 사고 지점을 내려다보지 않을 수 없었다. 다행스럽게도 빙하 표면이 지상에 일어난 폭풍설에 가려 보이지 않았다.

다시 합류한 헬기 두 대는 비행고도를 높이려고 카힐트나산 너머로 나선을 그리며 상승비행을 했다. 우리는 죤도, 그렉도 볼 수 없었다. 하지만 우리가 그들과 나란히 비행한다는 사실을 알고 우리 모습을 보려고 애쓰는 그들이 다른 헬기 안에 있다는 사실만은 분명히 알았다. 시애틀에서 온 산악 구조대가 남은 두 사람을 찾기 위해서 2,290미터 지점의 눈집에 머물러 있다는 말도 들었다. 헬기가 탤킷트나를 향해 동남쪽으로 항로를 정하고 곧장 날아갈 때 데이브가 시로와 죠지 얘기를 꺼내어 둘이 침침한 눈집 한 구석에 몸을 잔뜩 움추리고 모여 있을거라는 말을 했다.

"탤킷트나 활주로는 당신네 기다리는 사람들로 법석거린다오." 부기장이 말했다.

두 헬기가 카힐트나 연봉을 빙 둘러 날 때 우리가 산 징상에 이르렀던 길이 언뜻 눈에 띄었을 뿐, 드날리재는 여전히 볼 수 없었다. 하늘이 맑게 개어 짙푸르렀고 산줄기 위로 석양이 기울었다. 봉우리마다 바위 빛깔이 검게 보였으며 벌써

해를 받지 못하게 된 빙하들도 시커멓게 드러났으나, 한층 높은 산등성이에 홈패인 얼음이 햇빛을 받아 은은한 분홍빛을 반사하였다. 이 내를 투과하여 비쳐오는 낮은 햇살에 서녘은 온통 부드럽고 다사로운 빛으로 물들어, 점점 기세를 북돋우는 폭풍의 맹위가 무색했다.

산지사방으로 내뻗어 눈처마를 이고 등성이가 칼날 같은 헌터산 위를 날 때 데이브가 소리쳤다.

"우와! 저기에 내가 가봤어! 3년 전에 등반했던 게 바로 저 능선이거든."

헬기는 계속 날아서 산기슭에 솟은 낮은 언덕배기 위를 지났다. 평지에 누운 탤킷트나 읍에서 발하는 불빛을 보려고 다들 앞을 내다보았다. 셋 모두 거의 말이 없었다. 어쩌다 말문을 열게 되면 자기가 하는 말을 스스로 적이 의식하는 데 홈 칫 놀라와들 했다. 이제 새로운 환경에서 제 목소리가 제 귀에도 어딘가 설게 들렸다.

"참말이지 죠지, 시로와 합류하기를 바랐는데."

데이브가 말을 천천히 이어갔다.

"우리가 너무 빨리 떠나왔어."

"그래… 자네 말뜻 알겠네."

해적이 한숨지었다.

이렇게 산을 떠나면서야 비로소 얼마만큼이나 우리가 고립되었던가, 그리고 셋이 얼마나 단단히 한 덩어리로 뭉쳐 있었던가 실감하게 되었다. 다시는 그렇게 될 수 없으리라. 나는 얼음바닥에 내버려진 밧줄에 여전히 시선이 머물러 있었다.

후일담

 두 헬리콥터가 탤킷트나 거리 상공을 한 바퀴 선회하여 친구들, 보도진, 호사가들이 법석대는 일대 아수라장 한가운데에 우리를 내려놓았다. 그렉이 함박웃음을 지으며 내게 달려왔는데 내 손을 꽉 잡고 흔들자 내 입에서 절로 비명이 흘러나와 손을 뿌리쳤다. 손가락이 온통 동상에 걸렸다고 미처 말을 꺼낼 겨를도 없이 사진기사가 텔레비전 대담을 한다며, 산정에 올랐던 나와 두 친구를 잡아 끌었다. 셋이 촬영기 앞에서 이야기를 하는 동안 그렉과 죤은 조명이 비치는 테두리 바로 바깥에 쓸쓸하고도 어리벙벙한 표정으로 서 있었다. 세 사람은 산꼭대기에 닿았다고 해서 의기양양한 마음이 들 리 없었지만, 정상은 이 모든 소란, 그리고 애초에 산에 오르는 발걸음을 뗀 일이 용인될 정당한 구실이 되어주었다.
 보도진이 우릴 놓아주자 벗들과 부둥켜안고 볼을 비비었다. 이들 가운데 몇 사람은 우리가 오길 기다리며 탤킷트나에서 사흘간 야영생활을 하고 있었다. 어떤 이가 생우유를 한 갑 건네주었다. 그렉은 한 팔을 내 어깨에 둘렀다. 죤이 말하기를 마지막 며칠 동안은 자기나 그렉이나, 우리 셋이 모두 꼭 죽은 걸로 믿어서 우리 얘기를 일절 그만두었을 뿐더러 각자 일기장에도 우리 이야기를 적지 않았다 한다.

돌아오고 보니 한시름 놓게 되었으나 아주 마음이 놓이는 것은 아니었다. 시로와 죠지가 아직 산에 남았기 때문이다. 이튿날에야 이들이 무사함을 확인할 수 있었다. 날씨가 뜻밖에 카힐트나산 위쪽으로는 개어서 시애틀 구조대가 3,110미터 지점의 눈집 두럭까지 올라갔고 헬기 두 대도 그곳에 내려앉을 수 있었다. 구조대원들을 만난 시로가 첫마디로 낸 말은 "그 사람들 주검은 찾았습니까? 주검을 찾아내어 거둘 수 있을까요?"였다고.

그때 시애틀 구조대에 끼었던 한 사람이 나중에 쓴 글이 이러하다.

"다들 무사히 떠났다는 사실을 알았을 때, 걱정 어린 니시마에의 얼굴이 처음에는 멍한 표정을 지었다. 그랬다가 목숨을 잃은 사람이 아무도 없다는 사실을 새삼스레 깨달았는지 표정이 확 바뀌었는데 기뻐서 어쩔 줄 몰랐다."

시로는 드날리에서 내려온 지 사흘 뒤에 일본으로 떠났다. 죠지는 페어뱅크스에 소재한 북극 생물학 연구소에서 실험을 하는 대신에 앵커리지에 있는 자기 집으로 돌아갔다.

내가 죠지를 마지막으로 본 것은 우리 셋이 산꼭대기를 향해 5,240미터의 굴을 떠날 때였는데 그 후 다섯 달이 지나서야 다시 상면하였다.

연구소에 갔더니, 우리의 등반 활동이 인체에 미치는 영향을 연구하는 선임연구원들 가운데 한 사람인 생리학자 페타잔 박사는 등반대에서 신원이 밝혀지지 않은 세 사람이 드날리 산정 부근에서 실종되었다는 소식을 접하자 당장에 세 사람이란 해적, 데이브, 그리고 아트이지 싶다고 했다는 이야기를 그곳 사람들이 들려주었다. 산행에 나서기 전에 행한 검사를 토대로 그는 단 세 사람만 정상을 향해 떠났다면 그렇게 셋이 팀을 이뤘을거라고 생각하였던 것이다.

동상을 치료하기 위해서 입원한 병원에서 근무하는 의사, 조리사들은 해적, 데이브, 내가 평균 16킬로그램씩 줄어든 몸무게를 되찾으려고 작정하여 덤벼드는 열성에 놀라 다들 혀를 내둘렀다. 회복기 첫 이레 동안에 내가 먹어 치운 전형적인 아침 끼니는 우유 석 잔, 과일즙 두 잔, 구운 식빵 세 조각, 베이컨 여섯 장, 그리고 달걀이 열 아홉 알이었다.

우리가 병원에 있는 동안 페타잔 박사는 해적, 데이브, 내가 등산하기 전보다 민첩성, 순발력에서 상당히 떨어짐을 보았고, 우리의 심신 상태가 우울증, 무기력 증세를 겪는 환자와 흡사하다는 소견을 밝혔다. 우리 셋이 깨어 있을 때에 뇌파를 기록한 뇌전도를 보면 정상인이 옅은 수면 상태에 있을 때 그리는 뇌파와 같았다.

산에서 돌아온 지 처음 몇 시간 동안, 어떤 경우에는 며칠 동안이나 우리 모두 고독감과 현실 감각의 상실을 체험하였는데 이는 심한 정신이상 증세와 비슷하다는 말을 들었다. 여기에 대해 죠지가 느낀 대로 옮겨 본다.

"빙하지대의 정적 속에서 지내다가 하산하자 온갖 소음과 사람들 목소리, 갖가지 광경이 우리에게 밀려 닥치는데, 그 혼란과 어지러움에 정신이 온통 달아날 지경이었다. 처음 세 시간 동안은 나도 내 주위에서 무슨 일이 벌어지는지 도통 영문을 몰랐다."

죠지와 한 병원에서 근무하던 의사들이 보고한 바에 따르면 열흘이 지나서야 죠지의 눈에서 멍한 빛이 사라졌다 한다. 해적은 하산한 지 여러 이레가 지나도록 자기 기억력이 형편없이 나빠졌다고 푸념하였다.

네 이레에서 여섯 이레쯤 지나니 비교적 가벼운 동상-죤은 귀, 그렉은 엄지발가락, 해적은 양손발-은 다 나았다. 데이브는 두 발 때문에 병원에서 45일간을 보내고 퇴원해서도 16일이나 침대 신세를 졌다. 의사들은 그를 퇴원시키기를 꺼려했는데, 왜냐하면 병원 안에서만 다니다가 돌아온다고 해서 잠시 병상을 떠날 것을 허락해주었더니 병원을 몰래 빠져나가 앵커리지 시가를 2킬로미터 남짓 배회하며 석조 교회당이나 읍 청사 돌벽을 찾아 기어오를 궁리를 했기 때문이다. 결국 데이브는 발가락 세 개를 조금씩 잃었고 또 한 개는 신경이 마비되어 쓸 수 없게 되었다. 동상에 걸린 내 양손은 살갗을 꽤 많이 잃었거니와 양발도 동상이 극심하여 여덟 이레 동안 침대와 바퀴의자에서 지냈고 다시 여섯 이레는 목발 신세를 졌다. 나는 발가락 한 개를 잃었고 세 개는 마음대로 움직이지 않게 되었다. 그런데 해적은 두 발 모두 세 이레쯤 지나서 원상으로 회복되었다. 그 비결에 대해 해적이 이렇게 밝혔다.

"의사라는 작자들 말을 들어서는 안 된단 말일세. 나는 한 이레 내내 침대에 죽치고 누워지내다가도 주말만 되면 스물여덟 시간씩 춤을 춰서 발가락에 피돌기를 시켰지. 말이지, 동상은 그렇게 치료해야 된다구."

우리가 추정한 강풍의 극한치는 실제보다 낮게 잡은 것임을 나중에 알게 되었다. 미 공군, 항공우주 조난구조대, 병회복 전문소 들에서 작성한 보고서에 이런 내용이 들었다.

"그들에게 천막이 있었지만 그토록 극한적인 기온과 풍속 조건에서는(기온 −46℃, 시속 241km의 바람) 모두 무용지물이었다."

그리고 당시 강풍에 대해 쉘던이 기록해 놓은 것을 보면 다음과 같다.

"내 동무들이 어찌 되었나 보려고 바동바동 거기에 올라가서는 등골이 휘어라고 뻗정대었다. 그런데 비행기 창으로 내려다보니… 후아… 그 산등성이는 묵묵히 선 채 꿈쩍도 않았다. 그래, 속도계를 내려다보니 225킬로미터를 가리켰다. 헐헐, 그놈의 무작한 바람에 날려가지 않고 그저 버텨내려니 시속 225킬로미터로 비행해야 했다."

알래스카 조난구조단(ARG)의 대원 둘 애기기, 강풍이 덧새째 불던 날 구조반은 네 명씩 세 팀을 짜서 산에 올려보낼 준비를 마쳤다 한다. 그리고 시애틀 산악 구난소는 알래스카에 파견할 대원 열두 명을 대기해 두었는데 그 가운데 여섯

명이 현지에 도착했다. 21명으로 구성된 육군 산악구조대도 비상대기 중이었다. 맥킨리산 국립공원 관리소에서는 갖가지 구조 단체를 적절히 조정, 구성하는 일을 맡았다.

이들의 구조활동이 우리가 산을 내려오는 데 실제로 도움이 되지는 못했지만 어쩌면 안전한 귀환과 영원한 귀환 불가능을 판가름짓는 역할을 맡을 수도 있었다. 우리가 등반을 마친 뒤 7월에 일어난 사고는 강풍이 드날리재와 드날리 산정 사이에서 우리 일행을 위협했던 것과 같은 재난이 언제고 가차없이 일어날 수 있음을 입증하였다. 갑작스런 강풍이 산악인 일곱 명을 엄습했다. 아마도 기온은 우리가 겨울에 강풍을 만났던 때보다 평균하여 34도 가량 더 높았을 텐데도 내가 데이브, 해적과 더불어 겪어낸 바람과 같은 세기로 강풍이 이틀간이나 더 불었다. 일곱 사람이 모두 절명했는데 사체는 단 세구밖에 찾아내지 못했다.

같은 7월에 알래스카 지역 등산계의 개척자 가운데 한 사람이며 「맥킨리산-선구자는 오른다」의 저자인 테리스 무어 박사한테서 짧은 편지를 받았다.

"내 생각과 계산이 옳다면 당신네가 한 지난 겨울 등반은 PPO_2(대기의 희박도, 즉 공기 중 산소의 결핍 정도를 나타내는 단위)로 따져볼 때 지금까지 알래스카 하늘 아래에서는 최고 높이에 오른 기록입니다. 그것은 해발 고도 7,010미터에 해당하는 높이입니다…"

무어 박사는 이 편지에 자신이 쓴 논문 한 편을 동봉했는데, 내용 가운데 지리적인 고도와 산정에서 받는 대기압을 고려한 모의 실험상의 고도에 차이가 남을 주의깊게 살핀 대목이 들어 있었다. 무어 박사가 밝혔다시피 겨울철에 드날리 산꼭대기가 모의실험상의 고도로 7,152미터이니(실지 높이는 6,194m) 드날리재에서 우리가 갇혔던 얼음굴의 고도는 약 6,400미터에 이르게 된다. 우리가 산에 마련했던 야영지는 모두 모의실험상의 고도로 환산하면 여름에 같은 곳에 설치한 것보다 얼추잡아도 600미터나 높았던 셈이다. 다시 말해서 어느 지점에서건 겨울철 드날리에서 우리가 호흡한 공기는 여름철보다 대략 600미터가 높은 고도의 대기였다.

등행하는 동안 이따금 우리는 정상에 오르겠다는 강한 의지가 등반대장에게 부족한 점이 못내 아쉬웠다. 그리고 그렉이 통솔자 역할을 제대로 발휘하여 거기에 믿고 의지하고픈 때도 적지 않았으나 부질없는 노릇이었다. 그런데 산에서 내려온 지 여러 달이 지나서 그렉이 내게 편지를 한 통 부쳤는데 이 편지를 읽고서 통솔자로서 그가 지닌 판단력과 이를 뒷받침하는 용기를 새로운 각도에서 평가하게 되었다. 편지 내용을 소개한다.

'그 등정은 내가 내 시간으로써 하고 싶은 일에 방해물로 나타났다네. 실제로 대원들이 한데 모여 출발을 눈앞에 두었을 즈음해서는 애당초 그 일에 대한 온갖 열의와 일찍이 그 일을 두고 품었던 커다란 설레임, 즐거움이 등행길에 나서는 준비과정에서 곁다리로 밀려나 버렸지 뭔가. 그 결과, 이것저것 다 따져봐도 그 등정이 내게 즐거운 일이긴 했지만, 실상 내가 바란 것은 오로지 지금 시점에서 내 삶의 발전과정에 한층 뜻깊게 생각되는 것으로 되돌아오는 일이었네. 나는 지금, 그 등정이 있기 전이나 등정 도중에도 그랬듯이 전세계의 난바다를 항해하는 일과 학교를 내 삶의 조감도에서는 한결 중요한 일로 여긴다네. 이러한 내 속마음이 눈에 띄게 드러났었다면 용서하게. 굳이 표를 낼 생각은 전혀 없었으니까. 그리고 이런 까닭으로 해서 내가 자네들이 기대했던 바, 통솔자상에 미치지 못했다면 그 점 역시 미안하게 생각하네……'

등정을 마친 뒤 뿔뿔이 자기 길로 갔다. 나는 그렉이 병원을 먼저 떠나며 작별인사를 한 뒤 그를 다시 보지 못했다. 그렇지만 이런 생각이 자주 머리에 떠오른다.

'정작 마음이 천리 밖에 가 있으면서 어떻게 그 혹한 속에서 한 시간 한 시간 우리를 이끌어 갔을까?' 그는 스스로 정상에 오르기보다는 다른 대원들이 거기에 발을 딛도록 도와주려고 마음먹은게다.

여름이 오자 죤은 고도 변화에 따른 생체반응 연구를 계속하기도 하려니와 그저 다시 산에서 살고 싶어서 나와 함께 드날리산으로 되돌아갔다. 해적은 그 봉우리를 두 번 더 올랐고 드날리산 등반안내자 자격을 부여받았다. 자기 입으로야 절대로 그런 말을 할 리가 없지만 그는 모든 등행을 통틀어 그 가운데 드날리 등정이 3/4을 차지하는 유일한 산악인이 되었다. 데이브는 아직껏 드날리로 돌아오지 않았다. 그는 두 발이 회복되자마자 남극으로 떠났다가 그 다음에는 뉴질랜드의 산악을 두루 답파하였고, 요 가까이 뉴질랜드 아가씨와 작반하여 네팔 국경 안에 있는 히말라야로 잠적해버렸다. 시로는 애아버지가 되었는데 식솔을 데리고 알래스카로 돌아올 궁리를 하고 있다. 죠지는 앵커리지에 벌여놓은 그 눈코 뜰새 없이 바쁜 소아 정형외과 일에서 몸을 빼내어 다시금 고요한 드날리 산자락에 둘러싸여 살며 마음껏 산에 오를 수 있으면 참 좋겠다 한다. 카힐트나산에서 추락사고가 일어난 곳 가까이 솟은 가파르면서 빼어난 기품을 간직한 봉우리를 파린봉으로 이름짓자는 제안이 있었다.

우리는 제각기 나침반을 챙겨 들고 겨울산을 올랐다. 또한 사람들의 질문에 제각기 다른 답변으로 응하기도 하였다.

왜 산에 오르나? 겨울 등반에서 얻는 수확은 무엇인가? 우리는 삶에서 비롯하는 그 어떤 문제도 풀지 못했다. 하지만 삶의 실체에 대한 새로운 자각을 얻고 돌아왔다. 우리는 각자 나름대로, 쌩떽쥐뻬리가 말했던 바를 잠시 동안이나마 깨달았는지도 모른다.

―"역경을 거쳐 쟁취된, 세계에 대한 새로운 시각."

丁奎煥

1959년 서울 상도동 출생
한양대학교 인문대 영문과 졸업
동 대학원 영문과 석사·박사과정 수료
미국 버지니아 대학교 영문과 객원 연구원
영문학 박사
현 : 한양대 인문대 영문과 강사
저서 :「자아해방의 시학－블레이크 시 밀턴 연구」
(박사학위 논문)

世界山岳
名著選 9

마이너스 148°

지은이 · 아트 데이비슨
옮긴이 · 정규환
펴낸이 · 이수용
펴낸곳 · 秀文出版社

1995년 12월 10일 초판인쇄
1995년 12월 15일 초판발행
출판등록·1988. 2. 15 제7－35호
132-033 서울 도봉구 쌍문 3동 103-1
전화)994-2626·904-4774 전송)906-0707

ⓒ 수문출판사
ISBN 89-7301-059-X